金融企业会计

JINRONG QIYE KUAIJI

（第五版）

李晓梅　关新红 ◎ 主编

首都经济贸易大学出版社
Capital University of Economics and Business Press
· 北 京 ·

图书在版编目(CIP)数据

金融企业会计/李晓梅,关新红主编. --5版. --北京:首都经济贸易大学出版社,2018. 10

ISBN 978-7-5638-2317-8

Ⅰ. ①金… Ⅱ. ①李… ②关… Ⅲ. ①金融企业—会计 Ⅳ. ①F830. 42

中国版本图书馆CIP数据核字(2014)第296711号

金融企业会计(第五版)

李晓梅 关新红 主编

责任编辑 陈雪莲 彭 芳

封面设计 砚祥志远·激光照排 TEL: 010-65976003

出版发行 首都经济贸易大学出版社

地 址 北京市朝阳区红庙(邮编100026)

电 话 (010)65976483 65065761 65071505(传真)

网 址 http://www.sjmcb.com

E-mail publish@cueb.edu.cn

经 销 全国新华书店

照 排 北京砚祥志远激光照排技术有限公司

印 刷 北京市泰锐印刷有限责任公司

开 本 787毫米×1092毫米 1/16

字 数 538千字

印 张 21

版 次 2006年4月第1版 2007年8月第2版 2011年5月第3版
2015年1月第4版 **2018年10月第5版**
2018年10月总第8次印刷

印 数 27 001~30 000

书 号 ISBN 978-7-5638-2317-8/F·1309

定 价 39.00元

第五版前言

2016至2017年,财政部陆续发布了六项企业会计准则解释、四项会计处理规定,以及七项新增或修订的企业会计准则,这是继2014年财政部对《企业会计准则》修订之后的第二次大规模修订和增补。这些新准则与相关国际财务报告准则基本一致。

根据新修订的《企业会计准则》、会计处理规定(包括收入准则、金融工具确认和计量准则、金融资产转移准则、增值税会计处理规定等)及金融机构会计核算制度的一些最新变化,本书第五版进行了内容的全面更新。本次修订内容涉及原书每章,重大修订集中于国内结算业务、中间业务、银行间支付清算、所有者权益、收入、费用和利润以及会计报表与分析等相关章节。另外,所有涉及金融企业营改增的会计核算也在相关章节做出了修订和补充。

本次修订删除了原书第六章金融机构往来的核算(重要内容已并入第五章银行间支付清算业务的核算)和第十四章非贷款类资产与资产减值的核算(多数内容不具备金融企业特色,并与相关章节内容重复)。

新修订的教材力求在原有基础上更具通用性和可操作性,以满足各层次读者学习和工作的需要。

本书由李晓梅、关新红担任主编并负责修订。

另外,本书修订过程中参阅了相关资料和同类教材,并得到中国邮政储蓄银行总行于孙健先生的大力支持,在此表示由衷的感谢。

由于编者水平有限,书中难免出现疏漏甚至错误,恳请读者批评指正。

李晓梅　关新红

2018年6月

第四版前言

本书对金融企业会计实务进行了系统的介绍。全书立足于2006版《企业会计准则》的基本概念和基本方法,结合人民银行及相关金融监管机构发布的有关规范,适应金融企业会计实务和管理特点,注重基础理论和实务操作相结合,力争深入浅出,引导学习者建立对金融会计信息系统的形成过程和结果的全面认知,并以此为基础,适应金融企业会计实务的未来发展。

本书在第三版的基础上,新增了"第八章:中间业务的核算",并将原投资业务、固定资产及无形资产业务的核算合并为"第十三章:非贷款类资产与资产减值的核算"。本次修订还重点对证券公司、期货经纪公司、基金管理公司及金融企业收入、费用的核算等部分按照最新的核算规范与制度进行了改写和修订,力图以最新的内容帮助教材使用者把握行业最新动态,满足金融企业会计学习和工作的需要。

本书由李晓梅、关新红担任主编并负责修订。

本书的编写过程中参阅了相关资料和同类教材,在此对这些资料的作者表示感谢。由于编者水平有限,书中难免出现错谬和疏漏,在此恳请广大读者批评指正。

李晓梅　关新红

2014年10月

第三版前言

新《企业会计准则》的颁布，标志着我国会计规范体系的建设步入了一个新的发展阶段，提升了会计这一国际通用的商业语言在我国众多的企业之间的沟通能力。随着市场经济的发展和技术手段的进步，原有的手工核算体系在电算化系统和网络通信技术环境下逐步被替代，这一方面大大提高了金融企业会计的工作效率，另一方面也为银行业务的迅猛发展创造了必要的条件。

本书对金融企业会计实务进行了系统的介绍。全书立足于新《企业会计准则》的基本概念和基本方法，结合金融企业会计实务和管理特点，注重基础理论和实务操作相结合，力争深入浅出，引导学习者建立对金融会计信息系统的形成过程和结果的全面认知，并以此为基础，适应金融企业会计实务的未来发展。

本书在修订第二版的基础上，重点对银行业金融机构支付结算业务、行间支付清算业务、金融企业所有者权益核算及财务会计报告等部分进行了重点改写和修订，对存款、贷款、外汇业务及金融公司会计等内容进行了适当的修订和补充，力图以最新的内容帮助教材的使用者把握行业最新动态，满足金融企业会计学习和工作的需要。

本书由李晓梅、关新红担任主编并负责修订。全书共分17章，其中第一章、第二章、第三章、第四章、第五章、第六章、第七章、第八章、第十四章、第十五章、第十六章李晓梅负责改写和修订；第九章、第十章、第十一章、第十二章、第十三章和第十七章关新红负责改写和修订。

本书的编写过程中参阅了相关资料和同类教材，在此对这些资料的作者表示感谢。由于编者水平有限，书中难免出现错谬和疏漏，在此恳请广大读者批评指正。

李晓梅　关新红

2011年3月

修订版前言

中华人民共和国财政部于2006年2月15日正式发布了新的《企业会计准则》，并于2007年1月1日起在上市公司范围内正式实施。该准则的发布和实施顺应了我国市场经济发展的要求，体现了与国际财务报告准则的实质趋同，对我国的金融企业会计工作乃至整个经济工作具有深远的影响。

《金融企业会计》修订版是根据新的《企业会计准则》和各类金融企业会计核算的实际情况，在第一版的基础上经过相应的调整改编而成的。

与第一版相比较，本版各主要章节的内容均依据新的《企业会计准则》编写，并结合新准则在金融企业的具体应用做出了系统调整，力求体现新准则对金融企业会计核算的最新要求，以满足金融企业会计工作者和财经院校相关课程教学的需要。

本书由李晓梅、关新红主编并负责修订，其中第一章、第四章、第五章、第六章、第八章由李晓梅负责改写和修订，第二章、第三章、第七章、第九章、第十章、第十一章、第十三章、第十五章、第十六章和第十七章由关新红负责改写和修订。由于编者水平有限，错谬之处在所难免，敬请广大读者批评指正。

李晓梅　关新红
2007年6月于
中央财经大学会计学院

前　言

随着我国金融体制改革的不断深化，金融会计制度进行了一系列的变革，旨在规范金融企业的会计行为，夯实金融企业资产质量，提高金融企业会计信息的质量和透明度，并力求尽快适应《巴赛尔协议》的有关要求，防范金融风险，保护广大投资者的合法权益，进一步提升我国会计标准的国际化水平。在我国，金融企业包括银行(含信用社)、保险公司、证券公司、信托投资公司、期货公司、基金管理公司、租赁公司和财务公司等，它们是我国市场经济运行机制的中枢，在我国经济发展中起着巨大的作用。中华人民共和国财政部于2001年11月27日正式发布了新的《金融企业会计制度》，该制度的发布对我国金融企业的会计工作乃至整个经济工作均产生了深远的影响。

我们根据新的《金融企业会计制度》和各类金融企业会计核算的实际情况，编写成《金融企业会计》一书，以供财经院校专业教学及有关在职人员学习使用。

本书主要介绍了商业银行、证券公司、信托投资公司、期货公司、基金管理公司、租赁公司等金融企业各主要业务的会计核算内容和步骤，其中既包括一些通用的基本业务的确认、计量和报告要求，也包括特殊业务的会计处理。除以《金融企业会计制度》为主要依据外，我们还结合金融企业实际业务处理程序，对本书内容加以具体化，以增强实用性，力求为读者提供最大帮助。

本书由李晓梅、关新红主编和总纂。具体写作分工如下：第一、二、三章由钱璟编写；第四、十、十六、十七章由李晓梅、关新红编写；第五、六、七、九章由李慧群编写；第八章由李进编写；第十一、十四、十五章由姚遥编写；第十二章由许美蓉编写；第十三章由邓志敏编写。由于编者水平有限，书中难免有错误之处，敬请广大读者批评指正。

李晓梅　关新红
2005年12月于
中央财经大学会计学院

目　录

第一章

总论

学习要点与要求

1. 熟悉金融企业的概念、种类及业务特点；
2. 了解金融企业会计的特点及核算原则；
3. 掌握金融企业会计的基本核算方法。

第一节　金融企业概述

金融企业以商业银行为主体，还包括信用社、保险公司、证券公司、信托投资公司、期货公司、基金管理公司、租赁公司、财务公司等。我国一般将金融企业分为商业银行和非银行金融机构两大类。

一、商业银行

商业银行是现代金融体系的主体，它是依照《中华人民共和国公司法》（以下简称《公司法》）设立的以吸收存款、发放贷款、办理结算等金融业务而获取利润的企业法人。在我国，商业银行自主经营、自担风险、自负盈亏，以盈利性、安全性、流动性为经营原则。商业银行的主要经营业务有：吸收公众存款；发放短、中、长期贷款；办理国内外结算；办理票据贴现；发行金融债券；买卖政府债券；从事同业拆借；买卖外汇；提供信用证服务及担保；代理保险业务；提供保险箱服务以及经中国人民银行批准的其他业务。

二、非银行金融机构

非银行金融机构与商业银行的主要区别表现在：第一，资金来源不同。商业银行以吸收存款为主要资金来源，非银行金融机构主要依靠发行股票、债券等筹集资金。第二，资金运用方向不同。商业银行的资金以发放贷款为主，非银行金融机构主要从事非贷款的其他金融业务，如保险、信托、租赁等。我国目前的非银行金融机构主要包括：信托投资公司、信用社、保险公司、证券公司、租赁公司、基金管理公司和财务公司等。

(一)信托投资公司

信托投资公司是专门从事信托投资业务的公司,目前主要业务有:信托业务,如信托存款、信托贷款和信托投资等;委托业务,如委托存款、委托贷款和委托投资等;代理业务,如代理保管、代理收付、代理有价证券的发行和买卖、信用担保等;咨询业务,如资信咨询、项目可行性咨询、投资咨询和金融咨询等;兼营业务,如金融租赁、证券业务、房地产开发、国际融资性租赁项目下的进出口业务等;外汇业务,如外汇信托存贷款、投资以及在境内外发行和代理发行、买卖外币有价证券等。

(二)信用社

信用社是资本由社员入股,经营由社员民主管理,主要为入股社员服务的合作性质的集体金融组织。其主要业务有:城乡个人储蓄存款;农户、个体工商户和集体企业的存贷款和结算业务;代办保险;代收代付业务以及经中国人民银行批准的其他业务。随着经济的发展,目前绝大部分的城市信用社已逐渐改组为以城市命名的商业银行,少数经济比较发达地区的农村信用社也组建了农村合作银行,主要为本地区经济发展融通资金,重点为中小企业发展提供金融服务。

(三)保险公司

保险公司是经营保险业务和投资业务的经济组织,其主营业务是保险业务,具体包括财产保险业务、人身保险业务和再保险业务。保险公司的投资业务是指保险公司在组织经济补偿或给付保险金的经营过程中,将收取的保险费积聚起来形成保险资金,并按规定用于投资使之增值的业务活动。

(四)证券公司

我国的证券公司分为两类,即综合类证券公司和经纪类证券公司。综合类证券公司的业务包括证券经纪业务、证券自营业务、证券承销业务和经国务院证券监督管理机构核定的其他证券业务。经纪类证券公司只允许专门从事证券经纪业务,即只能专门从事代理客户买卖股票、债券、基金、可转换债券、认股权证等业务。

(五)租赁公司

租赁公司是从事金融租赁业务的公司,其主要业务有:动产和不动产的租赁、转租赁和回租赁业务;各种租赁业务所涉及标的物的购买业务;出租物和抵偿租金产品的处理业务;向金融机构借款及其他融资业务;吸收特定项目下的信托存款;租赁项目下的流动资金贷款业务;外汇业务等。

(六)基金管理公司

基金管理公司是依据法律、法规和基金契约负责基金的经营和管理操作的公司。其主要业务有:证券投资基金的发行和赎回;管理和运用证券投资基金从事股票、债券等金融工具的投资等。

(七)财务公司

财务公司是由企业集团内部集资组建的,主要为集团内部成员筹集和融通资金、提供金融服务的公司。其主要业务有:存贷款、结算、票据贴现、融资租赁、投资、委托及代理发行有价证券等。

第二节　金融企业会计的基本理论

一、金融企业会计的概念

金融企业会计是以货币为主要计量单位，按照会计学的基本原理和基本方法，对金融企业经营活动进行连续、系统、完整的核算和监督，从而为企业经营者和有关各方提供财务状况和经营成果等会计信息的一种管理活动。具体来讲，它是以商业银行和非银行金融机构的经济活动为中心，对其资产、负债、所有者权益、收入、费用、利润进行核算和监督的会计。

二、金融企业会计的基本前提

会计的基本前提是指会计人员为了实现会计目标，而对错综复杂、变化不定的会计环境所作出的合乎情理的假定。它是收集会计数据、选择会计方法的重要依据。金融企业会计的四个基本前提分别是：会计主体、持续经营、会计分期、货币计量。

（一）会计主体

会计主体是指会计工作为之服务的特定单位或组织，是会计工作特定的空间范围。凡是有能力拥有资源、承担义务、独立或相对独立的特定单位或组织，都可以且需要进行独立核算，成为一个会计主体。实际工作中，会计主体又称为会计单位、会计实体、记账主体等。

会计主体的确定通常视管理需要而定，它可以是一个企业，也可以是若干家企业通过控股关系组织起来的集团公司。一个会计主体可能包括几个会计主体，如总公司和分公司；几个会计主体也可合并为一个会计主体，如联营公司。组织形式多样的特定单位要成为会计主体，它首先应是独立的实体，其次应是统一的整体。

（二）持续经营

持续经营是指会计主体的业务经营活动能够按照既定目标持续不断地经营下去。只有在持续经营的前提下，资金才能实现周而复始的循环与周转，会计人员才能分期记账，定期进行财务报告，会计处理方法才能保持一致性和稳定性，才能以权责发生制为基础确定本期的收益和费用，解决资产计价和负债偿还等问题。

金融企业在一般情况下都应按持续经营假定进行核算，但是当有迹象表明金融企业已无法继续经营时，持续经营假定就不再适用，会计人员应改用清算价格或重置成本来确定财产价值，并进行相应的会计处理。

（三）会计分期

会计分期是指将会计主体的持续经营活动人为地分割为一定的期间，分期结算账目，报告财务状况，以满足有关各方对财务信息的需求。我国《企业会计准则》规定，会计分期按公历起讫日期分为年度、半年度、季度和月度。会计分期前提解决了会计核算和监督的时间范围问题。

会计分期是一种人为的分割，它与经济业务的自然周期不相一致，因此，会计核算必须确定各项经济业务与某一会计期间的关系，由此产生了权责发生制、收付实现制两种会计处理方法，以及折旧、摊销、计提坏账准备金等账务处理方法。

（四）货币计量

货币计量是指会计信息应以货币为计量尺度。货币计量假定包括几层含义：一是假设货币币值保持不变。按照国际惯例，当货币本身价值波动不大或前后波动可以相互抵消时，这些波动在会计核算中可不予考虑，但如果发生持续的恶性通货膨胀，货币购买力严重下跌时，就需用特殊的会计准则进行处理。二是会计核算的对象只包括能够用货币计量的经济活动。三是借贷记账法只有通过货币计量，才能全面、连续、系统、完整地揭示企业的经营状况和财务成果。四是我国金融企业的会计核算以人民币为记账本位币。业务收支以外币为主的企业，可以选定某种外币作为记账本位币，但编制的会计报表应折算为人民币反映。境外企业向国内有关部门报送的会计报表也应折算为人民币反映。

三、金融企业会计核算的基础和会计信息质量要求

金融企业应以权责发生制为基础进行会计确认、计量和报告。权责发生制又称应收应付制，是指凡是当期已经实现的收入和已经发生或应当负担的费用，不论款项是否收付，都应作为当期的收入和费用；凡是不属于当期的收入和费用，即使款项已在当期收付，也不应作为当期的收入和费用。权责发生制原则主要是解决收入和费用何时予以确认，确认多少的问题。根据权责发生制进行收入和费用的核算，能够更加准确地反映特定会计期间真实的财务状况和经营成果。

《企业会计准则》对会计信息有如下质量要求。

（一）客观性

客观性又称真实性，是指金融企业会计核算应当以实际发生的交易或事项为依据，如实地反映其财务状况、经营成果和现金流量。具体包括三方面含义：一是真实性，即所提供的会计信息必须如实反映金融企业财务状况、经营成果和现金流量；二是可靠性，即会计人员的计量、记录和报告必须以客观事实为依据，不受主观意志左右；三是可验性，即有可靠的凭据，以供复查其数据来源和信息提供过程。

（二）相关性

相关性又称有用性，是指金融企业提供的会计信息应当与信息使用者密切相关，能够满足宏观经济管理的需要，满足各有关方面了解企业财务状况、经营成果和现金流量的需要，满足企业加强内部经营管理的需要。

（三）可比性

可比性又称统一性，是指金融企业应当按照规定的会计处理方法进行会计核算，会计指标应当口径一致，相互可比。可比的含义主要是：横向上，本企业与其他同性质企业的会计信息可比；纵向上，本企业现时资料与历史资料可比。

（四）及时性

及时性是指金融企业的会计核算应当及时进行，不得提前或延后。会计信息的价值在于帮助信息使用者作出经济决策，具有时效性。如果金融企业的会计信息不能及时提供，即使其信息具有客观性、可比性和相关性，对于会计信息使用者也没有任何意义，甚至可能会误导会计信息使用者。为保证会计信息的及时性，务必做到三点：及时收集会计信息，及时对会计信息进行加工处理，及时传递会计信息。

（五）明晰性

明晰性是指金融企业的会计核算应当清晰明了，便于理解和运用。明晰性原则作为会计信息的重要质量特征，要求在会计核算中，会计记录应当准确清晰，凭证填制、账簿登记依据应当合法，账户对应关系清楚，文字摘要完整，会计报表应做到项目完整、数字准确、钩稽关系清楚。

（六）谨慎性

谨慎性又称稳健性，是指金融企业的会计核算应当认真、谨慎，不得多计资产或收益，也不得少计负债或费用。谨慎性原则是针对经济活动中的不确定因素，要求在会计处理上保持小心谨慎的态度，充分考虑到可能发生的风险和损失，当某些经济业务或会计事项存在不同会计处理程序和方法时，在不影响合理反映的情况下，尽可能选择不虚增利润或夸大所有者权益的会计处理程序和方法，以便对防范风险起到预警作用。

（七）重要性

重要性是指金融企业在会计核算中对不同的交易或事项应当区别对待，根据其重要程度，采用不同的处理方法。它要求对资产、负债、损益等有较大影响，进而影响财务会计报告使用者作出合理判断的重要会计事项，必须按规定的会计方法和程序进行处理，并在财务会计报告中予以充分准确地披露；对于次要的会计事项，在不影响会计信息真实性和不至于误导财务会计报告使用者作出正确判断的前提下，可适当简化处理。

（八）实质重于形式

实质重于形式是指金融企业应当按照交易或事项的实质和经济现实进行会计核算，不应当仅仅以它们的法律形式作为会计核算的依据。实际工作中，交易或事项的外在法律形式或人为形式并不总能完全反映其实质内容，此原则能够保证会计核算信息与客观经济事实相符，从而提高会计信息的质量。

四、金融企业会计的特点

金融企业会计具有以下四个特点。

（一）会计核算内容的社会性

金融企业的经营活动具有广泛的社会性，其各项业务不仅涉及国民经济各部门、各企业、各单位，而且涉及城乡广大的储户和居民，这就决定了金融企业会计核算必须面向社会。同时，金融企业作为国家管理经济的重要部门，在处理各项业务活动时，必须认真贯彻国家金融政策及各项金融法规。

（二）会计核算方法的独特性

一方面，金融企业尤其商业银行是经营货币资金的特殊法人，其主要业务是货币流，而很少涉及物流；另一方面，金融企业会计核算的过程往往就是其业务处理的过程。因此，金融企业会计在科目设置、凭证编制、账务处理程序及具体业务处理上，都有别于其他行业会计。

（三）业务处理的及时性

金融企业是全社会资金运行的枢纽，金融企业对资金汇划的处理速度直接影响全社会的资金周转。因此，与其他行业可定期记账不同，金融企业会计必须在实际业务发生时就进行会计处理，迅速完成资金的价值转移。

（四）内部控制及监督机制的严密性

随着电子计算机的发展，金融企业的内控和监督越来越多地借助电子计算机来完成，并且由过去的事后监督控制发展为事前和事中监督控制。金融企业建立严密的内部控制及监督机制是防范操作风险的必然要求。

第三节 金融企业会计的基本核算方法

一、会计科目的设置

会计科目是对会计对象的具体内容进行分类反映的标志或名称，它是设置账户、分类记载会计事项的工具，也是确定报表项目的基础。

（一）会计科目的设置原则

1. 遵循统一的会计核算规范。《企业会计准则》《企业会计准则应用指南》等是金融企业会计工作的基本规范。金融企业必须依照这些规定来设置会计科目，处理经济业务（企业会计科目表见附件）。

2. 满足统一经营管理的需要。金融企业会计科目的设置，在遵循统一会计核算规范的原则下，由总行（公司）统一规定，以保证会计核算口径的统一，便于综合汇总会计报表和分析运用会计资料。各管辖分行（公司）如有需要，可增设辖内专用科目，但增设后应送总行（公司）财会部门备案。在向总行（公司）报送会计报表时，必须将这些科目并入相应的统一会计科目内。

3. 符合金融企业业务的特点。目前，金融企业多种职能并存，其资金筹集与运用有自身的特点，必须根据这些特点来设置会计科目，才能全面反映金融企业会计的全部核算对象。

4. 适当简化会计科目的设置。过少的会计科目不利于全面反映各项业务状况，而过多的会计科目又会影响会计核算效率。在保证核算质量的前提下，适当简化会计科目设置，能够提高会计核算工作效率，降低核算成本。

（二）会计科目的分类

1. 按资金性质分类。金融企业会计科目按资金性质可分为四类：资产类、负债类、所有者权益类和损益类。就银行系统而言，因核算上的需要，可以增设一些银行系统内使用的科目，在实际工作中，各银行系统都增设了资产负债共同类科目。

(1) 资产类科目。资产类科目是金融企业各项经济资源的分类名称，用来核算金融企业的各种资金运用结果。此科目包括流动资产、固定资产、无形资产和其他资产等。

(2) 负债类科目。负债类科目是金融企业各项债务的分类名称，用来核算金融企业的各种债务性资金来源状况。此科目包括短期负债、长期负债和其他负债等。

(3) 所有者权益类科目。所有者权益类科目是金融企业资本项目的分类名称，用来核算所有者投入资金以及经营所得或亏损情况。前者包括实收资本和资本公积，后者包括盈余公积和未分配利润。

(4) 损益类科目。损益类科目是金融企业各项经营收入和费用支出的分类名称，用来核算金融企业的营业收支等情况。此科目包括利息收入、利息支出、投资收益、营业费用等。

(5)资产负债共同类科目。资产负债共同类科目既能反映商业银行的资产业务,又能反映商业银行的负债业务。此科目的余额在借方表现为资产,余额在贷方表现为负债。在编制会计报表时应根据余额方向,分别纳入资产类或负债类科目反映。

2. 按与资产负债表的关系分类。金融企业会计科目按与资产负债表的关系,可以分为表内科目和表外科目。

(1)表内科目。表内科目是指反映金融企业资金实际增减变化而纳入资产负债表内的科目。

(2)表外科目。表外科目是指反映金融企业确已发生而尚未涉及资金的实际增减变化,或不涉及资金增减变化而不列入资产负债表的科目,如"有价单证""空白重要凭证"等。

3. 按反映经济业务内容的详略程度分类。金融企业会计科目按反映经济业务内容的详略程度,可分为一级科目和二级科目。

(1)一级科目。一级科目的名称代号及核算内容具有较强的统一性,科目的设置及修改应高度集中。

(2)二级科目。二级科目可以由各金融企业根据自身业务的实际需要和权限增加设置。

二、记账方法

记账方法是指运用一定的记账原理和规则,将财务活动记入账簿,并通过试算平衡来检查账簿记录是否正确的一种技术方法。金融企业会计的记账方法包括复式记账法和单式记账法。经济业务发生后,涉及表内科目增减变化的采用复式记账法,未引起表内科目增减变化而只涉及表外科目增减变化的采用单式记账法。

(一)复式记账法

复式记账法就是对每一项经济业务,都要以对应相等的金额,同时在所涉及的两个或两个以上账户中进行登记的记账方法。在国际上,通常采用的复式记账法为借贷记账法。

1. 借贷记账法的记账原理。借贷记账法以"资产 = 负债 + 所有者权益"的会计平衡公式为记账原理。这一平衡公式体现了资产总额与负债和所有者权益总额之间数量上的平衡关系。

2. 借贷记账法的记账符号。借贷记账法的记账符号是"借"和"贷"。"借"在账户的左方,"贷"在账户的右方。

3. 借贷记账法的记账规则。借贷记账法以"有借必有贷,借贷必相等"为记账规则。具体地说,资产和费用的增加记入借方,资产和费用的减少记入贷方,余额反映在借方;负债、权益和收入的增加记入贷方,负债、权益和收入的减少记入借方,余额反映在贷方。遵守记账规则,关键是在把经济业务记入账户之前,正确确定账户对应关系,编制会计分录。

4. 借贷记账法的试算平衡。试算平衡是通过对所有账户的发生额或余额进行汇总计算和比较,以检查账务处理的正确性与完整性的一种重要方法。有以下两个平衡公式。

(1)发生额平衡公式:

各科目借方本期发生额 = 各科目贷方本期发生额

(2)余额平衡公式:

各科目借方余额合计 = 各科目贷方余额合计

(二)单式记账法

单式记账法就是对发生的每一项经济业务只在一个账户中进行登记的记账方法。单式记账设置收入、付出、余额三栏,业务发生或增加时记"收入",销账或减少时记"付出","余额"表示结存。

三、会计凭证

(一)会计凭证的分类

会计凭证是记载经济业务,办理资金收付,明确业务经济责任,并具有法律效力的书面证明。它是金融企业办理业务和财务收支的主要依据。按填制程序和用途的不同,会计凭证可分为原始凭证和记账凭证。

1. 原始凭证。原始凭证是在经济业务发生时直接取得或填制的会计凭证,是用来确定业务的执行和完成情况,并作为记账依据的最原始资料。按来源不同,原始凭证又可分为外来原始凭证和自制原始凭证。

外来原始凭证是在经济业务完成时从企业外部直接取得的凭证。金融企业的原始凭证大多为外来原始凭证。自制原始凭证是金融企业在办理经济业务过程中,根据业务需要而填制的各种专用凭证。

2. 记账凭证。根据不同的分类标准,记账凭证可分为不同的种类。

(1)明细账记账凭证和总账记账凭证。记账凭证按其是否是明细账的记载依据分为明细账记账凭证和总账记账凭证。明细账记账凭证在核算过程中要在企业内部各核算环节进行传递,故又称"传票";总账记账凭证为汇总记账凭证,故又称"科目日结单"。

(2)单式记账凭证和复式记账凭证。记账凭证按其分录形式不同可分为单式记账凭证和复式记账凭证。单式记账凭证是在每张凭证上只填一个会计科目或账户,即一笔经济业务按其对应关系编制两张或两张以上的会计凭证;复式记账凭证是一笔经济业务所涉及的几个科目或账户都反映在一张凭证上。金融企业尤其是商业银行主要使用单式记账凭证。

(3)基本凭证和特定凭证。记账凭证按其性质或适用范围不同可分为基本凭证和特定凭证。

①基本凭证。基本凭证又称通用凭证或一般凭证,是会计部门根据合法的原始凭证及业务事项自行编制的具有统一格式的凭证。其主要包括几种类型:第一,现金收入凭证和现金付出凭证(见表1-1、表1-2)。这是专门用于收入或付出现金业务的凭证。第二,转账借方凭证和转账贷方凭证(见表1-3、表1-4)。这是专门用于办理转账业务的凭证。第三,特种转账借方凭证和特种转账贷方凭证(见表1-5、表1-6)。这是当发生涉及外单位资金收付的转账业务时,由金融企业主动代为收款进账或扣款出账而编制使用的凭证。特种转账凭证在金融企业内外均可传递。第四,表外科目收入凭证和表外科目付出凭证(见表1-7、表1-8)。这是金融企业对不涉及资金增减变化但又必须记录的重要会计事项,用表外科目进行核算所使用的凭证。

②特定凭证。特定凭证又称专用凭证，是金融企业根据各种业务的特殊需要指定充当的凭证。这类凭证一般由金融企业根据各种特殊需要制定，具有专门用途，并由金融企业统一印制发行，由客户在需要时一次套写数联提交金融企业，金融企业以其中一联或几联代记账凭证记账。

表 1－1　　**××银行　现金收入传票**

（贷）__________
（借）现金 __________
年　月　日
总字第　　号
字第　　号

户名或账号	摘　要	金　额										
		亿	千	百	十	万	千	百	十	元	角	分
合　计												

会计　出纳　复核　记账

表 1－2　　**××银行　现金支出传票**

（借）__________
（贷）现金 __________
年　月　日
总字第　　号
字第　　号

户名或账号	摘　要	金　额										
		亿	千	百	十	万	千	百	十	元	角	分
合　计												

会计　出纳　复核　记账

表 1－3　　**××银行　转账借方传票**

科目（借）__________
对方科目（贷）__________
年　月　日
总字第　　号
字第　　号

户名或账号	摘　要	金　额										
		亿	千	百	十	万	千	百	十	元	角	分
合　计												

会计　出纳　复核　记账

表 1－4　　　　**××银行　转账贷方传票**

总字第　　号
字第　　号

科目（贷）________

对方科目贷（借）现金 ________　　　　年　月　日

<table>
<tr><td rowspan="2">户名或账号</td><td rowspan="2">摘　要</td><td colspan="11">金　额</td></tr>
<tr><td>亿</td><td>千</td><td>百</td><td>十</td><td>万</td><td>千</td><td>百</td><td>十</td><td>元</td><td>角</td><td>分</td></tr>
<tr><td></td><td></td><td></td><td></td><td></td><td></td><td></td><td></td><td></td><td></td><td></td><td></td><td></td></tr>
<tr><td></td><td></td><td></td><td></td><td></td><td></td><td></td><td></td><td></td><td></td><td></td><td></td><td></td></tr>
<tr><td></td><td></td><td></td><td></td><td></td><td></td><td></td><td></td><td></td><td></td><td></td><td></td><td></td></tr>
<tr><td colspan="2">合　　计</td><td></td><td></td><td></td><td></td><td></td><td></td><td></td><td></td><td></td><td></td><td></td></tr>
</table>

会计　　　　出纳　　　　复核　　　　记账

表 1－5　　　　**××银行　特种转账借方传票**

总字第　　号
字第　　号

年　月　日

<table>
<tr><td rowspan="3">付款人</td><td>全　称</td><td colspan="3"></td><td rowspan="3">收款人</td><td>全　称</td><td colspan="3"></td></tr>
<tr><td>账号或地址</td><td colspan="3"></td><td>账号或地址</td><td colspan="3"></td></tr>
<tr><td>开户银行</td><td></td><td>行号</td><td></td><td>开户银行</td><td></td><td>行号</td><td></td></tr>
<tr><td rowspan="2">金额</td><td colspan="4" rowspan="2">人民币
（大写）</td><td colspan="5">千　百　十　万　千　百　十　元　角　分</td></tr>
<tr><td colspan="5"></td></tr>
<tr><td colspan="2">原凭证金额</td><td></td><td>赔偿金</td><td></td><td colspan="5"></td></tr>
<tr><td colspan="2">原凭证名称</td><td></td><td>号　码</td><td></td><td colspan="5" rowspan="2">科目（借）________
对方科目（贷）________

会计　复核　记账</td></tr>
<tr><td>转账原因</td><td colspan="4">银行盖章</td></tr>
</table>

表 1－6　　　　**××银行　特种转账贷方传票**

总字第　　号
字第　　号

年　月　日

<table>
<tr><td rowspan="3">付款人</td><td>全　称</td><td colspan="3"></td><td rowspan="3">收款人</td><td>全　称</td><td colspan="3"></td></tr>
<tr><td>账号或地址</td><td colspan="3"></td><td>账号或地址</td><td colspan="3"></td></tr>
<tr><td>开户银行</td><td></td><td>行号</td><td></td><td>开户银行</td><td></td><td>行号</td><td></td></tr>
<tr><td rowspan="2">金额</td><td colspan="4" rowspan="2">人民币
（大写）</td><td colspan="5">千　百　十　万　千　百　十　元　角　分</td></tr>
<tr><td colspan="5"></td></tr>
<tr><td colspan="2">原凭证金额</td><td></td><td>赔偿金</td><td></td><td colspan="5"></td></tr>
<tr><td colspan="2">原凭证名称</td><td></td><td>号　码</td><td></td><td colspan="5" rowspan="2">科目（贷）________
对方科目（借）________

会计　复核　记账</td></tr>
<tr><td>转账原因</td><td colspan="4">银行盖章</td></tr>
</table>

表 1-7　　　　　××银行　表外科目收入传票

总字第　　号
字第　　号

年　月　日

户　名	摘　要	表外科目代号	金　额										
			亿	千	百	十	万	千	百	十	元	角	分
合　计													

会计　　　　　　　　保管　　　　　　　　复核　　　　　　　　记账

表 1-8　　　　　××银行　表外科目付出传票

总字第　　号
字第　　号

年　月　日

户　名	摘　要	表外科目代号	金　额										
			亿	千	百	十	万	千	百	十	元	角	分
合　计													

会计　　　　　　　　保管　　　　　　　　复核　　　　　　　　记账

记账凭证应根据原始凭证填制，专门用以登记账簿，原始凭证则作为记账凭证的附件。但金融企业会计核算中，除某些业务需要自制记账凭证外，大多采用客户提交的或联行及代理行寄来的各种原始凭证，直接代替记账凭证进行账务处理。

（二）会计凭证的编制

编制会计凭证是会计核算工作的起点和基础。编制凭证应做到要素齐全、内容完整、反映真实、数字正确、字迹清楚、书写规范、手续完备，且不得任意涂改。对外签发的凭证以及受理客户提交的凭证，其金额除填写阿拉伯数字的小写金额外，应同时填写中文大写数字，以防涂改，且大小写数字必须相符。

（三）会计凭证的审核

为保证会计凭证的真实性与完整性，应对会计凭证进行审核，只有经过审核的合格的凭证，才能作为记账依据。会计凭证的审核要点主要有：①是否为本金融企业受理的凭证；②凭证内容、联数、附件是否齐全完整，是否超过有效期限；③账号与户名是否相符；④大小写金额是否一致，字迹有无涂改；⑤取款是否超过存款余额、拨款限额或贷款额度；⑥印鉴是否真实齐全；⑦款项来源、用途是否符合政策和有关资金管理规定；⑧计息、收费、赔偿金的计算是否正确；⑨内部科目的账户名称使用是否正确等。

经审查无误的凭证，应及时处理；如果内容不够齐全，应予以退回，进行补办；对不符合要求的凭证，应拒绝受理；如发现伪造凭证等犯罪行为，应认真追究，严肃处理。

（四）会计凭证的传递与保管

会计凭证的传递是指从收到或编制凭证起，通过审查凭证，账务处理，直到凭证装订保管为止的凭证运行路线和处理方式。会计凭证的传递一般包括规定合理的传递路线、时间，以及会计凭证在传递过程中的衔接手续等。虽然会计凭证反映的经济业务不同，各种凭证传递的具体程序也不完全相同，但都必须遵守一般的传递原则，即传递路线既要保证记账凭证经过必要的处理和审核程序，以便进行会计监督，又要尽量避免不必要的周转环节，以减少工作量。

由于金融企业业务量大，会计凭证应按期整理装订。每日营业终了，对已办完核算手续的凭证应集中整理，按先表内科目，后表外科目的顺序排列。表内科目按科目编号先小号后大号的顺序进行整理。同一科目下再按现金传票在前、转账传票在后，借方传票在前、贷方传票在后依次排列。表外科目按收入、付出顺序排列。原始凭证及有关单证附于记账凭证后面，并加盖"附件"戳记。科目日结单装订在该科目各明细账记账凭证的前面，传票销号单则附在最后一并装订。装订前应检查科目日结单的张数、各科目日结单下明细账记账凭证张数、各明细账记账凭证所带附件张数是否完整齐全，如发现不符，应及时更正补齐。装订时要将凭证整理整齐，另加封面和封底，将装订日期、号码、册数、传票总张数和附件张数等填于封面上。装订成册的凭证应由指定的会计人员负责妥善保管，年度终了，应移送财会档案室登记归档。

四、账簿和账务组织

（一）账簿的种类

金融企业会计账簿按其用途可分为序时账簿、分类账簿和备查账簿。

1. 序时账簿。序时账簿通常称为日记账，它是按照全部经济业务完成时间的先后顺序进行登记的账簿。在实际工作中，按照会计部门收到凭证的先后顺序，即按照凭证的编号顺序进行登记。

2. 分类账簿。分类账簿是全面、系统地对资金循环和收支活动所做的分类记录。按照分类的概括程度不同，分类账簿又可分为明细分类账和总分类账。

明细分类账是按账户设置和登记的账簿。金融企业的明细分类账按每一会计科目下的开户单位或具体核算对象分户立账，并根据记账凭证的业务顺序逐笔连续记载。明细分类账的格式有三种：一是三栏式账簿，设借方、贷方、余额三栏，适用于各种不计息存贷款、应收账款、应付账款、待摊费用、所有者权益账户的明细分类核算；二是多栏式账簿，这种格式是为了对某些业务活动进行专门管理而设计的，它在一张账页内按有关明细科目或管理要求设若干专栏；三是销账式账簿，这种格式是为逐笔登记、逐笔销账的业务而设计的。

总分类账是按会计科目设置的，是汇总明细分类账的主要工具。总分类账于每日营业终了，根据各科目日结单借、贷方发生额和今日余额进行登记。总分类账的格式一般为三栏式。任何科目总账的当日借方或贷方发生额或余额与其所属各分户账借方或贷方发生额或余额的合计数应相等。这种数量相等关系，能够使总分类核算与明细分类核算互相制约，是对总分类账和明细分类账进行核对、保证账账相符的重要依据。

3. 备查账簿。备查账簿是对某些在日记账和分类账等主要账簿中未能记载的事项进行补充登记的账簿。这种账簿属于辅助性登记,没有固定的格式,可根据需要加以设计。

（二）账务组织

账务组织是指总的账务结构体系,它包括明细核算和综合核算两个系统。明细核算对综合核算起到补充作用,综合核算对明细核算起到统驭作用,二者构成了一套完整的、科学的、严密的账务组织体系。

1. 明细核算。明细核算是按账户核算,反映各项资金增减变化及其结果的详细情况的核算系统。它的具体形式和所使用的账表包括分户账、登记簿、余额表等。它的核算程序为:根据会计凭证登记分户账或登记簿,再根据分户账或登记簿编制余额表,最后同总账进行核对。

(1)分户账。分户账是企业会计账簿中具体反映经济业务的明细分类账簿,是明细核算的主要形式。分户账的格式分为甲、乙、丙、丁四种。

①甲种账(见表1-9)。甲种账设有借方、贷方和余额三栏,一般适用于不计息或使用余额表计息科目的账户及企业内部财务性质的账户。

②乙种账(见表1-10)。乙种账设有借方、贷方、余额、日数、积数五栏,一般适用于直接在账页上结计积数计算利息的账户。

③丙种账。丙种账设有借、贷方发生额和借、贷方余额四栏,一般适用于借、贷双方反映余额的账户,现已与甲种账合并。

④丁种账(见表1-11)。丁种账设有借、贷方发生额、余额和销账四栏,一般适用于逐笔记录、逐笔销账的一次性业务,并兼有分户核算的作用。

(2)登记簿。登记簿(见表1-12)又称登记卡,是为了适应某些业务需要而设置的专用账簿。登记簿的格式根据业务需要可自行设计,一般都采用收入、付出、余额三栏的通用格式,根据表外科目传票采取单式记账方法进行登记处理。

(3)余额表。余额表是核对总账与分户账余额和计算利息的重要工具。余额表分为计息余额表(见表1-13)和一般余额表(见表1-14)。计息余额表适用于计息科目,它根据分户账的每日最后余额填列,当日未发生借贷业务的账户应按上日余额填列,使之能与总账核对余额,并计算计息积数。一般余额表适用于各种科目及账户登记余额使用。

2. 综合核算。综合核算是按会计科目进行核算,综合、概括地反映各科目的资金增减变化情况,由各种总分类账组成的核算系统。综合核算所采用的主要形式包括科目日结单、总账、日计表等。其记账程序为:通过业务传票的审核编制科目日结单,然后根据科目日结单登记各科目总账,最后编制日计表。

(1)科目日结单。科目日结单(见表1-15)又称总账记账凭证,是每天会计科目的当日借贷方发生额和凭证、附件张数的汇总记录,是监督明细账发生额、轧平当日账务的重要工具,也是记载总账的依据。每日营业终了,应按同一科目的凭证区分现金和转账凭证、借方或贷方发生额,各自加计总数填入科目日结单的有关栏目,并注明凭证张数。办理存贷款业务的商业银行,由于现金业务量大,现金科目日结单填写数据分成两步:首先将各科目日结单的借方现金数相加,填入现金科目日结单的贷方,再将各科目日结单的贷方现金数相加,填入现金科目日结单的借方。全部科目日结单相加的借贷方合计数必须平衡。

(2)总账。总账(见表1-16)是综合核算与明细核算相互核对,统驭明细分户账的主要工具,是各科目的总括记录,也是编制日计表、月计表、业务状况报告表、资产负债表的依据。总账按科目设置,设有借、贷方发生额和借、贷方余额四栏,账页每月更换一次。总账的发生额,应于每日营业终了,根据各科目日结单的借贷方发生额合计数分别填记;余额根据本科目的上日余额加减本日发生额后求出。检验科目总账余额是否正确应视不同情况而定。

如果上日借方余额大于贷方余额,可使用以下公式进行检验:

上日借方余额-上日贷方余额+本日借方发生额-本日贷方发生额
=本日借方余额-本日贷方余额

如果上日贷方余额大于借方余额,可使用以下公式进行检验:

上日贷方余额-上日借方余额+本日贷方发生额-本日借方发生额
=本日贷方余额-本日借方余额

(3)日计表。日计表(见表1-17)是反映当日业务活动和轧平全部账务的主要工具。日计表应每日编制,日计表上当日发生额和余额应根据总账各科目当日发生额和余额填记。日计表上借、贷方发生额和借、贷方余额合计数必须各自平衡。

表1-9 甲种账

本账总页数	
本户页数	

户名: 账号: 领用凭证记录

年		摘要	凭证号码	对方科目代号	借方	贷方	借或贷	余额	复核盖章
月	日				(位数)	(位数)		(位数)	

会计 记账

表1-10 乙种账

本账总页数	
本户页数	

户名: 账号: 领用凭证记录 利率:

年		摘要	凭证号码	对方科目代号	借方	贷方	借或贷	余额	日数	积数	复核盖章
月	日				(位数)	(位数)		(位数)		(位数)	

会计 记账

表1-11 丁种账

本账总页数	
本户页数	

户名: 账号: 领用凭证记录 利率:

年		账号	户名	摘要	凭证号码	对方科目代号	借方	销账			贷方	借或贷	余额	复核盖章
月	日						(位数)	年	月	日	(位数)		(位数)	

会计 记账

表 1－12　　登记簿

本账总页数	
本户页数	

户名：　　单位：

年		摘　要	收　入		付　出		余　额		复核盖章
月	日		数　量	余额（位数）	数　量	余额（位数）	数　量	余额（位数）	

表 1－13　　计息余额表

科目名称：　　年　月　　共　页

科目代号：　　利率：　　第　页

余额 / 户名（账号） / 日期					复核盖章
⋮ 10 天小计 ⋮					
本月合计					
至上月底未计息积数					
应加应减积数					
至本月底累计未计息积数					
至结息日累计计息积数					
利息					

表 1－14　　一般余额表

年　月　日　　共　页　第　页

科目代号	户　名	摘　要	余额（位数）	科目代号	户　名	摘　要	余额（位数）

表 1－15　　科目日结单

年　月　日

借方		贷方	
传票张数	金额（位数）	传票张数	金额（位数）
现金　张		现金　张	
转账　张		转账　张	
合计　张		合计　张	

会计　　复核　　经办

表 1－16　　总　账

科目名称：　　第　号

年　月	借　方	贷　方
上年底余额		
本年度累计发生额		
上月底余额		

日期	发生额		余额		复核盖章
	借方	贷方	借方	贷方	
1 ┆ 10 天小计 ┆ 20 天小计 ┆ 31					
合计					
自年初累计					
本期累计计息积数					
本月累计未计息积数					

会计主管　　记账

表 1－17　　日计表

年　月　日　　共　页　第　页

科目代号	科目名称	本日发生额		余额		科目代号
		借方	贷方	借方	贷方	
		（位数）	（位数）	（位数）	（位数）	

行长（主任）　　会计　　复核　　制表

五、会计报表的种类

金融企业会计报表按照反映内容不同可分为几种：资产负债表、利润表、现金流量表、所有者（股东）权益变动表和附表。

第一，资产负债表。资产负债表是总括反映金融企业会计期末（一般是月末、季末或年末）全部资产、负债和所有者权益的会计报表。

第二，利润表。利润表是反映金融企业一定时期经营成果的财务报表。

第三，现金流量表。现金流量表是综合反映金融企业在一定会计期间内现金流入和现金流出情况的报表。

第四，附表。附表包括固定资产明细表、资本变动表等。附表应按国家有关规定及金融企业的实际需要编制。

附件①

企业会计科目名称和编号

顺序号	编号	会计科目名称	
		一、资产类	
1	1001	库存现金	√
2	1002	银行存款	√
3	1003	存放中央银行款项	√
4	1011	存放同业	√
5	1012	其他货币资金	
6	1021	结算备付金	√
7	1031	存出保证金	√
8	1101	交易性金融资产	√
9	1111	买入返售金融资产	√
10	1121	应收票据	
11	1122	应收账款	
12	1123	预付账款	
13	1131	应收股利	√
14	1132	应收利息	√
15	1201	应收代位追偿款	
16	1211	应收分保账款	
17	1212	应收分保合同准备金	
18	1221	其他应收款	√
19	1231	坏账准备	√
20	1301	贴现资产	√
21	1302	拆出资金	√
22	1303	贷款	√
23	1304	贷款损失准备	√
24	1311	代理兑付证券	√
25	1321	代理业务资产	√
26	1401	材料采购	
27	1402	在途物资	
28	1403	原材料	
29	1404	材料成本差异	
30	1405	库存商品	
31	1406	发出商品	
32	1407	商品进销差价	

① 带√的科目为金融企业(保险公司除外)专用会计科目。

续表

顺序号	编号	会计科目名称	
33	1408	委托加工物资	
34	1411	周转材料	
35	1421	消耗性生物资产	
36	1431	贵金属	√
37	1441	抵债资产	√
38	1451	损余物资	
39	1461	融资租赁资产	√
40	1471	存货跌价准备	
41	1501	持有至到期投资	√
42	1502	持有至到期投资减值准备	√
43	1503	可供出售金融资产	√
44	1511	长期股权投资	√
45	1512	长期股权投资减值准备	√
46	1521	投资性房地产	√
47	1531	长期应收款	√
48	1532	未实现融资收益	√
49	1541	存出资本保证金	√
50	1601	固定资产	√
51	1602	累计折旧	√
52	1603	固定资产减值准备	√
53	1604	在建工程	√
54	1605	工程物资	√
55	1606	固定资产清理	√
56	1611	未担保余值	√
57	1621	生产性生物资产	
58	1622	生产性生物资产累计折旧	
59	1623	公益性生物资产	
60	1631	油气资产	
61	1632	累计折耗	
62	1701	无形资产	√
63	1702	累计摊销	√
64	1703	无形资产减值准备	√
65	1711	商誉	√
66	1801	长期待摊费用	√
67	1811	递延所得税资产	√

续表

顺序号	编号	会计科目名称	
68	1821	独立账户资产	
69	1901	待处理财产损益	√
		二、负债类	
70	2001	短期借款	√
71	2002	存入保证金	√
72	2003	拆入资金	√
73	2004	向中央银行借款	√
74	2011	吸收存款	√
75	2012	同业存放	√
76	2021	贴现负债	√
77	2101	交易性金融负债	√
78	2111	卖出回购金融资产款	√
79	2201	应付票据	
80	2202	应付账款	
81	2203	预收账款	
82	2211	应付职工薪酬	√
83	2221	应交税费	√
84	2231	应付利息	√
85	2232	应付股利	√
86	2241	其他应付款	√
87	2251	应付保单红利	
88	2261	应付分保账款	
89	2311	代理买卖证券款	√
90	2312	代理承销证券款	√
91	2313	代理兑付证券款	√
92	2314	代理业务负债	√
93	2401	递延收益	
94	2501	长期借款	
95	2502	应付债券	√
96	2601	未到期责任准备金	
97	2602	保险责任准备金	
98	2611	保户储金	
99	2621	独立账户负债	
100	2701	长期应付款	
101	2702	未确认融资费用	√

续表

顺序号	编号	会计科目名称	
102	2711	专项应付款	
103	2801	预计负债	√
104	2901	递延所得税负债	√
		三、共同类	
105	3001	清算资金往来	√
106	3002	货币兑换	√
107	3101	衍生工具	√
108	3201	套期工具	√
109	3202	被套期项目	√
		四、所有者权益类	
110	4001	实收资本	√
111	4002	资本公积	√
112	4101	盈余公积	√
113	4102	一般风险准备	√
114	4103	本年利润	√
115	4104	利润分配	√
116	4201	库存股	√
		五、成本类	
117	5001	生产成本	
118	5101	制造费用	
119	5201	劳务成本	
120	5301	研发支出	
121	5401	工程施工	
122	5402	工程结算	
123	5403	机械作业	
		六、损益类	
124	6001	主营业务收入	√
125	6011	利息收入	√
126	6021	手续费及佣金收入	√
127	6031	保费收入	
128	6041	租赁收入	√
129	6051	其他业务收入	√
130	6061	汇兑损益	√
131	6101	公允价值变动损益	√
132	6111	投资收益	√

续表

顺序号	编号	会计科目名称	
133	6201	摊回保险责任准备金	
134	6202	摊回赔付支出	
135	6203	摊回分保费用	
136	6301	营业外收入	√
137	6401	主营业务成本	√
138	6402	其他业务成本	√
139	6403	税金及附加	√
140	6411	利息支出	√
141	6421	手续费及佣金支出	√
142	6501	提取未到期责任准备金	
143	6502	提取保险责任准备金	
144	6511	赔付支出	
145	6521	保单红利支出	
146	6531	退保金	
147	6541	分出保费	
148	6542	分保费用	
149	6601	销售费用	
150	6602	管理费用	√
151	6603	财务费用	
152	6604	勘探费用	
153	6701	资产减值损失	√
154	6711	营业外支出	√
155	6801	所得税费用	√
156	6901	以前年度损益调整	√

思考练习题

1. 金融企业会计核算的一般原则是什么？
2. 金融企业会计有哪些特点？
3. 金融企业会计科目的种类有哪些？
4. 金融企业会计凭证如何分类？
5. 金融企业的账务组织包括哪些内容？

第二章

商业银行存款业务的核算

学习要点与要求

1. 了解存款的意义和种类；
2. 熟悉不同类型的存款账户；
3. 掌握活期存款与定期存款的会计核算；
4. 掌握存款利息的计算方法。

第一节　存款业务概述

一、存款业务的意义

存款业务是金融企业以信用方式吸收社会闲置资金的筹资活动。存款是金融企业信贷资金的重要来源。在社会主义市场经济条件下，金融企业按照客观经济规律来组织和运用存款，对于增加社会积累、稳定市场物价、促进经济发展、平衡信贷收支、调节货币流通等都具有十分重要的意义。由于存款业务是商业银行的主要业务之一，本章的内容以商业银行为主体进行说明。

二、存款业务的分类

（一）按存款期限划分

按存款期限划分，存款业务可分为活期存款和定期存款。活期存款是存入时不确定存期，可以随时支取的存款，其利率较低，主要包括单位活期存款和活期储蓄存款；定期存款是在存款时约定存期，到期支取的存款，其利率较高，主要包括单位定期存款和定期储蓄存款。

（二）按存款对象划分

按存款对象划分，存款业务可分为单位存款和储蓄存款。单位存款主要是金融企业吸收企业、事业单位、机关、社会团体等的闲置资金形成的存款；储蓄存款主要是金融企业吸收城乡居民个人的资金形成的存款。

（三）按资金性质划分

按资金性质划分，存款业务可分为财政性存款和一般存款。财政性存款是银行经办的各级财政拨入的预算资金、应上缴财政的各项资金，以及财政安排的专项资金形成的存款，一般不计付利息；一般存款是企事业单位、机关团体及个人存入的、并可自行支配的各种资金形成的存款，一般应计付利息。

（四）按存款产生的来源划分

按存款产生的来源划分，存款业务可分为原始存款和派生存款。原始存款又称直接存款，是单位或个人将现金或现金支票送存金融企业而形成的存款；派生存款又称间接存款，是通过金融企业存贷款业务的开展而创造出来的存款。

（五）按存款币种划分

按存款币种划分，存款业务可分为人民币存款和外币存款。人民币存款是单位或个人存入人民币款项而形成的存款；外币存款是单位或个人将其外汇资金存入金融企业，并随时或约期支取的存款。

三、存款业务的管理要求

（一）应正确、及时地办理存款业务

为了使存款人的资金能够及时到账，款项能够及时对外支付，金融企业在办理存款业务时应按照规定的操作程序，认真审查相关凭证，正确使用有关会计科目及账户，及时进行账务处理，充分保证存款业务的核算质量。

（二）应维护存款人的合法权益

单位和个人存入金融企业的资金作为金融企业的负债，金融企业只是暂时取得了对资金的使用权而没有所有权。因此，除国家法律和有关制度另有规定外，金融企业不得代任何单位或个人查询、冻结、扣划存款人账户内的存款。金融企业对于应计利息的存款应正确、及时地计付利息。

（三）不能代垫款项

在金融企业开立存款账户的存款人委托金融企业办理款项支付时，必须在其存款账户上有足够的资金，存款人签发的各种支款凭证的金额必须小于其存款账户余额，金融企业作为支付中介，不可以代垫款项。金融企业为保证资金的安全，在办理现金收入业务时，应先收款、后记账；在办理现金付出业务时，应先记账、后付款；在办理转账业务时，应先记付款单位账，后记收款单位账。

四、商业银行存款账户的设置与管理

（一）银行存款账户的种类

银行的存款账户按设置要求不同，可分为基本存款账户、一般存款账户、临时存款账户和专用存款账户。

1. 基本存款账户。它是存款人办理日常转账结算和现金收付的账户。企业法人，法人内部单独核算的单位，财政部门，实行财政预算管理的行政机关、事业单位，县级以上军队、武警单位，外国驻华机构，社会团体，私营企业，个体经济户、承包户，个人等，持中国人民银行的开户许可证，都可以向银行申请开立基本存款账户。存款人只能在银行开立一个基本存款账户。

2. 一般存款账户。它是存款人在基本存款账户以外的银行借款转存、与基本存款账户不在同一地点的、附属非独立核算单位开立的账户。存款人可以通过本账户办理转账结算、现金缴存,但不能办理现金支取。存款人不得在同一家银行的几个分支机构开立一般存款账户。

3. 临时存款账户。它是存款人因临时经营活动需要开立的账户。存款人可以通过本账户办理转账结算和根据国家现金管理的规定办理现金收付。

4. 专用存款账户。它是存款人因为特定用途需要开立的账户。存款人拥有的基本建设资金、更新改造资金、特定用途需要专户管理的资金,可在银行开立专用账户。

存款人可以自主选择银行,银行也可以自愿选择存款人开立账户。任何单位和个人不得干预存款人、银行开立或使用账户。

(二)账户的使用

存款账户一经确立,银行必须加强管理,监督开户单位正确使用账户。各开户单位通过账户办理资金收付,必须遵循银行的规定。

1. 开户单位要认真执行国家方针、政策、法规,遵守银行信贷、结算和现金管理的有关规定。银行对各开户单位进行检查时,开户单位必须提供账户使用情况的相关资料。

2. 任何单位不准出租、出借或转让在银行开立的账户,单位在银行开立账户,只供本单位业务经营范围内的资金收付。

3. 各单位签发的收支款凭证,必须如实写明款项来源或用途,严禁利用账户进行非法活动。

4. 各单位在银行开立存款账户,必须有足够的资金保证支付,不准签发空头支票和远期支票套取银行信用。

5. 各单位应正确及时地记载与银行的往来账务,重视对账工作,发现账务不符,应及时与银行联系,尽快查清。

6. 银行对非法账户应及时取缔,对关、停、并、转、撤的单位账户或开立后久而不用的账户,要及时加以清理,办理销户手续。

银行在会计核算中应随时检查单位账户的使用情况,检查各单位账户所反映的资金活动,及时揭露和制止违反财经纪律的收付行为,坚决打击利用银行账户搞非法活动的行为,保护合法的经济活动,确保资金的安全。

第二节　活期存款的核算

一、单位活期存款业务的核算

(一)开户

单位向银行申请开立基本存款账户时,应填写"开户申请书"。申请书中应如实填明单位名称、所有制性质、资金情况、预算级次等。记账员收到存款单位交来的一式两份的"开户申请书""核发《开户许可证》申请书"及有关证件,经初审无误后,根据存款单位的资金性质确定会计科目,并在"开户申请书"及有关证件上编填账号,签署意见,一并交会计主管。会计主管审核同意后,在"开户申请书"和"核发《开户许可证》申请书"各联上签章，送记账员加盖业务公章，连同有关证件交存款人到当地人民银行办理开户许可证。存款人办妥开户许可证后，填写“存款印鉴卡片”两份并加盖预留印鉴，连同“开户申请书”“核发《开户许可证》申请书”“开户许可证”及其副本各一份交记账员。记账员审查后，在印鉴卡片上注明启用日期，加盖名章后交会计主管。会计主管按科目和账号顺序登记，将“开户申请书”“核发《开户许可证》申请书”“开户许可证（副本）”留存，并按科目分类保管，印鉴卡片加盖名章，一份留存，另一份交记账员办理开户，登记“开销户登记簿”，设立分户账。对于使用支票的账户，开户后可向单位发售银行统一印制的各种专用凭证；对于使用存折的账户，在第一次存入款项开立账户时，发给单位存折。

（二）销户

存款单位因迁移、合并、停产等原因不再使用原存款账户时，应及时到银行办理销户手续。存款单位撤销账户，应填写一式两份的“销户申请书”，加盖全部预留印鉴，连同“开户许可证”一并交会计主管。会计主管审查无误后，在原“开户申请书”上批注“清户”字样和日期，一份“销户申请书”附在原“开户申请书”后面保管；另一份连同留存的印鉴卡片送记账员，撤出“开户许可证（副本）”和“核发《开户许可证》申请书”，批注“撤销账户”字样及日期，交回人民银行。人民银行记账员根据销户申请书核对账户余额，结清利息。对支票存款户，收回所有空白专用凭证；对存折存款户，收回存折，同时加盖“注销”戳记，连同“销户申请书”和印鉴卡片批注注销日期，加盖“附件”戳记作付出传票附件。经复核员逐项复核，结销账户，在账页上批注“清户”字样，撤销后的账户即停止使用。

（三）现金存入

1. 支票户现金存入核算。支票户是单位在银行开立的凭支票等结算凭证办理存取款项的账户。单位存入现金时，应填制一式两联的现金缴款单或进账单（见表 2－1），连同现金交银行出纳部门。出纳部门审查凭证，点数现金，登记现金收入日记簿，并审核签章后，将第一联加盖“现金收讫”章后作为回单退给存款单位，第二联作现金收入传票送会计部门登记单位分户账。对支票户存入的现金，银行应作如下会计分录：

借：库存现金

　　贷：吸收存款——活期存款——××单位户

表 2－1　　　　**××银行　进账单**

总字第　　号

字第　　号

年　月　日

<table>
<tr><td rowspan="3">出票人</td><td>全　称</td><td></td><td rowspan="3" colspan="2">收款人</td><td colspan="3">全　称</td><td colspan="5"></td></tr>
<tr><td>账　号</td><td></td><td colspan="3">账　号</td><td colspan="5"></td></tr>
<tr><td>开户银行</td><td></td><td colspan="3">开户银行</td><td colspan="5"></td></tr>
<tr><td>金额</td><td colspan="2">人民币
（大写）</td><td>千</td><td>百</td><td>十</td><td>万</td><td>千</td><td>百</td><td>十</td><td>元</td><td>角</td><td>分</td></tr>
<tr><td colspan="2">票据种类</td><td></td><td colspan="10" rowspan="3">出票人开户行盖章</td></tr>
<tr><td colspan="2">票据张数</td><td></td></tr>
<tr><td colspan="3">单位主管　　会计　　复核　　记账</td></tr>
</table>

2. 存折户现金存入核算。存折户是存款单位在银行开立的使用存折办理存取款项的账户。单位存入现金时,应填制存款凭证(存款凭条),连同现金、存折一并交银行出纳部门。出纳部门审查凭条无误并点数现金后,在凭条上加盖现金收讫章和会计人员名章,登记现金收入日记簿,然后将存款凭条和存折一并送交会计部门。会计部门以存款凭条代现金收入传票,登记分户账和存折,经复核后将存折退还存款单位。对存折户存入的现金,银行应作如下会计分录:

借:库存现金

贷:吸收存款——活期存款——××单位户

(四)现金支取

1. 支票户现金支取核算。开立支票户的单位向银行支取现金时,应签发现金支票,填明支取金额和款项用途,并在支票上加盖单位印鉴,由收款人背书后送交会计部门审核。银行会计部门对现金支票的审核内容主要包括:支票大小写金额是否相符;是否超过付款期限;印鉴是否与预留印鉴相符;出票人账户是否有足够支付的款项;是否背书等。经银行会计部门审核无误后,将出纳对号单(铜牌)交取款人,凭此到出纳部门取款,银行会计部门以现金支票代现金付出传票记账,其会计分录为:

借:吸收存款——活期存款——××单位户

贷:库存现金

记账后,会计人员加盖印章,交复核人员进行复核盖章后,现金支票传递到出纳部门,由出纳人员根据现金支票登记现金付出日记簿,复核后,凭对号单(铜牌)向取款人支付现金。

2. 存折户现金支取核算。单位持存折支取现金时,应填制取款凭条,加盖预留印鉴,连同存折一并交给银行会计部门。银行会计部门审查内容并核对印鉴无误后,以取款凭条代现金付出传票,登记存折及分户账,其会计分录为:

借:吸收存款——活期存款——××单位户

贷:库存现金

账折登记完毕后,将存折及取款凭条一起交出纳部门凭以付款。出纳部门登记现金付出日记簿,然后将现金和存折交取款单位。

二、活期储蓄存款的核算

(一)开户

个人活期储蓄存款,是个人在银行开立的本外币活期储蓄账户和个人结算账户,该种存款不固定期限,客户可以采用柜面、自助渠道、行内、跨行等多种形式存取。

个人活期储蓄存款开户可采用现金开户、支票开户、转存开户、来账通知开户等形式(本章只介绍现金开户的核算)。

银行受理单笔现金开户业务时,按规定审核客户身份证件,录入客户预留信息,为客户开立分户账,设置取款密码,点款收款并进行账务处理,其会计分录为:

借:库存现金

贷:吸收存款——个人活期存款——××户

银行为个人开立活期存款分户账并存入资金后,将存折或银行卡交客户。

(二)续存

客户续存现金时,将存折(或银行卡)和现金一并交柜员,口述存入金额。柜员检验存折(卡)、点收款项无误后,调出客户分户账,录入存款金额并打印存款凭证交储户签字确认。会计分录与开户时相同。个人活期储蓄存款的续存,也可以采用支票续存、转存续存、来账通知续存等方式。

(三)支取

个人活期储蓄存款支取现金时,客户可持存折或银行卡通过柜台或自助取款设备办理,会计分录为:

借:吸收存款——个人活期存款——××户

　贷:库存现金

客户也可以通过多种方式进行转账支取。跨行支取的,应按规定扣收手续费(账务处理略)。

(四)清户

个人客户要求支取全部存款余额,不再续存的,称为清户。现金清户时,银行根据当日挂牌的活期存款利率计息,利息算至清户前一日止,同时将存折上加盖"清户"戳记,存折作取款凭条的附件,生成利息清单。其余手续同取款。会计分录为:

借:吸收存款——个人活期存款——××户

　　应付利息

　贷:库存现金

除现金清户方式外,还有转存清户和异地清户方式(账务处理略)。

第三节　定期存款的核算

一、单位定期存款业务的核算

(一)存入

单位办理定期存款时,应填制转账支票,经银行审核无误后,以转账支票代转账借方传票。然后填制一式三联的定期存单,第一联代转账贷方传票,第二联作存款卡片账,第三联加盖业务公章和经办人员名章后交存款单位作存款凭据,并登记"开销户登记簿",其会计分录为:

借:吸收存款——活期存款——××单位户(或库存现金)

　贷:吸收存款——定期存款——××单位户

(二)支取

单位持定期存单到银行办理支取时,只能转账,不能提取现金。银行应将存单与原留存的存款卡片账进行核对,核对无误后,计算应付利息,填制利息清单,并在存单上加盖"结清"戳记。同时,以存单代定期存款科目借方传票,另编制三联特种转账传票,一联代有关存款科目的记账凭证,一联连同利息清单交存款单位作收账通知,另一联代利息支出科目的记账凭证,办理转账,同时销记"开销户登记簿"。预提利息的会计分录为:

借:利息支出——单位定期存款利息支出户

　贷:应付利息——××定期存款利息户

到期支取本息的会计分录为:

借:吸收存款——定期存款——××单位户

应付利息——××定期存款利息户

贷:吸收存款——活期存款——××单位户

定期存款到期后,如存单要求续存,可以办理转期,但需要结清旧户另开新存单。

二、个人定期储蓄存款的核算

个人定期储蓄存款是指存入时约定存款期限,一次或分次存入本金,到期一次或分次支取本金和利息的一种储蓄方式。

个人定期储蓄存款按存取方式不同,可分为整存整取、零存整取、整存零取和存本取息等。由于定期储蓄各个类型只是在存期、利率及处理流程上不同,核算方面区别不大,这里重点介绍整存整取定期储蓄存款的核算。

(一)整存整取定期储蓄存款的核算

整存整取定期储蓄存款是指本金一次存入,约定存期,到期一并支取本息的储蓄存款。此种储蓄 50 元起存,多存不限,存期分为 3 个月、半年、1 年、2 年、3 年、5 年等档次。

1. 单笔现金开户。客户来银行开户时,将身份证件和现金交给银行,并告知选择的存款期限。银行审核身份证件,并清点现金,点收无误后,打印相关凭证交储户签字确认,为储户开立定期存款账户,其会计分录为:

借:库存现金

贷:吸收存款——整存整取定期储蓄存款——××户

客户也可以通过柜台、自助设备或网银进行转账开户,将活期存款转存定期。银行也受理支票开户和来账通知开户的定期储蓄存款(账务处理略)。

2. 支取(清户)。

(1)到期支取。客户到期取款时,银行核对一本通存折或银行卡及身份证件,验证密码无误后,计算出应付利息,填制利息清单,按客户要求办理转账或支取现金,其会计分录为:

借:吸收存款——整存整取定期储蓄存款——××户

应付利息——定期存款利息

贷:库存现金

客户也可通过自助设备或网银办理支取(清户)操作。

(2)过期支取。客户过期支取,其处理手续与到期支取相同,但利息计算应包括到期利息和过期利息。

(3)提前支取。存款尚未到期,储户如急需用款,可以凭本人身份证件到柜台办理全部提前支取或部分提前支取,也可通过自助设备或网银办理提前支取。

全部提前支取时,银行按提前支取规定计付利息。其余手续与到期支取相同。

部分提前支取时,除对支取部分按提前支取办法支付本息外,对未取部分(续存本金)应按新开立定期存款账户办理,其会计分录为:

借:吸收存款——整存整取定期储蓄存款——××户(全部本金)

应付利息——定期储蓄利息(提前支取部分利息)

贷:库存现金(提前支取部分应给储户的本息)

吸收存款——整存整取定期储蓄存款——××户(续存本金)

(二)关于其他定期储蓄存款

零存整取定期储蓄存款是指存款时约定期限,每月固定存入一定数额本金,到期一次支取本息的一种储蓄存款。这种储蓄存款每月存入一次,如中途漏存一次,应在次月补存。

存本取息定期储蓄存款是指本金一次存入,在约定存期内分次支取利息,到期支取本金的一种储蓄存款。存本取息通常以 5 000 元起存,多存不限,由银行发给存款凭证,到期一次支取本金,利息凭存单分期支取,由储户与银行商定每月或几个月支取一次。

整存零取定期储蓄存款是指本金一次存入,约定存期,分次支取本金,到期支取利息的一种储蓄存款,最低起存金额为 1 000 元人民币。

定活两便储蓄是一种本金一次存入,不约定存期,可随时一次支取本息的存款方式。它既有活期之便,又有定期之利。一般以 50 元起存,多存不限。记名式定活两便储蓄存款的会计核算手续基本上与整存整取定期储蓄相同。不记名式存单一般为固定面额,分 50 元和 100 元两种,可以在约定范围内通存通兑。

个人通知储蓄是指一次存入本金,不约定存期,支取时需提前通知银行(提前 1 天或 7 天),约定支取时间和金额,一次或多次提取存款的储蓄。个人通知储蓄存款的起存金额为 5 万元,最低支取金额为 5 万元,存款人需一次存入,一次或分次支取,利率以取款当日中国人民银行公告的利率为准。

第四节　存款利息的核算

一、单位活期存款利息的核算

对单位活期存款,结息日为每季末月的 20 日。单位活期存款的利息计算方法有账页计息和余额表计息两种。计息的基本公式为:

应付存款利息 = 累计计息积数 × 日利率

其中:

累计计息积数 = 上季度末月 21 日至本季度结息日的累计积数 ± 调整积数

调整积数是计息存款账户中因冲正错账或补记账务所引起的计息积数调整数,即:

应加积数 = 补记贷方(积数) + 冲正借方(积数)

应减积数 = 补记借方(积数) + 冲正贷方(积数)

利率是与日(月)积数相对应的日(月)利率。

(一)账页计息

采用账页计息,每当业务发生时,除登记发生额并结出余额外,还需用上日余额乘以实存天数计算出计息积数,记入账户的“积数”栏内。实存天数按“算头不算尾”的方法计算(若“尾”为结息日,应“算头又算尾”),至结息日,将上季度末月 21 日至本季度结息日的积数累计起来,求出全季度的积数和(如遇错账冲正,应调整积数),再根据公式计算出利息,其会计分录为:

借:利息支出——单位活期存款利息支出户

　贷:应付利息

次日,转入单位存款账户:

借:应付利息

　贷:吸收存款——活期存款——××单位

【例2-1】A单位活期存款分户账页记载内容如表2-2所示。

表2-2

户名:A单位　　　账号:　　　　　　　　　　　单位:元　　　利率:2.46%

2018年		摘　要	借　方	贷　方	余　额	日　数	积　数
月	日						
9	1	开户		1 000	1 000	2	2 000
9	3	存入		1 000	2 000	1	2 000
9	4	支取	1 000		1 000	1	1 000
9	5	补记9月3日账		1 000	2 000	2	4 000
9	7	冲正9月4日账	1 000		3 000	13	39 000
9	20	结息			3 000	1	3 000

积数之和=2 000+2 000+1 000+4 000+39 000+3 000=51 000(元)

应加积数=1 000×2+1 000×3=5 000(元)

计息积数=51 000+5 000=56 000(元)

利息=56 000×2.46%÷360=3.83(元)

会计分录为:

借:利息支出——单位活期存款利息支出户　　　　3.83

　贷:应付利息　　　　3.83

(二)余额表计息

余额表计息是采用计息余额表计算利息,其基本原理与账页计息方法相同。具体做法是:每日营业终了时,将各存款分户账当日最后余额填入余额表内,计息时将每天的余额进行合计,各户逐日余额相加之和即为计息积数。如遇错账冲正,应按前述方法调整积数。以调整后的计算积数乘以日利率,即为本期利息数。

【例2-2】中国银行2014年9月计息余额表中的B单位活期存款余额情况如表2-3所示。

表2-3　　　　　　　　　　**计息余额表**

科目名称:活期存款　　　　　　2014年9月　　　　　　　　共　页

科目代号:　　　　　　　　　　利率:0.372%　　　单位:元　　第　页

户名(账号)/余额/日期	B单位户(账号)	复核盖章
⋮		
10天小计	1 148 000	
⋮		
20天小计	1 822 000	
⋮		

续表

户名(账号) 余额 日期	B 单位户(账号)	复核盖章
本月合计	3 152 000	
至上月底未计息积数	6 128 000	
应加积数	16 000	
应减积数	22 000	
至本月底累计未计息积数	1 330 000	
至结息日累计计息积数	7 944 000	
利息	985	

B 单位活期存款至上月底未计息积数为 6 128 000 元,9 月 1—20 日的计息积数为 1 822 000 元,本季度应加积数为 16 000 元,应减积数为 22 000 元,所以,第三季度的计息积数 =6 128 000 +1 822 000 +16 000 -22 000 =7 944 000(元)。第三季度 B 单位活期存款的利息 =7 944 000 ×0.372% ÷30 =985(元)。至本月底累计未计息积数 =3 152 000 -1 822 000 =1 330 000(元)。其会计分录为:

借:利息支出——单位活期存款利息支出户　　985

　贷:应付利息　　985

二、单位定期存款利息的核算

单位定期存款利息的计算公式为:利息 = 本金 × 利率 × 存期。存期按对年 360 天,对月 30 天,零头天数按实际天数计算,并采用“算头不算尾”的方法。不管存期内是否调息,定期存款一律按存入时所定利率计息。过期支取的,过期利息按支取日银行挂牌公告的活期存款利率计算。定期存款可以提前支取,全部提前支取的,按支取日银行挂牌公告的活期存款利率计息;部分提前支取的,对提前支取的存款按支取日银行挂牌公告的活期存款利率计息,剩余部分换发新存单,按原存单开户日银行挂牌公告的定期存款利率和原定存期计付利息。存款到期支取时,本息一并转账,编制转账传票。其会计分录为:

借:利息支出——单位定期存款利息支出户

　贷:应付利息——× ×单位定期存款利息户

【例 2 -3】C 单位 2018 年 1 月 1 日存入开户银行 1 年期定期存款 100 000 元,年利率为 1.83%。2019 年 1 月 1 日该单位按期支取本息。

按季预提时:

每季预提利息 =100 000 ×1.83% ÷12 ×3 =457.5(元)

会计分录为:

借:利息支出——单位定期存款利息支出户　　457.5

　贷:应付利息——C 单位定期存款利息户　　457.5

到期支取本息时:

年利息 =100 000 ×1.83% =1 830(元)

会计分录为:

借：吸收存款——定期存款——C 单位户　100 000

应付利息——C 单位定期存款利息户　1 830

贷：吸收存款——活期存款——C 单位户　101 830

三、活期储蓄存款利息的核算

活期储蓄存款的利息是在每年的6月30日结算一次，6月30日即为结息日。银行按照结息日挂牌活期储蓄存款利率结算出利息。如果储户不到结息日就全部提取活期存款，则应该按销户日银行挂牌活期储蓄存款利率计算利息，其积数也计算到此日为止。在实际操作中，活期储蓄存款的存取次数是非常频繁的，因此，通常采用“活期储蓄计息积数查表法”。即储户在存取款项时，将查算的积数记入分户账的积数栏内，当储户存入款项时，在原积数上加上新的积数；当储户支取款项时，在原积数上减去支取款项的积数。当银行为储户结息或者销户时，用累计的积数与当日挂牌的活期储蓄存款利率相乘就可以计算出该储户的利息，并根据利息清单上的利息合计数编制活期储蓄存款转账贷方传票和利息支出转账借方传票，同时将利息清单作利息支出借方传票附件。其会计分录为：

借：利息支出——活期储蓄存款利息支出户

贷：吸收存款——活期储蓄存款——××存款人户

【例2-4】张志远2018年5月1日在工商银行存入活期存款2 000元，6月11日支取500元。活期储蓄存款利率为1.2%。计算结息日银行应付给他的利息，并作相应的会计分录。

5月1日至6月30日共计60天，其积数为：

$$2\,000\times60=120\,000(\text{元})$$

6月11日至6月30日共计20天，其积数为：

$$500\times20=10\,000(\text{元})$$

$$\text{利息}=(120\,000-10\,000)\times1.2\%\div360=3.67(\text{元})$$

预提利息时，会计分录为：

借：利息支出——活期储蓄存款利息支出户　3.67

贷：应付利息——张志远活期存款利息户　3.67

结算利息时，会计分录为：

借：应付利息——张志远活期存款利息户　3.67

贷：吸收存款——活期储蓄存款——张志远存款人户　3.67

四、定期储蓄存款利息的核算

（一）整存整取定期储蓄存款利息的核算

整存整取定期储蓄存款利息的计算公式为：利息＝本金×利率×存期。无论存期内是否有利率调整，均按存入时所定的利率计付利息。逾期支取的定期储蓄存款，其超过原定存期的部分，除约定自动转存的以外，一律按支取日挂牌公告的活期储蓄存款利率计息。提前支取的定期储蓄存款，其提前支取的部分，一律按支取日挂牌公告的活期储蓄存款利率计息，未支取的部分仍按原定利率计算利息。储户到期支取的会计分录为：

借：吸收存款——定期储蓄存款——整存整取××户

应付利息——××定期存款利息户

贷:库存现金

【例2-5】王同将10 000元存入银行,存期1年,利率为2.28%,到期支取本息。银行应付利息=10 000×2.28%×1=228(元)。支付本息的会计分录为:

借:吸收存款——定期储蓄存款——整存整取王同户　10 000

应付利息——王同定期存款利息户　228

贷:库存现金　10 228

(二)存本取息定期储蓄存款利息的核算

存本取息定期储蓄存款利息的计算应先按规定利率计算出应付利息总额,然后根据支取利息次数,计算出平均每次支取利息金额。计算公式为:

应付利息=本金×利率×存期

每次支取利息数=应付利息÷支取利息次数

计提应付利息时,会计分录为:

借:利息支出——定期储蓄存款利息支出户

贷:应付利息——××定期存款利息户

储户支取利息时,会计分录为:

借:应付利息——××定期存款利息户

贷:现金

储户到期支取本息时,会计分录为:

借:吸收存款——定期储蓄存款——存本取息××户

应付利息——××定期存款利息户

贷:库存现金

储户如有急需,也可以提前支取现金,则按实际存期及利率计算出应付利息,再减去已分次支取的利息,不足时可以从本金中扣回。

(三)零存整取定期储蓄存款利息的核算

零存整取定期储蓄存款到期支取的,按开户日挂牌公告的存款利率计息;提前支取的,按支取日挂牌公告的活期储蓄存款利率计息;逾期支取的,逾期部分按实存天数和支取日挂牌公告的活期储蓄存款利率计息。储户到期支取的会计分录为:

借:吸收存款——定期储蓄存款——零存整取××户

应付利息——××定期存款利息户

贷:库存现金

零存整取定期储蓄利息的计算有以下两种方法。

1.积数计息法。积数计息法包括月积数法和日积数法两种。月积数法是根据分户账的余额,按月计算积数,零头天数不计,支取时将各月的积数累计起来乘以月利率,就得到应付储户利息数,即:利息=累计月积数×月利率。日积数法与月积数法计息原理相同,每月按30天计算。

【例2-6】李荣于2018年8月10日开立1年期零存整取定期储蓄存款账户,约定每月存入400元,开户日挂牌公告的1年期零存整取定期储蓄存款的利率为2.1%,其零存整取存款账户如表2-4所示。

表 2－4　　零存整取存款账户

日期	摘要	存入	结存	月数	月积数	累计月积数
2018.08.10	开户存入	400	400	1	400	400
2018.09.11	续存	400	800	1	800	1 200
2018.10.12	续存	400	1 200	1	1 200	2 400
2018.11.12	续存	400	1 600	1	1 600	4 000
2018.12.10	续存	400	2 000	1	2 000	6 000
2019.01.10	续存	400	2 400	1	2 400	8 400
2019.02.11	续存	400	2 800	1	2 800	11 200
2019.03.15	续存	400	3 200	1	3 200	14 400
2019.04.12	续存	400	3 600	1	3 600	18 000
2019.05.14	续存	400	4 000	1	4 000	22 000
2019.06.12	续存	400	4 400	1	4 400	26 400
2019.07.11	续存	400	4 800	1	4 800	31 200

根据表 2－4，可得：

$$利息 = 31\ 200 \times 2.1\% \div 12 = 54.6(元)$$

2. 固定基数法。固定基数法是指按规定的利率和存期，先计算出单位本金到期应付利息数，再以此为基数，求出应付利息数。在零存整取储蓄业务中，每次存入本金的存期依次递减，可以先计算出平均存期并以此为依据求出利息基数，再根据利息基数计算出应付利息。

仍如本章例 2－6：

$$1 年期零存整取的平均存期 = (12 + 1)/2 = 6.5$$

$$利息基数 = 1 \times 12 \times 6.5 \times (2.1\% \div 12) = 0.136\ 5(元)$$

$$利息 = 0.136\ 5 \times 400 = 54.6(元)$$

可见，计算结果与积数计息法计算结果相同。

（四）整存零取定期储蓄存款利息的核算

整存零取每次支取本金等于本金总额除以支取次数，支取次数等于存期除以提取本金平均存期。如储户急需用款，要求部分提前支取的，可以按约定每次支取本金额，提前支取一次或两次本金，在以后相应停取一次或两次，其余本金的支取按原定日期不变。如算出的提取本金金额有角、分时，应四舍五入到元，其差额在最后一次提取本金时增或减。整存零取定期储蓄存款的本金在存期内是依次递减的，因而计息时应先计算出本金的平均值，再计算应付到期利息。计算公式为：

$$本金的平均值 = (全部本金 + 每次支取的本金数) \div 2$$

$$利息 = 本金的平均值 \times 利率 \times 存期$$

如储户要求全部提前支取，则按最后一次本金支取日挂牌公告的活期储蓄存款利率计算利息；如逾期支取，则对存期内部分按到期支取方法计息，逾期部分的利息一律按支取日挂牌公告的活期储蓄存款率计算。储户分期支取的会计分录为：

借：吸收存款——定期储蓄存款——整存零取××户

　贷：库存现金

储户到期支取的会计分录为：

借:吸收存款——定期储蓄存款——整存零取××户

　应付利息——××定期存款利息户

　贷:库存现金

【例2-7】刘方采用整存零取的方式,一次存入4 000元,存期1年,每3个月支取1次,每次支取1 000元,利率为1.75‰。计算应付利息额如下：

$$利息=[(4\ 000+1\ 000)\div 2]\times 1.75‰\times 12=52.5(元)$$

思考练习题

1. 单位活期存款业务如何进行核算?
2. 单位定期存款业务如何进行核算?
3. 活期储蓄存款业务如何进行核算?
4. 定期储蓄存款是如何分类的? 各类业务如何进行核算?
5. 各类活期存款、定期存款业务的利息如何进行计算?
6. 宋斌希望通过零存整取储蓄方式在3个月期满时获得50 000元存款,若利率为2.01%,他每月应存入多少元?
7. 刘昌于2018年5月11日存入1年期的定期储蓄存款100 000元,利率为2.25%,因临时急需资金,于同年8月11日提取50 000元。银行对提前支取的这部分现金应如何计算利息? 假如刘昌于2019年5月11日到银行提取本息,银行应支付多少利息? 假如刘昌于2019年10月11日才到银行提取本息,银行又将如何计算应付利息?
8. 华兴商场在商业银行的分户账上的部分资料如表2-5所示。

表2-5　　华兴商场分户账

单位:元　利率:2.16%

2018年		摘要	借方	贷方	余额	日数	积数
月	日						
6	1	承前页			50 000	16	800 000
6	8	转借	20 000			4	
6	12	转贷		40 000			
6	15	转贷		30 000			
6	17	转借	10 000				
6	19	转贷		20 000			
6	20	转借	15 000				
6	21	转息					

根据上述资料,将表中余额、日数、积数栏填写完整,列出计算利息步骤和过程并进行会计处理。

9. 作出以下业务的相应会计分录,练习单位存款业务的核算。

(1)1月3日,东方公司持开户申请书及相关资料到建设银行申请开立活期存款账户。

(2)1 月 4 日，东方公司填制现金进账单一式两联，向其开户行要求存入现金，金额为 10 000 元，该行为其办理相应手续。

(3)1 月 5 日，东方公司持有关收款凭证，向其开户的建设银行要求代收同城利丰公司款项 50 000 元。

(4)1 月 6 日，东方公司将其 10 000 元活期存款转作定期存款，期限为 1 年，其开户行为其处理本业务。

(5)1 月 12 日，东方公司提取现金 3 000 元，留作备用。

(6)1 月 16 日，东方公司向供货单位转账付款 21 000 元。

(7)1 月 17 日，东方公司向外地分公司划拨采购资金 15 000 万元，通过开户行完成划拨。

(8)1 月 19 日，东方公司收到异地某单位的购货款 20 000 元，建设银行为其完成转账。

10. 对以下业务作相应的会计分录，练习储蓄存款业务的核算。

(1)2 月 28 日，工商银行收到张东先生送交开户的活期储蓄存款凭条，填列金额为 9 000 元，并收到其交存的现金 9 000 元。分别审查、点收无误后，现金已入库。

(2)3 月 15 日，收到赵萍小姐送交续存的储蓄存款凭条，填列活期存款，金额为 12 000元，并收到其交存的现金 12 000 元。分别审查、点收无误后，现金已入库。

(3)3 月 20 日，收到李德先生送交的储蓄取款凭条，填列活期存款，金额为 3 000 元，审查无误后，交付其现金 3 000 元。

(4)3 月 30 日，储户赵萍、李德和张东活期储蓄存款账户的积数分别为 9 000 000 元、7 200 000 元和 3 600 000 元，年利率为 1.9%。提取应付储户活期储蓄存款利息。

(5)4 月 30 日，李德先生送交销户的储蓄取款凭条，填列活期储蓄，金额为 16 152 元，积数为 484 560 元，经审查无误，以现金支付其本金和利息。

(6)5 月 1 日，收到维嘉先生送交开户的储蓄存款凭条，填列整存整取储蓄，存期一年，金额为 20 000 元，并收到其交存的现金。分别审查、点收无误后，现金已入库。

(7)5 月 25 日，收到李德先生送交的存本取息储蓄的取款凭条和存本取息定期储蓄存单各一张，存单列明金额 30 000 元，存期 3 年，3 个月付利息一次，年利率为 1.98%。经审查无误，以现金支付利息。

(8)6 月 25 日，收到李德先生送交销户的储蓄取款凭条和当日到期的整存零取定期储蓄存单，取款凭条为金额 1 500 元，存单金额为 18 000 元，存期 1 年，每月支取一次，每次支取 1 500 元。查明细账卡知其累计月积数为 117 000 元，年利率为 1.17%。经审查无误，以现金支付其本金和利息。

第三章

商业银行贷款业务的核算

学习要点与要求

1. 了解贷款的种类及风险防范方法；
2. 掌握贷款发放和收回的会计处理方法；
3. 掌握贷款减值准备的核算办法。

第一节　贷款业务概述

一、贷款的意义与种类

贷款是指金融企业向借款人提供的、按约定的利率和期限还本付息的货币资金。贷款业务是商业银行的主要资产业务之一，也是银行资金运用的主要形式。商业银行根据国民经济和社会发展的需要，以国家产业政策和区域发展政策为指导，开展贷款业务。商业银行通过发放贷款业务，将一定数量的资金进行循环使用，充分发挥资金的使用效能，满足社会再生产过程中对资金的需求，促进国民经济的发展。商业银行发放贷款应遵循资金使用安全性、流动性和盈利性的原则。

贷款业务按不同的标准划分，主要可分为以下几类。

（一）按贷款期限划分

贷款按期限划分，可以分为短期贷款、中期贷款和长期贷款。

短期贷款是指金融企业根据有关规定发放的、期限在1年以下（含1年）的各种贷款；中期贷款是指金融企业发放的贷款期限在1年以上5年以下（含5年）的各种贷款；长期贷款是指金融企业发放的贷款期限在5年（不含5年）以上的各种贷款。

（二）按还款方式划分

贷款按还款方式划分，可以分为一次偿还的贷款和分期偿还的贷款。

一次偿还的贷款是在贷款到期时一次偿还本金，而利息则根据约定，或在整个贷款期间分期支付,或在贷款到期时一次支付。分期偿还的贷款按年、季或月以相等的金额还本付息。

(三)按贷款对象划分

按贷款对象不同,可以将贷款分为公司贷款和个人贷款。

公司贷款具体分为流动资金贷款、固定资金贷款、贸易融资、住房信贷和综合授信等信贷品种。个人贷款又分为个人消费贷款和个人住房贷款。个人消费贷款业务品种很多,如个人质押贷款、个人汽车消费贷款、个人综合消费贷款、个人小额短期信用贷款和个人助学贷款(包括国家助学贷款和一般商业性助学贷款)等。

(四)按贷款的保障条件划分

按贷款的保障条件分,贷款可以分为信用贷款、担保贷款和票据贴现。信用贷款是指银行完全凭借客户的信誉而无须提供抵押物或第三方保证而发放的贷款。这类贷款从理论上讲风险较大,银行通常要收取较高的利息。担保贷款是指具有一定的财产或信用作为还款保证的贷款。根据还款保证的不同,具体分为抵押贷款、质押贷款和保证贷款。票据贴现是持票人向银行贴付一定利息的票据转让行为。

(五)按自主程度不同划分

按照自主程度不同,贷款可以分为自营贷款、委托贷款和特定贷款。

自营贷款是指商业银行自主发放的贷款,贷款本息由商业银行收回,贷款的风险由商业银行承担。自营贷款构成商业银行贷款的主要部分。委托贷款是指由委托人提供资金,由受托人根据委托人指定的贷款对象、用途、金额、期限和利率代为发放、监督使用并协助委托人收回的贷款。在办理委托贷款业务的过程中,贷款人只收取手续费,并且不承担贷款的风险。特定贷款是指经国务院批准并对贷款可能造成的损失采取相应补救措施后责成国有独资商业银行发放的贷款。此类贷款具有政策性贷款的性质,但又不属于政策性贷款,如扶贫救灾贷款。

(六)按贷款的质量和风险程度划分

按贷款的质量和风险程度,贷款可分为正常类贷款、关注类贷款、次级类贷款、可疑类贷款和损失类贷款五类。

正常类贷款指借款人能够履行合同,有充分把握按时、足额偿还本息;关注类贷款指尽管借款人目前有能力偿还本息,但是存在一些可能对偿还产生不利影响的因素;次级类贷款指借款人的还款能力出现了明显问题,依靠其正常经营收入已无法保证足额偿还本息;可疑类贷款是指借款人无法足额偿还本息,即使执行抵押或担保也肯定造成一定损失;损失类贷款是指在采取所有可能的措施和一切必要的法律程序后,本息仍无法收回或只能收回极少部分。按贷款的质量和风险程度划分贷款种类,有利于加强贷款的风险管理,提高贷款质量,同时有利于金融监管当局对商业银行持续、有效的金融监管。我国已于1998年起要求所有商业银行对贷款进行五级分类管理。

二、商业银行贷款政策

商业银行贷款政策是商业银行指导和规范贷款业务,管理和控制信用风险的各项方针、措施和程序的总称。商业银行的贷款政策主要包括以下几方面的内容。

(一)贷款业务发展战略

由于商业银行属于高风险行业,因此,多数商业银行都将安全性、稳健性作为发展战略的核心主导思想。商业银行在安全性、稳健性原则的指导下，根据自身市场定位的不同，制定出具体的发展战略。

（二）贷款审批的分级授权

贷款审批的分级授权是商业银行信贷管理的一个重要方面。授权的安排由董事会提出统一原则，由商业银行的最高管理层负责具体操作，并将贷款审批分级授权的安排报董事会批准。

贷款审批的授权是根据信贷部门的层次、每一层次信贷部门信贷人员的职务、工作能力、工作经验和工作业绩以及所负责的具体贷款业务的特点，决定每个信贷部门层次和每位信贷人员的贷款审批品种和贷款审批权限。

商业银行的贷款审批通常由三个层次组成：最高层次是商业银行董事会的贷款审批权，董事会一般对金额特别大、期限特别长的贷款和一些特别的贷款进行审批；第二层次为银行信贷委员会的贷款审批权，信贷委员会一般对金额大和期限长的贷款进行审批；第三层次为一般信贷人员的贷款审批权，一般信贷人员通常对大量的日常贷款进行独立或集体审批。

（三）贷款的期限结构和品种结构

商业银行贷款的期限结构是指短期贷款、中长期贷款和长期贷款在商业银行贷款总额中的比重。商业银行贷款期限结构的确定，主要受资金来源的期限构成以及借款人的生产周期两个因素影响。贷款的品种结构是指各类贷款在商业银行贷款总额中的比重。贷款的品种结构主要取决于商业银行的市场定位。

（四）关系人贷款政策

银行关系人是指商业银行的董事、监事、高级管理人员、信贷人员及其近亲属，以及上述人员投资或担任高级管理职务的公司、企业或其他经济组织。《中华人民共和国商业银行法》第 40 条明确规定，商业银行不得向关系人发放信用贷款；向关系人发放担保贷款的条件不得优于其他借款人同类贷款的条件。商业银行应在金融监管当局关系人贷款管理规定的基础上，制定具体的关系人贷款政策，防止银行关系人以权谋私，损害银行利益。

（五）信贷集中风险管理政策

信贷集中风险是指商业银行的贷款过分集中于一个或一组关系密切、风险特点相同的借款人，给商业银行带来的额外风险。商业银行的信贷集中风险主要表现为贷款集中于一个借款人或一组相互关联的借款人；贷款的抵押品单一；贷款集中于某一行业。《中华人民共和国商业银行法》第 39 条规定，商业银行对同一借款人的贷款余额与商业银行资本余额的比例不得超过 10%。商业银行应当在监管当局有关防范信贷集中风险规定的基础上，制定本行具体的风险管理政策。

（六）贷款定价政策

商业银行贷款定价政策主要由贷款定价方法和贷款定价策略两部分构成。商业银行在长期的经营实践中，形成了多种多样的贷款定价方法，主要有成本相加定价法、价格领导模型定价法以及客户账户盈利分析定价法等。商业银行贷款的定价策略主要有高定价策略、渗透性定价策略、竞争性定价策略、亏损性定价策略以及差别定价策略等。商业银行制定贷款定价政策的目的是将贷款定价的方法与策略结合起来，以指导一定时期内商业银行对各类贷款的定价工作。

（七）贷款的担保政策

《中华人民共和国商业银行法》第36条规定，"经商业银行审查、评估、确认借款人资信良好，确能偿还贷款的可以不提供担保"。商业银行为防范信贷风险，在办理信贷业务时，通常要求借款人提供相应的担保。商业银行担保政策主要包括几方面的内容：商业银行对每类贷款可以接受的担保形式；抵押品的价值评估方法和程序；每类抵押品的最高抵押率；担保人的资格等。

（八）贷款的审批程序和审批政策

贷款审批程序是指商业银行从接到借款人的贷款申请书到决定是否贷款之间的整个过程。而贷款的审批政策，是指当基层信贷员接到信贷请求时，应遵循的贷款的审批程序、审批标准等方面的政策。它与贷款的分级授权相联系。

（九）贷款的分类政策

贷款的分类方法有很多种，不同国家、不同商业银行对贷款的分类方法也不完全相同。目前，在贷款管理中，比较流行的分类方法就是按照贷款的风险程度不同对贷款进行分类。我国2001年公布的《商业银行贷款风险分类指导原则》中明确说明了商业银行贷款风险分类的具体方法，即将商业银行的贷款具体分为正常、关注、次级、可疑和损失五类。

（十）贷款的日常管理和催收政策

高效的贷款日常管理和贷款到期前的积极催收工作是保证贷款安全的基本前提。贷款发放以后，信贷人员应与借款人保持密切联系，了解借款人的业务经营情况和财务状况，定期进行信贷分析，及时发现影响贷款偿还的潜在不利因素，采取措施最大限度地保证贷款本息的及时收回。对于即将到期的贷款，商业银行应制定有效的贷款催收政策，保证贷款本息的安全。

（十一）不良贷款的管理政策

商业银行在经营过程中力争所发放贷款及时收回，但由于受各种因素的影响，总有一定比例的贷款逾期无法安全收回，因此，不良贷款也就构成了商业银行贷款的必然组成部分。商业银行不良贷款管理政策是商业银行贷款管理政策的一个重要组成部分。商业银行的不良贷款管理政策主要由不良贷款的认定政策、不良贷款形成原因分析以及不良贷款的处理措施等构成。商业银行应严格按照《中华人民共和国商业银行法》以及《商业银行不良资产监测和考核暂行办法》的规定，制定相应的管理政策，对不良资产进行管理。

（十二）贷款呆账准备金的提取和损失类贷款的核销政策

遵循稳健性原则，商业银行在经营过程中，应计提一定比例的贷款呆账准备金，以防核销已发生的贷款呆账时，影响到商业银行经营结果的真实性。商业银行应制定严格的损失类贷款核销标准、核销程序以及核销的审批制度，以保证商业银行及利益相关者的利益不受损失。

（十三）贷款规模控制政策

商业银行贷款规模是受其资金来源情况限制的，如果贷款规模过大，超过其资金来源能力，虽然盈利性会相应提高，但其风险也会相应加大，因此，商业银行应根据资金来源情况制定贷款的规模控制政策。金融监管当局通常通过贷存比例和资本充足率两个指标来控制贷款规模。《中华人民共和国商业银行法》规定，商业银行贷款余额与存款余额之比不得超过75%。金融监管当局对贷款类资产赋予较高的风险权重,商业银行增加贷款,必然降低资本充足率,因此,商业银行为了维持必要的资本充足率,就必然限制贷款的规模。

(十四)贷款档案管理政策

贷款档案是商业银行贷款发放、管理和收回过程的详细记录,是商业银行信贷管理水平和信贷人员个人素质的综合反映。贷款档案管理政策主要包括贷款档案的管理内容,贷款档案的存档、借阅和检查制度,以及贷款档案的保管制度。

三、商业银行贷款业务风险的控制

商业银行开办贷款业务主要面临信用风险、市场风险和经营风险等风险。商业银行经办业务过程中,必须严格按照《中华人民共和国商业银行法》《贷款通则》《商业银行资产负债比例管理办法》等法规的有关规定及银行业务处理程序的相关规定,积极进行贷款风险防范。

商业银行为有效防范信贷风险,需做好以下工作。

(一)借款人资信状况评价

借款人的资信状况直接关系到商业银行贷款的安全性,因此,商业银行在办理信用贷款时,应严格审查借款人的资信状况,了解客户履约还款的可靠程度,从而有针对性地加强贷款管理。信用分析是商业银行防范贷款信用风险的主要方法。目前,国际上较为通用的评价借款人资信状况的标准,简称为"5C"原则。

1. 借款人品质(character)。这是指借款人除具有偿还债务的愿望外,还应具备承担各种义务的责任感。

2. 借款人能力(capacity)。这是指借款人运用借入资金获取利润并偿还贷款的能力。

3. 借款人的资本(capital)。这是指借款人拥有财产的货币价值状况。该指标反映了借款人的财力和承担风险的能力。

4. 借款人贷款担保情况(collateral)。这是指借款人为借款能够提供的担保情况。充足的担保可以有效降低放款人的信用风险。

5. 借款人的环境条件(condition)。这是指借款人自身的经营状况和经营所处的外部环境。

(二)借款人财务状况评价

财务状况评价就是商业银行对借款人财务报表中的有关数据资料进行确认、比较和研究分析,以便掌握借款人的财务状况和还款能力,为银行的贷款决策提供依据。财务分析针对的对象主要为借款客户的资产负债表、损益表和现金流量表等财务报表,通过对一些常用财务比率的比较分析,发现借款人的优势及存在的问题,从而合理进行贷款决策,防范信贷风险。

(三)做好已发放贷款的跟踪监督和到期催收工作

信贷人员在贷款发放以后,应做好贷款的贷后管理工作,这样一方面可以约束借款人按照贷款的用途使用贷款并严格执行贷款合同规定的所有条款,降低借款人发生道德风险的可能性;另一方面可以随时了解、监督借款人的经营状况,在借款人经营状况恶化时,及时采取措施,保护银行贷款的安全。对于即将到期的贷款,信贷人员应做好催收工作,以便按时收回贷款。虽然对于贷款的严格管理并不意味着所有贷款都可按期收回,银行没有不良贷款,但是对于贷款的严格管理肯定有助于使更多的贷款成为优良贷款。

第二节　贷款业务的核算

一、贷款业务的核算要求

商业银行发放贷款主要遵循安全性、流动性和盈利性原则。在进行贷款核算时,尤其是中长期贷款核算,主要应遵循以下原则。

(一)本息分别核算

商业银行发放的中长期贷款,应当按照实际贷出的贷款金额入账;期末,应当按照贷款本金和适用的利率计算应收取的利息,对贷款本金和利息分别进行核算。

(二)商业贷款与政策性贷款分别核算

由于政策性贷款的发放与国家相关政策导向有密切相关性,而且政策性贷款在利率上也通常具有一定的优惠,因此,商业银行应将商业性贷款与政策性贷款分别核算。

(三)自营贷款和委托贷款分别核算

自营贷款是指商业银行以用合法方式筹集的资金自主发放的贷款,其风险由商业银行承担,并由商业银行收取本金和利息。委托贷款是指委托人提供资金,由商业银行(受托人)根据委托人确定的贷款对象、用途、金额、期限、利率等而代理发放、监督使用并协助收回的贷款,其风险由委托人承担。商业银行发放委托贷款时,只收取手续费,不得代垫资金。

(四)应计贷款和非应计贷款分别核算

非应计贷款是指贷款本金或利息逾期 90 天没有收回的贷款。应计贷款是指非应计贷款以外的贷款。当贷款的本金或利息逾期 90 天时,应单独核算。当应计贷款转为非应计贷款时,应将已入账的利息收入和应收利息予以冲销。从应计贷款转为非应计贷款后,在收到该笔贷款的还款时,首先应冲减本金;本金全部收回后,再收到的还款则确认为当期利息收入。

二、信用贷款的核算

(一)贷款发放的核算

逐笔核贷是银行发放贷款最常用的核算方式。目前,我国商业银行发放的信用贷款、担保贷款、抵押贷款多采用逐笔核贷的贷款核算方式。这种核算方式的特点是:由借款单位向银行提出申请,银行根据批准的贷款计划,逐笔立据,逐笔审查,逐笔发放,约定期限,一次贷放,一次或分次归还贷款,按照规定利率计收利息。

借款人申请贷款时,首先向信贷部门提交贷款申请书,经信贷部门审核批准后,双方商定贷款的额度、期限、用途、利率等,并签订借款合同或协议。借款合同必须采取书面形式,必须由当事人双方的法定代表人或凭法定代表人的书面授权证明的经办人签章,并加盖法人公章。如果双方当事人约定合同必须公证或鉴证的,当事人必须办理公证或鉴证手续。借款合同一经签订,即具有法律效力,银行和借款人必须共同遵守、履行。借款合同格式如表 3－1 所示。

表 3－1　　　　　　　　借款合同申请书

借款人		账　号		已借款金额	
申请贷款金额		还款日期		借款利息(月息)	
借款用途及理由					
借款方 借款单位(章) 负责人(章) 经办人(章)		借款担保方 担保单位(章) 负责人(章)		贷款方 贷款银行(章) 经办人(章)	
上列贷款按银行核定金额,双方商定如下合同,共同遵守: 1. 贷款方应按核定的贷款金额用途,保证按计划提供贷款;否则应按规定付给借款方违约金。 2. 借款单位保证按规定的用途使用贷款,未经贷款方的同意,不得挪作他用。如转移贷款用途,贷款方有权进行处罚,采取收取罚息、提前收回贷款、停止发放新的贷款等信用制裁措施。 3. 上述借款,借款方应保证按期归还。如需延期使用,借款方最迟在贷款到期前 3 天提出延期使用申请,经贷款方同意办理延期手续。贷款方未同意延期或未办理延期手续的逾期贷款,按政策规定加收 20% ~50% 的罚息。 4. 贷款到期一个月后,如借款方未按期归还贷款本息,由担保单位负责为借款方偿还本息和逾期罚息。 5. 本合同一式三份,借款方、贷款方、担保方各持一份。					

借款合同签订以后,借款单位需要用款时,应填制一式五联的借款凭证,送信贷部门审批,其格式如表 3－2 所示。第一联为借方凭证;第二联为贷方凭证;第三联为回单,代收账通知;第四联为放款记录;第五联为到期卡。经信贷部门审查同意后,在借款凭证上加注贷款编号、贷款种类、贷款期限、贷款利率、银行核定贷款金额等项目,送会计部门注明贷款编号、贷款种类、贷款期限、贷款利率、银行核定贷款金额等项目,送会计部门凭以办理放款手续。

表 3－2　　　　银行(　　贷款)借款凭证(申请书代付出凭证)

单位编号:　　　　　　　　　　年　　月　　日　　　　　　　　银行编号:

<table>
<tr><td rowspan="3">收款单位</td><td>名　称</td><td></td><td rowspan="3">借款单位</td><td colspan="3">名　称</td><td colspan="7"></td></tr>
<tr><td>往来户账号</td><td></td><td colspan="3">放款户账户</td><td colspan="7"></td></tr>
<tr><td>开户银行</td><td></td><td colspan="3">开户银行</td><td colspan="7"></td></tr>
<tr><td>借款期限</td><td></td><td>利　率</td><td></td><td colspan="5">起息日</td><td colspan="5"></td></tr>
<tr><td colspan="2" rowspan="2">借款申请金额</td><td colspan="2" rowspan="2">人民币(大写)</td><td>千</td><td>百</td><td>十</td><td>万</td><td>千</td><td>百</td><td>十</td><td>元</td><td>角</td><td>分</td></tr>
<tr><td></td><td></td><td></td><td></td><td></td><td></td><td></td><td></td><td></td><td></td></tr>
<tr><td colspan="2" rowspan="2">借款原因及用途</td><td colspan="2" rowspan="2">银行核定金额</td><td>千</td><td>百</td><td>十</td><td>万</td><td>千</td><td>百</td><td>十</td><td>元</td><td>角</td><td>分</td></tr>
<tr><td></td><td></td><td></td><td></td><td></td><td></td><td></td><td></td><td></td><td></td></tr>
<tr><td colspan="4" rowspan="3">银行审批
负责人　信贷部门主管　信贷员</td><td colspan="2">期　限</td><td colspan="4">计划还款日期</td><td colspan="4">计划还款金额</td></tr>
<tr><td colspan="2"></td><td colspan="4"></td><td colspan="4"></td></tr>
<tr><td colspan="2"></td><td colspan="4"></td><td colspan="4"></td></tr>
<tr><td colspan="5">兹根据你行贷款办法规定,申请办理上述借款,请核定贷给。
此致
银行
(借款单位预留往来户印鉴)</td><td colspan="9">会计分录:借
对方科目:贷
会计　复核　记账</td></tr>
</table>

会计部门收到借款凭证后,应认真审查信贷部门的审批意见,审核凭证各项内容填

写是否正确、完整，大小写金额是否一致，印鉴是否相符等。审核无误后，以第一、第二联借款凭证分别代替借方凭证和贷方凭证，办理转账。

企业发放贷款时，设立“贷款”科目进行核算，本科目可按贷款类别、客户，分别以“本金”“利息调整”“已减值”等进行明细核算。

借：贷款——短期（或中长期）贷款——借款单位户（合同本金）

　贷：吸收存款——借款单位户（实际支付的金额）

按其差额，借记或贷记“贷款——利息调整”。

将第三联回单加盖转讫章后交借款单位作为贷款入账的收账通知。第四联会计部门加盖转讫章后送信贷部门作为放款记录留存备查，据以监督贷款的发放和收回。第五联由会计部门在贷款转账手续办妥后，按到期日日期顺序排列，专夹妥善保管，据以监督借款单位按期归还贷款。

（二）贷款收回的核算

按时收回贷款是银行放款的一项重要原则，也是贷款业务核算的重要内容。银行会计部门应经常查看贷款借据的到期情况，在贷款快要到期时，与信贷部门联系，通常提前3天通知借款单位准备还款资金，以便到期时按期还款。收回贷款的核算主要分以下几种情况。

1. 贷款到期，借款单位主动归还贷款。当借款单位主动归还贷款时，应签发转账支票及填制一式四联的还款凭证办理还款手续。还款凭证格式如表3－3所示。

表3－3　　　　**银行（　　贷款）还款凭证（借方凭证）**

年　　月　　日　　　　　　　　合同编号：

<table>
<tr><td rowspan="3">借款单位</td><td colspan="2">名　称</td><td colspan="3"></td><td rowspan="3" colspan="2">付款单位</td><td colspan="3">名　称</td><td colspan="5"></td></tr>
<tr><td colspan="2">放款户账号</td><td colspan="3"></td><td colspan="3">往来户账户</td><td colspan="5"></td></tr>
<tr><td colspan="2">开户银行</td><td colspan="3"></td><td colspan="3">开户银行</td><td colspan="5"></td></tr>
<tr><td>还款日期</td><td colspan="5">年　　月　　日</td><td colspan="2">还款次序</td><td colspan="8">第　　　次还款</td></tr>
<tr><td rowspan="2" colspan="2">偿还金额</td><td rowspan="2" colspan="3">人民币（大写）</td><td>亿</td><td>千</td><td>百</td><td>十</td><td>万</td><td>千</td><td>百</td><td>十</td><td>元</td><td>角</td><td>分</td></tr>
<tr><td></td><td></td><td></td><td></td><td></td><td></td><td></td><td></td><td></td><td></td><td></td></tr>
<tr><td colspan="7">还款内容</td><td colspan="9"></td></tr>
<tr><td colspan="7">由我单位往来划转归还上述借款

（借款单位预留往来账户印鉴）
（银行主动收贷时免盖）</td><td colspan="9">会计分录：借
对方科目：贷
会计　　复核　　记账</td></tr>
</table>

银行会计部门收到借款人提交的还款凭证后，应同贷款账簿进行核对，按照借款单位所填的原借款凭证上的银行贷款编号，抽出留存的原到期卡，核对无误后，于贷款到期日办理收回贷款的转账手续。在到期日转账时，应认真核对支票的印鉴，查看借款单位存款账户是否有足够的余额等，以转账支票作为借方凭证，以还款凭证作为附件，以还款凭证第二联作为贷方凭证办理转账。第三联还款凭证，转账后，由会计部门送信贷部门核销原放款记录。第四联由会计部门在办妥还款转账手续后，在回单上加盖公章，交还借款单位，作为归还贷款的通知。如借款属分次归还，则应在原借据上做分次还款记录。

（1）未减值贷款的处理。资产负债表日，企业应按贷款的合同本金和合同约定的名义利率计算确定的应收利息的金额。会计分录为：

借:应收利息

贷:利息收入(按贷款的摊余成本和实际利率计算确定的利息收入的金额)

应交税费——应交增值税(销项税额)

按其差额借记或贷记“贷款——利息调整”。

合同利率与实际利率差异较小的,也可以采用合同利率计算确定利息收入。

收回未减值贷款时,应按客户归还的金额,作会计分录:

借:吸收存款——活期存款——借款单位户

贷:应收利息

贷款——短期(或中长期)贷款——借款单位户

存在利息调整余额的,还应同时结转。

(2)减值贷款的处理。资产负债表日,对于减值贷款按应减计的金额,作会计分录:

借:资产减值损失

贷:贷款损失准备

借:贷款——已减值

贷:贷款——本金

——利息调整

同时,应按贷款的摊余成本和实际利率计算确定的利息收入金额,作会计分录:

借:贷款损失准备

贷:利息收入

此外,还需将按合同本金和合同约定的名义利率计算确定的应收利息金额进行表外登记。

收回减值贷款时,作会计分录:

借:吸收存款——活期存款——借款单位户(实际收到的金额)

贷款损失准备(贷款损失准备余额)

贷:贷款——已减值

资产减值损失(差额)

2. 贷款到期,由银行主动扣收。贷款到期,借款人未能主动归还贷款,而其存款账户中的存款余额足够还款的,会计部门可及时与信贷部门联系,征得同意后,由信贷部门填制“贷款收回通知单”,加盖信贷部门业务公章交会计部门。会计部门凭以填制三联特种转账传票,一联代借方传票,一联代贷方传票,一联代收账通知连同注销后的借据第一联一并交借款单位。会计分录同上。

3. 贷款展期。在贷款到期时,由于客观情况发生变化,借款人经过努力仍不能还清贷款的,短期贷款必须于到期日 10 日以前,中长期贷款必须于到期日 1 个月以前,由借款人向银行提出贷款展期的书面申请,写明展期的原因,银行信贷部门视具体情况决定是否展期。对同意展期的贷款,应在展期申请书上签署意见,然后将展期申请书交给会计部门。每一笔贷款只能展期 1 次,短期贷款展期不得超过原贷款的期限,中长期贷款展期不得超过原贷款期限的一半,最长不得超过 3 年。

会计部门收到贷款展期申请书后,应主要审查几项内容:信贷部门是否批准、有无签章;展期贷款的金额与借款凭证上的金额是否一致;展期时间是否超过规定期限;展期利率的确定是否正确。审核无误后,在贷款分户账及到期卡上批注展期还款利率及还款日期,同时将一联贷款展期申请书加盖业务公章后交借款单位收执,另一联贷款展期申请书附在原借据后,按展期后的还款日期排列。贷款展期不需办理转账手续。

4. 贷款逾期。贷款到期,借款单位事先未向银行申请办理展期手续,或申请展期未获得批准,或者已经办理展期,但展期到期日仍未能归还贷款的,即作为逾期贷款。银行应将贷款转入该单位的逾期贷款账户。银行会计部门与信贷部门联系后,根据原借据,分别编制特种转账借方传票和特种转账贷方传票各两联,凭特种转账借方和贷方传票各一联办理转账,会计分录为:

借:逾期贷款——借款单位逾期贷款户

　贷:贷款——短期(或中长期)贷款——借款单位贷款户

转账后,将另两联特种转账借、贷方传票作收、支款通知,加盖转讫章和经办人员章后交借款单位。同时,在原借据上批注“××××年×月×日转入逾期贷款”的字样,另行保管。等借款单位存款账户有款支付时,一次或分次扣收,并从逾期之日起至款项还清前一日止,除按规定利率计息外,还应按实际逾期天数和人民银行规定的罚息率计收罚息。

贷款本金或利息逾期90天没有收回的贷款通过“非应计客户贷款”科目核算。本科目应按贷款种类设置一级科目,再按借款人设户进行明细核算。期末借方余额,反映银行按规定发放的客户贷款余额。

三、抵押贷款的核算与管理

抵押贷款是担保贷款的一种,是银行对借款人以一定财产作为抵押而发放的一种贷款。借款人到期不能归还贷款本息时,银行有权依法处置贷款抵押物,并从所得价款收入中优先收回贷款本息,或以该抵押物折价充抵贷款本息。

抵押贷款适用于经工商行政管理部门登记并具有法人资格的全民、集体工商企事业单位以及我国境内的中外合资经营企业。个体工商户及个人也可以申请抵押贷款。

抵押贷款一般采取逐笔核贷的贷款核算方式。

(一)抵押贷款发放的核算

抵押贷款由借款人向银行提出申请,并向银行提交“抵押贷款申请书”,写明借款用途、金额、还款日期,抵押品名称、数量、价值、存放地点等有关事项,同时提交有权处分人的同意抵押(质押)的证明或保证人同意保证的有关证明文件。

商业银行办理抵押贷款,首先应确认抵押物的所有权或经营权,债务人只有拥有对财产的所有权,并具有最终的处分权,才可以作为抵押人向银行申请抵押担保贷款。

商业银行选择的抵押物一般为具有变卖价值和可以转让的物品。没有交换价值,不具有独立性的物品,不能作为抵押物进行抵押。此外,抵押物必须是合法取得的,必须可以流通,易于变现和处分;抵押物的使用期必须长于借款期;贷款到期后,抵押物的变现价值应大于借款本息。

依据《担保法》第34条规定,下列财产可以作为抵押物申请抵押贷款:抵押人所有的房屋和其他地上定着物;抵押人所有的机器、交通运输工具和其他财产;抵押人依法有权处分的国有土地使用权、房屋和其他地上定着物;抵押人依法有权处分的国有的机器、交通运输工具和其他财产;抵押人依法承包并经发包方同意抵押的荒山、荒沟、荒丘、荒滩等荒地的土地使用权。《担保法》第37条同时规定,下列财产不得进行抵押:土地所有权;耕地、宅基地、自留地、自留山;学校、幼儿园、医院等以公益事业为目的的事业单位、社会团体的教育设施、医疗卫生设施和其他社会公益设施;所有权、使用权不明或者有争议的财产;依法被查封扣押监管的财产;依法不得抵押的其他财产。

抵押贷款经银行信贷部门审查同意后,由借款人同银行签订抵押贷款借款合同,并将抵押品或抵押品产权证明移交银行。合同及有关资料,如银行认为有必要公证的,应由公证机关对其真实性、合法性进行公证。对易受灾害侵害的抵押物,借款方应办理财产保险,并将保单交银行保管。如发生损失,银行可以从保险赔偿中收回抵押贷款。

对于有关抵押品,银行应签发"抵(质)押品代保管凭证"一式两联,一联交借款人,另一联由银行留存。同时登记表外科目:

收:代保管有价值品

抵押贷款中,流动资金贷款最长不超过一年,固定资金贷款一般为1~3年,最长不超过5年。

抵押贷款通常不是按抵押品价值全额放贷,而是按抵押品价值的一定比例发放贷款。这个比率通常称为抵押率,其计算公式如下:

$$抵押率 = 1 - \frac{抵押物预计贬值率}{抵押物现值} \times 100\%$$

商业银行在办理抵押贷款时,抵押率一般控制在80%以下,对于一些科技含量高、更新速度快的机器设备,抵押率还会更低,一般控制在50%以下。

借款人使用贷款时,由信贷部门根据确定的贷款额度,填写一式五联的借款凭证,签字后加盖借款人的预留印鉴,经信贷部门有关人员审批后,与抵押贷款有关单证一并送交会计部门。

会计部门收到信贷部门转来的有关单证,经审查无误后,根据有关规定及借款人的要求办理转账,并作会计分录:

借:抵押贷款——借款人贷款户

　贷:吸收存款——活期存款——借款人存款户

(二)抵押贷款收回的核算

抵押贷款到期,借款人应主动提交还款凭证,连同银行出具的抵押品代保管收据,办理还款手续,其会计分录为:

借:吸收存款——活期存款——借款人存款户

　贷:抵押贷款——借款人贷款户

　　利息收入——抵押贷款利息收入户

　　应交税费——应交增值税(销项税额)

同时销记表外科目,原抵押申请书作为表外科目付出传票的附件:

付:代保管有价值品

(三)逾期抵押贷款的核算

抵押贷款到期,借款单位如不能按期归还贷款本息,银行应将其贷款转入逾期贷款科目核算,并按规定计收罚息。出现下列情况,银行有权依法处理抵押物品:借款合同履行期满,借款人未按期偿还贷款本息,又未同银行签订贷款展期协议或申请展期未经批准的;抵押期间,借款人死亡、无继承人或受遗赠人的;借款人的继承人拒绝偿还贷款本息或继承人放弃继承的;借款人被解散、宣布破产或依法撤销的;其他可以依法处分抵押物的情形。银行处理抵押品主要有两种方式:作价入账和出售。

《担保法》第53条规定,债务履行期届满抵押权人未受清偿的,可以与抵押人协议以抵押物折价或者以拍卖、变卖该抵押物所得的价款受偿;协议不成的,抵押权人可以向人民法院提起诉讼。银行实现抵押权的形式主要有三种,即拍卖、变卖抵押物和提起诉讼。

四、质押贷款的核算与管理

(一)质押和抵押的区别

质押是指债务人或第三人将其动产移交债权人占有或将某项权利出质,以该动产和权利作为债权的担保,债务人不履行债务时,债权人有权依法按照法律规定的程序和方式,以该动产或权利折价或以拍卖、变卖该动产或权利的价款优先受偿的制度。质押分为动产质押和权利质押。

抵押不转移抵押物的占有,而动产质押转移质押物的占有。抵押没有权利抵押,即权利不能作为抵押物,但权利可以作质押。

(二)动产质押

动产质押是指债务人或第三人将其动产移交债权人占有,作为债权的担保。在质押关系中,债务人或第三人为出质人,债权人为质权人,移交的动产为质物。出质人与质权人应以书面形式订立质押合同,质押合同自质物移交质权人占有时生效。质押合同应包括被担保的主债权种类、金额,债务人履行债务的期限,质物的名称、数量、质量、状况,质押担保的范围,质物的处理方式及价格,质物移交的时间,质物毁损灭失的风险责任,当事人需要约定的其他事项。

动产的质押贷款与抵押贷款相比,主要存在两个优点:一是办理质押贷款时,商业银行可以直接占有质押物,可以有效防止质物的损坏或灭失;二是只要质物转移给质权人占有,质押合同即刻生效。当同一财产法定登记的抵押权与质押权并存时,抵押权人优先于质权人受偿。但质押贷款也有其自身的弊端,这就是如何保证质物的安全。《担保法》第69条规定,质权人负有妥善保管质物的义务。因保管不善致使质物毁损或灭失的,质权人应承担民事责任。

债务履行期届满,债务人履行债务的,或者出质人提前清偿所担保债权的,质权人应当返还质物。债务履行期届满,质权人未得到清偿的,质权人可以与出质人协议以质物折价、依法拍卖或者变卖质物。

(三)权利质押

可以办理权利质押的权利主要包括:汇票、支票、本票、债券、存款单、仓单、提单;依法可以转让的股份、股票;依法可以转让的商标权、专利权、著作权中的财产权;依法可以质押的其他权利。

以汇票、支票、本票、债券、存款单、仓单、提单出质的,应当在合同约定期限内将权利凭证交付质权人。质押合同自权利凭证交付之日起生效。

以载明兑现或提货日期的汇票、支票、本票、债券、存款单、仓单、提单出质的,汇票、支票、本票、债券、存款单、仓单、提单的兑现或提货日期先于债务履行期的,质权人可以在债务履行期届满前兑现或者提货,并与出质人协议将兑现的价款或者提取的货物用于提前清偿所担保的债权或者向与出质人约定的第三人提存。如果兑现或提货日期后于所担保债权清偿期的，质权人可以于担保债权清偿期届满时，直接向债务人请求给付，但以出质人担保的债权为限。

以依法可以转让的股票出质的，出质人与质权人应当订立书面合同，并向证券登记机构办理出质登记，质押合同自登记之日起生效。股票出质后不得转让，但经出质人与质权人协商同意的可以转让。

以有限责任公司的股份出质的，适用《公司法》股份转让的有关规定。质押合同自股份出质记载于股东名册之日起生效。

以依法可以转让的商标专用权、专利权、著作权中的财产权出质的，出质人与质权人应当订立书面合同，并向有关管理部门办理出质登记，质押合同自登记之日起生效。

不得转让的票据不得质押。

关于质押贷款的具体核算，可以比照抵押贷款的核算办法进行。

五、贷款利息的核算

（一）贷款利息的计算方法

银行发放的各种贷款，除国家有特殊规定和财政补贴外，均应按规定计收利息。贷款利息的计算分为定期收息和利随本清两种。

1. 定期收息。对于定期收息的贷款，银行于每季度末月 20 日营业终了时，利用余额表或分户账页计算累计计息积数，计算利息。

2. 利随本清。利随本清也称为逐笔结息的计息方式。贷款到期，借款人还款时，应计算自放款日起至还款之日前一日止的贷款天数，然后利用下列公式计算：

应收利息 = 还款金额 × 日数 ÷ 利率

（二）贷款利息的核算

商业银行通过"应收利息"科目核算发放贷款、存放同业、拆出资金等生息资产当期应收的利息。科目应按贷款和垫款种类、拆出资金单位等设置明细账。本科目期末为借方余额，反映银行表内核算的已计提尚未收回的贷款利息、存放同业利息、拆出资金利息等。

商业银行应按照"本金、表内应收利息、表外应收利息"的顺序收回贷款本金及贷款产生的应收利息。

按期计提贷款应收利息时，商业银行编制"计收利息清单"一式三联，其中第一联为借方凭证，第二联为支款通知，第三联为贷方凭证。会计分录如下：

借：应收利息

　贷：利息收入

　　　应交税费——应交增值税（销项税额）

收到利息时，会计分录为：

借：吸收存款——活期存款——借款单位户

　贷：应收利息

当贷款成为非应计贷款时，应将已入账但尚未收取的利息收入和应收利息予以冲销；其后发生的应计利息，应纳入表外核算。贷款成为非应计贷款后，在收到该笔贷款的还款时，首先应冲减本金；本金全部收回后，再收到的还款则确认为当期利息收入。

已转入表外核算的应收利息在以后收到时，应按以下原则处理。

1. 本金未逾期，且有客观证据表明借款人将会履行未来还款义务的，应将收到的该

部分利息确认为利息收入。收到该部分利息时,按收到的金额,作会计分录:

借:吸收存款——活期或定期存款——存款单位户

贷:利息收入

应交税费——应交增值税(销项税额)

2. 本金未逾期或逾期未超过90天,且无客观证据表明借款人将会履行未来还款义务的,以及本金已逾期的,应将收到的该部分利息确认为贷款本金的收回。收到该部分利息时,按收到的金额,作会计分录:

借:吸收存款——活期或定期存款——存款单位户

贷:贷款——短期或中长期贷款——借款单位户

当拆出资金到期(含展期,下同)90天后仍未收回的,或者拆出资金尚未到期而已计提应收利息逾期90天后仍未收回的,应将原已计入损益的利息收入转入表外核算,其后发生的应计利息纳入表外核算。

第三节 贴现业务的核算

一、贴现的概念

票据贴现是指票据持有人在票据到期以前,为获得资金而向银行贴付一定的利息所做的票据转让。目前,商业银行办理贴现业务的票据主要是商业汇票。商业汇票按承兑人的不同可以分为商业承兑汇票和银行承兑汇票。商业汇票一律记名,允许背书转让,期限最长不超过6个月。

票据贴现业务严格讲属于贷款的一种,但贴现同一般贷款相比,既有共同之处又有不同点。共同点主要是两者都是银行的资产业务,是借款人的融资方式,银行都要计收利息。不同点主要体现在以下几个方面:

其一,资金投放的对象不同。贴现贷款以持票人(债权人)为放款对象;一般贷款以借款人(债务人)为放款对象。

其二,体现的信用关系不同。贴现贷款体现的是银行与持票人、出票人、承兑人及背书人之间的信用关系;一般贷款体现的是银行与借款人、担保人之间的信用关系。

其三,计息的时间不同。贴现贷款在放款时就扣收利息;一般贷款则是在贷款到期时或定期计收利息。

其四,放款期限不同。贴现贷款通常为短期贷款,期限最长不超过6个月;一般贷款则分为短期和中长期贷款。

其五,资金的流动性不同。贴现贷款可以通过再贴现和转贴现提前收回资金;一般贷款只有到期才可能收回资金。

二、贴现业务的风险及风险防范

(一)贴现业务的风险

商业银行办理贴现业务存在以下两种风险。

1. 非法票据形成的风险。商业银行办理贴现业务主要针对商业汇票,此处所说的非法票据,主要是指贴现申请人所持票据开立不合理,如贴现申请人持有的、不存在商品交易的商业票据；贴现申请人不具备商业汇票承兑、申请资格，企图利用商业汇票贴现套取银行信用等。此外，有些票据要式不符合规定，如内容不全、背书不符合规定等，商业银行如果对该类票据进行贴现也可能造成信贷风险。

2. 票据使用人资信状况较差形成的风险。票据使用人资信状况较差，不能及时兑付票据所涉资金，不仅影响商品交易关系中债权人的合法权益，也会由此形成贴现贷款的呆账、坏账，给贴现银行造成损失。

（二）风险防范

商业银行办理贴现业务过程中，为有效防范风险，必须严格按照有关规定办理相关业务。

1. 贴现业务申办基本条件及提交的主要资料。贴现申请人欲在商业银行办理贴现业务，必须具备几个基本条件：贴现申请人在贴现银行应开立基本存款账户；与出票人或直接前手之间具有真实的商品交易关系；能够提供与其直接前手之间的增值税发票和商品发运单据复印件；贴现贷款总量不应超过资产负债比例管理的相关比例；内部控制制度必须健全、有效。

贴现申请人办理贴现时应提交的主要资料包括：贴现申请书；贴现申请人的企业法人营业执照；已承兑未到期的要式完整的承兑汇票；能够证明汇票合法性的凭证；持票人与出票人或其直接前手之间的增值税发票和商品交易合同复印件；贴现申请人近期的财务报表。

2. 贴现商业银行对贴现申请人的审查。商业银行应按照规章制度的有关规定，严格审查贴现申请人的申办资格，以保证商业银行贴现贷款的安全。重点审查持票人是否是依法从事经营活动的企业法人以及其他经济组织；申请贴现的商业票据要式是否齐全、内容是否合法；申请贴现企业的资信状况和经营情况等。

商业银行在收到贴现申请人提交的贴现申请后，银行承兑汇票应以书面形式向承兑银行进行查询（目前商业银行主要办理银行承兑汇票贴现），核实汇票的真实性。未经查询的汇票一律不得办理贴现业务，同时注意，商业银行不得贴现本营业部承兑的商业票据。

三、商业汇票贴现的核算

商业汇票持有者如急需使用资金，可持汇票向开户银行申请贴现。申请时填制一式五联的贴现凭证，如表3－4所示。第一联为贴现借方凭证，第二联为持票人账户贷方凭证，第三联为贴现利息贷方凭证，第四联为银行给持票人的回单，第五联为贴现到期卡。

表3－4　　贴现凭证（代申请书）

申请日期　　年　月　日　　第　号

<table>
<tr><td rowspan="3">贴现汇票</td><td>种类</td><td></td><td>号码</td><td></td><td rowspan="3">持票人</td><td>名称</td><td colspan="10"></td></tr>
<tr><td>出票日</td><td colspan="3">年　月　日</td><td>账号</td><td colspan="10"></td></tr>
<tr><td>到票日</td><td colspan="3">年　月　日</td><td>开户银行</td><td colspan="10"></td></tr>
<tr><td>汇票承兑人</td><td>名称</td><td></td><td>账号</td><td></td><td></td><td>开户银行</td><td colspan="10"></td></tr>
<tr><td rowspan="2">汇票金额</td><td colspan="6" rowspan="2">人民币
（大写）</td><td>千</td><td>百</td><td>十</td><td>万</td><td>千</td><td>百</td><td>十</td><td>元</td><td>角</td><td>分</td></tr>
<tr><td></td><td></td><td></td><td></td><td></td><td></td><td></td><td></td><td></td><td></td></tr>
</table>

续表

<table>
<tr><td rowspan="2">贴现率</td><td rowspan="2">‰</td><td rowspan="2">贴现利息</td><td>千</td><td>百</td><td>十</td><td>万</td><td>千</td><td>百</td><td>十</td><td>元</td><td>角</td><td>分</td><td rowspan="2">实付贴现金额</td><td>千</td><td>百</td><td>十</td><td>万</td><td>千</td><td>百</td><td>十</td><td>元</td><td>角</td><td>分</td></tr>
<tr><td></td><td></td><td></td><td></td><td></td><td></td><td></td><td></td><td></td><td></td><td></td><td></td><td></td><td></td><td></td><td></td><td></td><td></td><td></td><td></td></tr>
<tr><td colspan="5">附送承兑汇票申请贴现，请审核。
持票人签字</td><td colspan="7">银行审核</td><td colspan="6">负责人　　信贷员</td><td colspan="6">科　　目：______
对方科目：______
复核　　记账</td></tr>
</table>

贴现申请人在第一联凭证上按规定签章后，将凭证及商业汇票一并送交银行信贷部门。信贷部门根据信贷管理办法及结算规定进行贴现审查后，填写《××汇票贴现审批书》，提出审查意见，按照贷款审批权限，报经相关部门审批。贷款决策部门审查同意后，应在《××汇票贴现审批书》上签署决策意见，并在贴现凭证的“银行审核”栏签注“同意”字样并加盖有关人员名章后，送交会计部门。

会计部门接到贴现凭证及商业汇票后，按照规定的贴现率，计算出贴现利息并予以扣收。贴现利息的计算方法如下：

贴现利息 = 汇票金额 ×贴现天数 ×（月贴现率 ÷ 30）

实付贴现金额 = 汇票金额 － 贴现利息

将按规定贴现率计算出来的贴现利息、实付贴现金额填在贴现凭证有关栏内，办理转账手续。商业银行通过“贴现资产”科目核算办理商业票据的贴现、转贴现和再贴现业务的款项。该科目应按贴现种类和贴现申请人进行明细核算，期末为借方余额，反映银行办理的贴现款项。

借：贴现资产——商业承兑汇票或银行承兑汇票（面值）

　贷：吸收存款——活期存款——贴现申请人户

　　　贴现资产——利息调整

同时按汇票金额登记表外科目：

收：代保管有价值品

资产负债表日，应按实际利率计算确定的贴现利息收入的金额，会计分录为：

借：贴现资产——利息调整

　贷：利息收入

　　　应交税费——应交增值税（销项税额）

实际利率与合同约定的名义利率差异不大的，也可以采用合同约定的名义利率计算确定利息收入。

四、贴现汇票到期收回贴现款的核算

贴现银行应经常查看已贴现汇票的到期情况。对于已到期的贴现汇票，应及时收回票款。

（一）商业承兑汇票贴现款到期收回的核算

商业承兑汇票贴现款的收回是通过委托收款方式进行的。贴现银行作为收款人，应于汇票到期前，匡算邮程，以汇票作为收款依据，提前填制委托收款凭证，向付款人收取票款。在“委托收款凭证名称栏”注明“商业承兑汇票”或“银行承兑汇票”及其汇票号码，连同汇票向付款人办理收款，将第五联贴现凭证作为第二联委托收款凭证的附件存放，并在表外科目“发出委托收款登记簿”中进行登记。其他操作程序比照发出委托收款凭证的操作程序办理。

当贴现银行收到付款人开户行划回票款时，会计分录如下：

借：吸收存款

　或联行科目

　或存放中央银行款项

　贴现资产——利息调整

　贷：贴现资产——商业承兑汇票

　　利息收入

　　应交税费——应交增值税（销项税额）

同时销记“发出委托收款登记簿”。

如果贴现银行收到付款人开户行退回委托收款凭证、汇票和拒付理由书或付款人未付票款通知书，对于贴现申请人在本行开户的，可以从贴现申请人账户收取，并填制两联特种转账借方凭证，在“转账原因栏”注明“未收到××号汇票款，贴现款已从你账户收取”。其中一联凭证作为借方凭证，另外一联特种转账借方凭证加盖转讫章，作为支款通知，随同汇票和拒绝付款理由书或付款人未付票款通知书交给贴现申请人，第五联贴现凭证作为贴现科目贷方凭证，办理转账手续。会计分录如下：

借：吸收存款——活期存款——贴现申请人存款户

　贴现资产——利息调整

　贷：贴现资产——商业承兑汇票

　　利息收入

　　应交税费——应交增值税（销项税额）

若贴现申请人账户余额不足时，则不足部分转作逾期贷款，会计分录如下：

借：吸收存款——活期存款——贴现申请人存款户

　逾期贷款——贴现申请人贷款户

　贴现资产——利息调整

　贷：贴现资产——商业承兑汇票

　　利息收入

　　应交税费——应交增值税（销项税额）

（二）银行承兑汇票贴现款到期收回的核算

银行承兑汇票的承兑人是付款人开户银行，信用可靠，不会发生退票情况，贴现银行在汇票到期前，以自己为收款人，填制委托收款凭证，向对方银行收取贴现款。等收到对方银行的联行报单及划回的款项时，作会计分录：

借：吸收存款

　或联行科目

　或存放中央银行款项

　贴现资产——利息调整

　贷：贴现资产——银行承兑汇票

　　利息收入

期末，应对贴现进行全面检查，并合理计提贷款损失准备。对于不能收回的贴现应查明原因。确实无法收回的，经批准作为呆账损失的，应冲销提取的贷款损失准备，并作会计分录：

借：贷款损失准备

贷：贴现资产——商业承兑汇票或银行承兑汇票

贷款损失准备一经确认，不得转回。

第四节 贷款减值业务的核算

一、资产减值确认条件

企业应当在资产负债表日对以公允价值计量且其变动计入当期损益的金融资产以外的金融资产的账面价值进行检查，有客观证据表明该金融资产发生减值的，应当计提减值准备。

表明金融资产发生减值的客观证据，是指金融资产初始确认后实际发生的、对该金融资产的预计未来现金流量有影响，且企业能够对该影响进行可靠计量的事项。金融资产发生减值的客观证据，包括下列各项：

其一，发行方或债务人发生严重财务困难；

其二，债务人违反了合同条款，如偿付利息或本金发生违约或逾期等；

其三，债权人出于经济或法律等方面因素的考虑，对发生财务困难的债务人作出让步；

其四，债务人很可能倒闭或进行财务重组；

其五，因发行方发生重大财务困难，该金融资产无法在活跃市场继续交易；

其六，无法辨认一组金融资产中的某项资产的现金流量是否已经减少，但根据公开的数据对其进行总体评价后发现，该组金融资产自初始确认以来的预计未来现金流量确已减少且可计量，如该组金融资产的债务人支付能力逐步恶化、债务人所在国家或地区失业率提高、担保物在其所在地区的价格明显下降、所处行业不景气等；

其七，债务人经营所处的技术、市场、经济或法律环境等发生重大不利变化，使权益工具投资人可能无法收回投资成本；

其八，权益工具投资的公允价值发生严重或非暂时性下跌；

其九，其他表明金融资产发生减值的客观证据。

对以摊余成本计量的金融资产确认减值损失后，如有客观证据表明该金融资产价值已恢复，且客观上与确认该损失后发生的事项有关（如债务人的信用评级已提高等），原确认的减值损失应当予以转回，计入当期损益。但是，该转回后的账面价值不应当超过假定不计提减值准备情况下该金融资产在转回日的摊余成本。

二、贷款减值的测试方法

以摊余成本计量的金融资产发生减值时，应当将该金融资产的账面价值减记至预计未来现金流量（不包括尚未发生的未来信用损失）现值，减记的金额确认为资产减值损失，计入当期损益。

预计未来现金流量现值，应当按照该金融资产的原实际利率折现确定，并考虑相关担保物的价值（取得和出售该担保物发生的费用应当予以扣除）。原实际利率是初始确认该金融资产时计算确定的实际利率。对于浮动利率贷款、应收款项或持有至到期投资，在计算未来现金流量现值时可采用合同规定的现行实际利率作为折现率。

短期应收款项的预计未来现金流量与其现值相差很小的，在确定相关减值损失时，可不对其预计未来现金流量进行折现。

对单项金额重大的金融资产应当单独进行减值测试，如有客观证据表明其已发生减值，应当确认减值损失，计入当期损益。对单项金额不重大的金融资产，可以单独进行减值测试，也可以包括在具有类似信用风险特征的金融资产组合中进行减值测试。

单独测试未发生减值的金融资产（包括单项金额重大和不重大的金融资产），应当包括在具有类似信用风险特征的金融资产组合中再进行减值测试。已单项确认减值损失的金融资产，不应包括在具有类似信用风险特征的金融资产组合中进行减值测试。

金融资产发生减值后，利息收入应当以确定减值损失时，对未来现金流量进行折现采用的折现率作为利率计算确认。

三、坏账准备的核算

金融企业通过"坏账准备"科目对发生的坏账进行核算，期末贷方余额反映已计提的坏账准备余额。计提坏账准备的应收款项包括拆放同业、买入返售资产、其他应收款以及除贷款利息以外的应收利息等。

金融企业应定期或者于每年年度终了，对应计提坏账准备的应收款项进行全面检查，预计各项应收款项可能发生的坏账。对于没有把握能够收回的应收款项，应计提坏账准备，将未来可收回的现金流量（不包括尚未发生的信用损失）按该资产初始确认计算的实际利率折算成现值，并与该项资产账面摊余成本进行比较，两者差额确认为坏账损失，提取坏账准备。

计提坏账准备时，会计分录如下：

借：资产减值损失——计提的坏账准备

　贷：坏账准备

商业银行对于不能收回的应收款项应查明原因，追究责任。对有确凿证据表明确实无法收回的，例如，债务单位已撤销、破产、资不抵债、现金流量严重不足，发生严重的自然灾害等导致停产而在短时间内无法偿付债务的，因债务人逾期未履行偿债义务超过 3 年仍然无法收回的，以及其他足以证明应收款项可能发生损失的证据等，可经股东大会或董事会、行长会议或类似机构批准确认为坏账损失，冲销计提的坏账准备，同时作会计分录：

借：坏账准备

　贷：应收票据

　　或其他应收款等科目

已确认并转销的应收账款以后又收回的，应按实际收回的金额，作会计分录：

借：应收票据

　或其他应收款等科目

　贷：坏账准备

同时，作会计分录：

借：银行存款

　贷：应收票据

　　或其他应收款等科目

对于已确认并转销的应收款项以后又收回的,也可以按照实际收回的金额,作如下会计分录:

借:银行存款

　贷:坏账准备

四、贷款损失准备的核算

金融企业通过"贷款损失准备"科目核算按照规定提取的贷款损失减值准备。本科目应按照单项贷款损失准备和组合贷款损失准备等分别设置明细科目进行核算。计提贷款损失准备的资产包括客户贷款、拆出资金、贴现资产、银团贷款、贸易融资、协议透支、信用卡透支、转贷款和垫款等,企业(保险)的保户质押贷款计提的减值准备也在本科目核算。本科目期末为贷方余额,反映银行已计提贷款损失准备金的余额。

银行不承担风险的受托贷款等不计提贷款损失准备。

期末,银行应根据借款人的还款能力、还款意愿、贷款本息的偿还情况、抵押品的市价、担保人的支持力度和银行内部信贷管理等因素,分析该笔贷款的风险程度和回收的可能性,以判断其是否发生减值。如有客观证据表明其发生了减值,应对其计提贷款损失准备。

银行计算的当期应计提的贷款损失准备,为期末该贷款的账面价值与其预计未来可收回金额的现值之间的差额。在计算贷款的预计未来现金流量现值时,应遵循以下原则:

第一,对于存在减值客观证据的各项重要贷款,银行应逐项计算预计未来现金流量现值(按各项重要贷款的原始实际利率折现,如某项贷款的利率是变动利率则依合同确定的当前实际利率折现,下同)。

第二,对于存在减值客观证据的各项非重要贷款,银行可逐项也可对其组合计算预计未来现金流量现值。

第三,对于不存在减值客户证据的各项贷款,无论其是否属于重要贷款,均应按类似信用风险特征进行组合,以判断其是否发生减值。如对该组合存在减值的客观证据,应对其组合计算预计未来现金流量现值。以单项或组合计提贷款损失准备的贷款,不应再包括在此类贷款组合中进行减值测试。

资产负债表日贷款发生减值的,按减记的金额,作如下会计分录:

借:资产减值损失——计提贷款损失准备

　贷:贷款损失准备

对于确实无法收回的各项贷款,按管理权限经批准作为呆账损失时,应冲销提取的贷款损失准备,并作会计分录:

借:贷款损失准备

　贷:贷款、贴现资产等科目

已计提贷款损失准备的贷款价值以后又得以恢复,应在原计提的贷款损失准备金额内,按恢复增加的金额,作会计分录:

借:贷款损失准备

　贷:资产减值损失

思考练习题

1. 商业银行贷款具体由哪些种类构成？

2. 商业银行如何进行贷款风险管理？

3. 商业银行贷款管理政策有哪些？

4. 商业银行质押贷款和抵押贷款有何区别？

5. 什么是贴现？贴现业务与贷款业务有何联系与区别？

6. 商业银行资产减值准备的确认标准有哪些？如何测算减值准备？

7. 为以下业务作相应的会计分录，练习信用贷款的核算。

(1)华能公司在组织材料采购中，因采购资金不足，向银行提出短期信用贷款申请。

(2)经银行信贷部门调查审核，银行同意贷款30万元，该单位在本行开户，由会计部门进行相应的账务处理。

(3)华能公司在企业扩建过程中，向银行提出中长期信用贷款申请，金额100万元。经银行信贷部门调查审核，批准贷款85万元，期限为3年，到期后分三次偿还，第一次20万元，第二次30万元，第三次35万元。由会计部门办理贷款发放手续。

(4)华能公司向银行取得的30万元短期信用贷款到期，如数归还本金，并支付利息7 200元。在银行会计部门完成还款手续。

(5)华能公司在改扩建过程中，因建设方案变更，第一批应归还的中长期信用贷款未如期归还，向银行申请要求展期，银行信贷部门批准并通知会计部门。

(6)展期期限已到，该笔贷款未能归还，转作逾期贷款。

(7)华能公司来行归还第一笔应归还的贷款，其中本金20万元，正常贷款利息18 000元，逾期贷款利息3 500元。会计部门完成转账手续。

8. 对以下业务作相应的会计分录，练习抵押贷款的核算。

(1)2018年2月20日，收到信贷部门转来科易工厂的借款凭证一份及抵押贷款的有关单证，准予贷款90 000元，期限半年，年利率为5.4%。经审查无误后，予以转账。

(2)3月15日，腾演公司抵押贷款125 000元已逾期一个月，结欠贷款利息2 000元，今将其抵押的仓库一座作价入账。

(3)4月20日，绿为工厂抵押贷款111 000元已逾期一个月，结欠贷款利息1 800元，今将其抵押的小汽车一辆出售，收入现金115 000元。

(4)5月30日，因淞沪工厂有一笔一年期的抵押贷款900 000元已到期，但无款归还，予以转账。

(5)6月10日，中易工厂抵押贷款135 000元已逾期一个月，结欠贷款利息2 200元，今将其抵押的机器出售，收入现金133 600元。

(6)6月30日，腾演公司抵押贷款125 000元已逾期一个月，结欠贷款利息1 200元，今将其抵押的设备出售，收入现金125 500元。

(7)8月20日，收到科易工厂提交的还款凭证一份和转账支票一张，还清90 000元抵押贷款的本金和两个月的利息。

9. 对以下业务作相应的会计分录，练习贷款准备金的核算。

(1)2018年12月31日，各有关账户余额为：短期贷款1 500 000元、长期贷款

1 200 000元、抵押贷款 6 900 000 元、贴现 300 000 元，贷款损失准备率为 1%，贷款损失准备账户余额为 87 000 元，计提本年度贷款损失准备。

(2)2018 年 2 月 28 日，"应收利息"账户余额为 192 000 元，坏账准备率为 3%。"坏账准备——应收利息"账户为贷方余额 2 460 元，计提本年度坏账准备。

(3)2018 年 4 月 15 日，长城公司因遭受重大水灾，经追偿后仍有 15 000 元逾期贷款和 2 700 元利息无法追回，经上级核准分别作贷款损失和坏账损失处理。

(4)2018 年 7 月 30 日，库伦工厂抵押贷款 144 000 元已逾期一个月，结欠贷款利息 1 350 元，今将其抵押的小汽车出售，收入现金为 142 500 元。

(5)2018 年 10 月 10 日，江滨工厂因破产，经追偿后仍有 6 600 元逾期贷款和 1 200 元利息无法追回。经上级核准，分别作贷款损失和坏账损失处理。

(6)2018 年 12 月 31 日，各有关账户余额为：短期贷款 1 600 000 元、长期贷款 1 000 000元、抵押贷款 7 200 000 元、贴现 400 000 元，计提本年度坏账准备。

(7)2018 年 12 月 31 日，"应收利息"账户余额为 198 000 元，坏账准备率为 3%，计提本年度坏账准备。

(8)2019 年 1 月 30 日，长城公司还来前已核销的逾期贷款 15 000 元和应收利息 2 700元，予以转账。

第四章

国内结算业务的核算

学习要点与要求

1. 掌握支付结算的概念和原则；
2. 了解支付结算业务的核算特点；
3. 掌握银行汇票、银行本票、支票和商业汇票的会计核算；
4. 掌握汇兑、托收承付、委托收款结算业务的会计核算；
5. 了解信用卡支付系统的会计核算；
6. 熟悉国内信用证的会计核算。

第一节　结算业务概述

一、支付结算的意义

结算是指经济主体之间因商品交易、劳务供应、资金调拨及其他款项往来而产生的货币收付关系，是对债权债务进行清偿。

本章介绍的国内支付结算业务，指商业银行通过提供结算工具，对国内客户之间因商品交易、劳务供应、资金调拨及其他款项往来而产生的债权债务进行清偿的行为。

支付结算是银行代客户清偿债权债务、收付款项的一种传统的中间业务，客户在银行开立存款结算账户，除为了保证资金安全外，很大程度上是利用银行在转账结算方面收付款项的便利。商业银行为了扩大业务、与企业建立广泛联系、吸收更多的存款，也尽量加强和完善结算业务工作，为顾客提供优质、方便、迅速、安全的结算服务。

二、支付结算的管理体制

在我国，支付结算业务实行集中统一和分级管理相结合的管理体制。支付结算的有关制度和办法由中国人民银行总行负责统一制定，并由中国人民银行组织、协调、管理和监督全国的社会支付结算工作，协调和处理银行之间的支付结算纠纷。

各商业银行总行可以根据统一的支付结算制度，结合本行情况和经济活动的需要，制定具体管理实施办法，但必须报经中国人民银行总行批准后执行。商业银行总行负责组织、管理、协调本行内的支付结算工作，协调、处理本行内分支机构之间的支付结算纠纷。

三、结算原则和结算纪律

（一）支付结算原则

结算原则是办理结算业务的单位和个人以及银行会计部门在组织结算业务核算时所必须遵循的原则。其内容包括：①恪守信用，履约付款；②谁的钱进谁的账，由谁支配；③银行不垫款。

（二）支付结算纪律

1. 银行需遵守的结算纪律。

(1)不准以任何理由压票、任意退票、截留挪用客户和他行的资金、无理拒付、不扣或少扣滞纳金。

(2)不准在结算制度之外规定附加条件，影响汇路通畅。

(3)不准违反规定为单位和个人开立账户。

(4)不准拒绝受理、代理他行正常结算业务。

(5)不准放弃对企事业单位和个人违反结算纪律的制裁。

(6)不准违章签发、承兑、贴现票据，套取银行资金。

(7)不准超额占用联行汇差资金、转嫁资金矛盾。

(8)不准逃避向人民银行转汇大额汇划款项和清算大额银行汇票资金。

(9)不准签发空头银行汇票、银行本票和办理空头汇款。

(10)不准无理拒绝支付应由银行支付的票据款项。

2. 单位和个人需遵守的结算纪律。

(1)不准套取银行信用，签发空头支票、印章与预留印鉴不符的支票和远期支票以及没有资金保证的票据。

(2)不准无理拒付，任意占用他人资金。

(3)不准违反规定开立和使用账户。

(4)不准签发、取得和转让没有真实交易和债权债务的票据，套取银行和他人资金。

四、支付结算业务的核算特点

银行是全国的支付结算中心，社会支付结算业务在商业银行的各项业务中所占的比重最大，核算手续繁多，其会计核算归纳起来有如下特点。

1. 支付结算的核算程序必须以相关法律为依据。

2. 支付结算业务的处理程序同支付结算业务的会计处理步骤完全一致。

3. 支付结算业务的凭证格式由银行统一制定。

五、支付结算的方式

目前，我国的国内支付结算工具主要包括银行汇票、商业汇票、银行本票、支票、信用卡、汇兑、托收承付、委托收款和信用证等。其中,银行汇票、商业汇票、银行本票和支票属于票据结算。

由于结算业务的当事人可在不同地点、不同银行开户,银行间资金的划转和清算需根据不同情况参与不同的支付清算系统(包括中国人民银行大额实时支付系统、小额批量支付系统、银行业金融机构行内支付系统、同城票据交换等)。为强调结算业务流程中账户资金划转的会计核算,本章除行内转账业务外,跨行业务一律使用"跨行清算资金往来"科目完成资金的清算划拨。"跨行清算资金往来"科目可以用于人民银行大、小额支付系统和同城票据清算业务。由于各商业银行可能在内部会计制度中使用不同名称的科目,实际工作中应按所在银行实际设置的账户系统进行操作。行内转账是指在同一银行系统范围内的资金划转,本章将此类银行统称为"本行"或"行内",并将银行业金融机构行内支付系统的账务划转简化为直接转账。

银行业金融机构行内支付系统和中国人民银行现代化支付系统的核算将在后续章节中详细说明。

第二节　票据结算业务的核算

一、票据的相关概念

票据是按照一定形式制成,写明有付出一定货币金额义务的证件。用于结算的票据是指以支付金钱为目的的有价证券,即出票人根据票据法签发的,由自己无条件支付确定金额或委托他人无条件支付确定金额给收款人或持票人的有价证券。票据包括汇票、本票、支票、提单、存单、股票、债券等。在我国,票据一般包括汇票、本票和支票。

票据的基本功能有三个:结算功能、信用功能和流通功能。

票据的当事人有出票人、收款人、付款人、承兑人、背书人、被背书人、保证人。

能够产生票据权利与义务的法律行为,称为票据行为,主要包括出票、背书、承兑和保证四种。出票是指出票人签发票据并将其交给收款人的票据行为;背书是指在票据背面或者粘单上记载有关事项并签章的票据行为;承兑是指票据的付款人在票据上记载一定的事项,以承诺在票据到期日向持票人支付票据金额的票据行为;保证是指票据债务人以外的第三人通过在票据上记载一定的事项,为特定的票据债务人履行票据债务提供担保,对汇票的债务承担保证责任的票据行为。

二、银行汇票的核算

银行汇票是出票银行签发的,由其在见票时按照实际结算金额无条件支付给收款人或者持票人的票据。银行汇票的出票人为经人民银行批准办理银行汇票业务的银行,银行汇票的出票银行即为银行汇票的付款人。银行汇票票样如图 4 - 1 所示。

单位和个人各种转账结算,均可使用银行汇票。银行汇票可以用于转账、签发现金银行汇票,申请人和收款人必须均为个人;申请人或者收款人为单位的,不得为其签发现金银行汇票。银行汇票的提示付款期限为自出票日起 1 个月。持票人

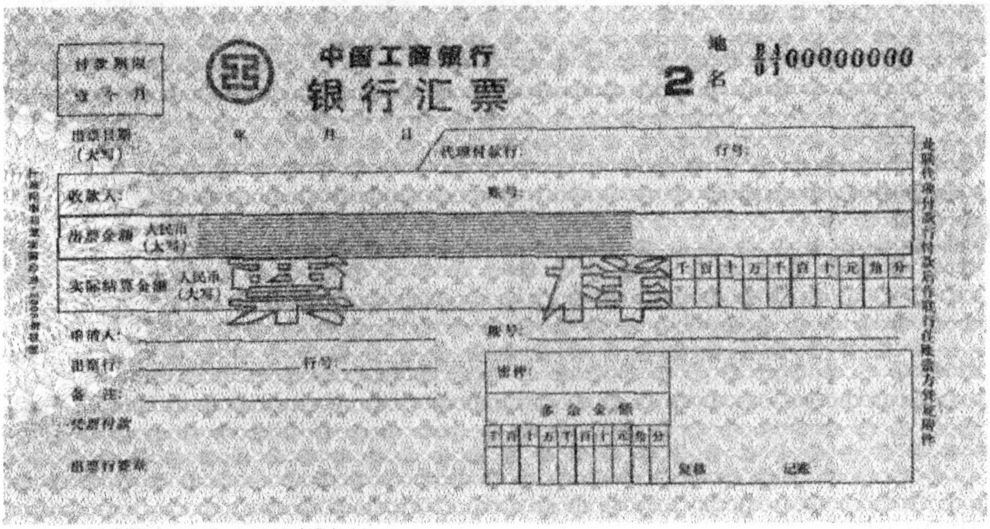

10×17.5cm（专用水印纸蓝油墨、出票金额栏加红水纹）

图 4－1 银行汇票票样

超过付款期限提示付款的，代理付款人不予受理。银行汇票业务流程如图 4－2 所示。

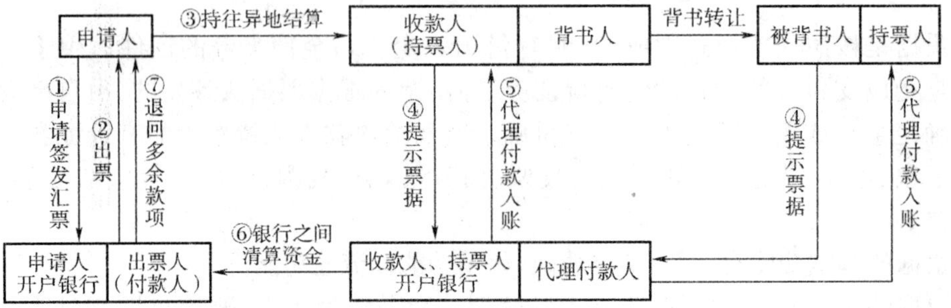

图 4－2 银行汇票流转程序

（一）汇款人向银行申请汇票

单位或个人需要使用银行汇票，应向银行填写银行汇票申请书一式三联：第一联存根，第二联借方凭证，第三联贷方凭证。

出票银行受理申请人提交的汇票申请书时，需详细审查其内容是否填写齐全、清晰，汇票上的签章是否为预留银行的签章；申请书填明“现金”字样的，要看申请人和收款人是否均为个人，且申请人是否交存现金。

对银行汇票申请书的有关内容审查无误后，出票行才可予以受理。

对申请人以账户扣款方式签发的，出票行以第二联申请书作为借方凭证，第三联作为贷方凭证，转账分录为：

借：吸收存款——申请人户

　贷：汇出汇款

　　手续费及佣金收入——结算业务收入

应交税费——应交增值税(销项税额)

申请人交付现金的,出票行以第三联申请书作贷方凭证,其分录为:

借:库存现金

贷:汇出汇款

手续费及佣金收入——结算业务收入

应交税费——应交增值税(销项税额)

出票行办好转账或收妥现金后,即可签发银行汇票。

汇票凭证一式四联:第一联卡片,第二联汇票,第三联解讫通知,第四联多余款收账通知。填写的汇票经审核无误后,在第二联上加盖汇票专用章,并由授权的经办人签名或盖章,在实际结算金额栏的小写金额上端用总行统一制作的压数机压印出票金额,然后连同第三联一并交给申请人。

(二)持票人接受并审核汇票

银行汇票的申请人将出票行开给的汇票第二联、第三联作为支付手段交给汇票上记名的收款人,用以偿付商品或劳务结算款项。收款人审查无误后,应在汇票出票金额以内,按实际交易结算的金额办理结算,将实际结算金额和多余金额填入银行汇票和解讫通知的有关栏内。

(三)持票人向银行兑付汇票

1. 解付行内签发的银行汇票。转账汇票的持票人向开户银行提示付款时,应在汇票背面"持票人向银行提示付款签章"处签章,签章须与预留银行签章相同,然后,将银行汇票和解讫通知及两联进账单一并送交开户银行。

银行接到汇票、解讫通知和进账单(见表4-1),审查无误后,将汇票作为借方凭证附件,第二联进账单作贷方凭证,办理转账,会计分录为:

借:汇出汇款

贷:吸收存款——持票人户(或其他有关科目)

现金银行汇票付款仅限于解付行内签发的银行汇票,不能代理解付其他商业银行签发的银行汇票。解付时,会计分录为:

借:汇出汇款

贷:库存现金

2. 解付其他商业银行签发的转账银行汇票。代理解付其他商业银行签发的银行汇票,持票人在代理付款行开户时,代理付款行解付全国银行汇票通过同城票据交换提出银行汇票;解付华东三省一市银行汇票通过小额方式解付或同城票据交换提出银行汇票。

(1)解付全国银行汇票,会计分录为:

借:跨行清算资金往来——同城票据清算

贷:其他应付款——同城票据款项——同城票据清算——提出

(2)解付华东三省一市银行汇票,小额方式付款,会计分录为:

借:跨行清算资金往来——小额支付

贷:吸收存款——××户

同城方式的会计核算同解付全国银行汇票。

表 4-1 ××银行　进账单(贷方凭证)

年　月　日

<table>
<tr><td rowspan="3">出票人</td><td>全　称</td><td></td><td rowspan="3">收款人</td><td>全　称</td><td></td></tr>
<tr><td>账　号</td><td></td><td>账　号</td><td></td></tr>
<tr><td>开户银行</td><td></td><td>开户银行</td><td></td></tr>
</table>

<table>
<tr><td rowspan="2">金额</td><td rowspan="2">人民币大写</td><td>亿</td><td>千</td><td>百</td><td>十</td><td>万</td><td>千</td><td>百</td><td>十</td><td>元</td><td>角</td><td>分</td></tr>
<tr><td></td><td></td><td></td><td></td><td></td><td></td><td></td><td></td><td></td><td></td><td></td></tr>
</table>

<table>
<tr><td>票据种类</td><td></td><td>票据张数</td><td></td><td rowspan="3">

复核　　　记账</td></tr>
<tr><td>票据号码</td><td></td><td></td><td></td></tr>
<tr><td colspan="4">备注:</td></tr>
</table>

此联由收款人开户银行作贷方凭证

银行汇票超期付款的,持票人只能持银行汇票和解讫通知到出票行请求付款,代理行不得代为付款。银行汇票退款是指申请人由于银行汇票超过提示付款期限或其他原因要求退款的情况,分为转账银行汇票退款和现金银行汇票退款。发生银行汇票退款的,持票人也只能到出票人处申请办理。

(四)银行汇票的结清

银行汇票结清是指银行汇票的出票行收到代理付款行的付款凭据或信息时销记汇出汇款的过程。银行汇票结清在代理付款行付款时联动进行账务处理,分为按实际金额全额付款和余款退回。

1. 按实际金额全额付款。出票行在汇票卡片的实际结算金额栏填入全部金额,在多余款收账通知的多余金额栏填写"—0—",汇票卡片作为借方凭证,解讫通知和多余款收账通知作为借方凭证的附件。

(1)行内签发银行汇票的结清,核算见前面解付行内签发的银行汇票。

(2)代理其他商业银行签发银行汇票结清。汇票全额付款的,按实际结算金额结算,会计分录为:

借:汇出汇款

　贷:跨行清算资金往来——同城票据清算

　　跨行清算资金往来——小额支付

2. 付款后汇票有余款。

(1)行内签发银行汇票付款后有余款的,原申请人在本核算单位开户的,将多余款项转入原申请人账户。出票行应在汇票卡片和多余款收账通知上填写实际结算金额,汇票卡片作为借方凭证,解讫通知作为多余款贷方凭证。会计分录为:

借:汇出汇款

　贷:吸收存款——××户

(2)行内签发银行汇票付款后有余款的,采用现金方式退回余款的,会计分录为:

借:汇出汇款

　贷:库存现金

三、商业汇票的核算

商业汇票是出票人签发的,委托付款人在指定付款日期无条件支付确定金额给收款人或持票人的票据。商业汇票分为商业承兑汇票和银行承兑汇票两种。商业承兑汇票由银行以外的付款人承兑,银行承兑汇票由银行承兑。商业汇票的付款人即为承兑人。

商业汇票的使用,必须是在银行开立存款账户的法人以及其他组织之间,且必须具有真实的交易关系或债权债务关系。出票人不得签发无对价的商业汇票,用以骗取银行或者其他票据当事人的资金。

汇票的付款期限最长不得超过 6 个月。商业汇票的提示付款期限自汇票到期日起 10 日。

符合条件的商业汇票的持票人可持未到期的商业汇票向银行申请贴现。

商业承兑汇票与银行承兑汇票的业务流程分别如图 4 -3 和图 4 -4 所示。

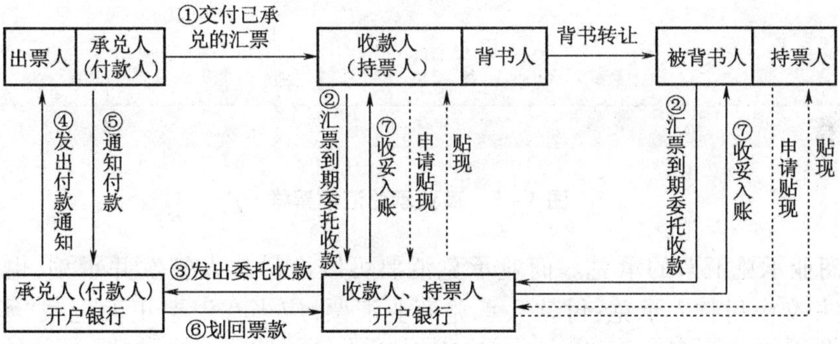

图 4 -3 商业承兑汇票流转程序

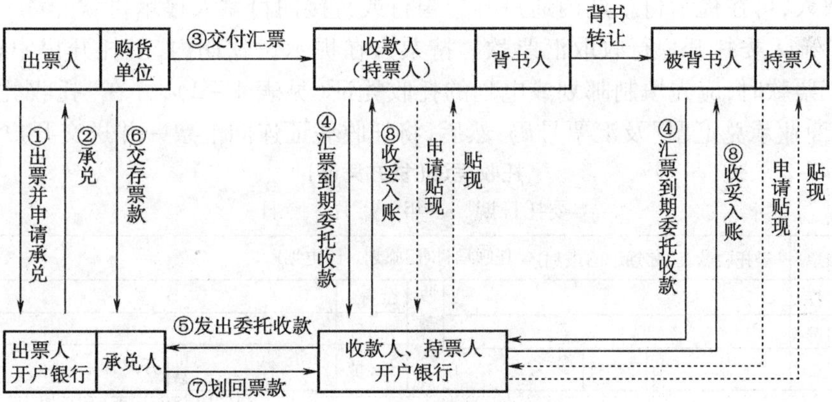

图 4 -4 银行承兑汇票流转程序

（一）商业承兑汇票的核算

1. 商业承兑汇票的签发与承兑。

(1)商业承兑汇票的签发。商业承兑汇票的出票人,必须是在银行开立存款账户的法人以及其他组织,与付款人具有真实的委托付款关系,且具有支付汇票金额的可靠资金来源。签发商业承兑汇票(见图4 -5)必须记载表明“商业承兑汇票”的字样、无条件支付的委托、确定的金额、付款人的名称、收款人的名称、出票日期和出票人的签章。这些内容缺一不可，否则汇票无效。

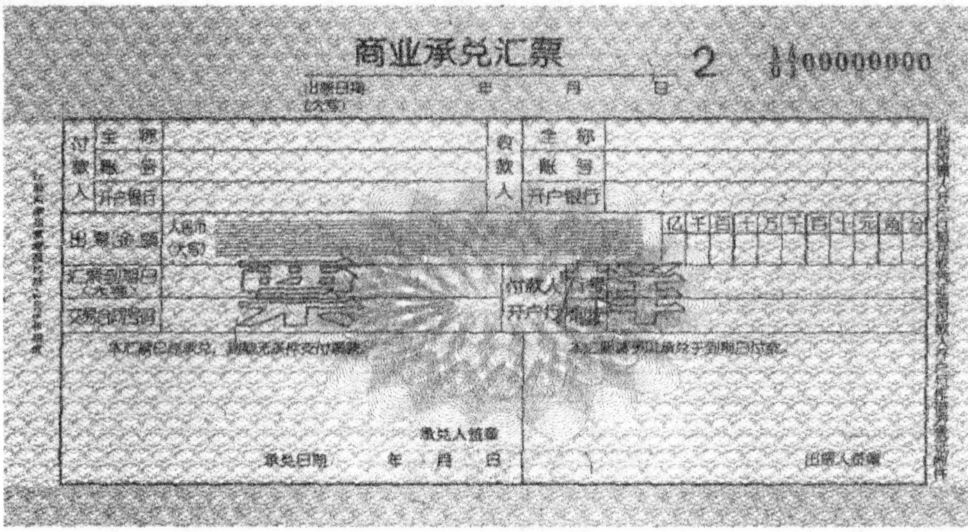
商业承兑汇票　2　00000000

出票日期（大写）　年　月　日

付款人	全称		收款人	全称	
	账号			账号	
	开户银行			开户银行	
出票金额	人民币（大写）				亿 千 百 十 万 千 百 十 元 角 分
汇票到期日（大写）			付款人开户行	行号	
交易合同号码				地址	
本汇票已经承兑，到期无条件支付票款。承兑人签章　承兑日期　年　月　日			本汇票请予以承兑于到期日付款。出票人签章		

图 4－5　商业承兑汇票票样

（2）商业承兑汇票的承兑。商业承兑汇票可以由付款人签发并承兑，也可以由收款人签发并交由付款人承兑；付款人承兑商业汇票，应当在汇票正面记载“承兑”字样和承兑日期并签章。付款人承兑时不得附有条件，否则视为拒绝承兑。付款人对承兑的汇票负有到期无条件支付票款的责任。

商业承兑汇票的付款人承兑后，该汇票即可作为延期付款的一种支付手段，收款人作为持票人，可在提示付款期内通过开户银行或直接向付款人提示付款。

2. 持票人委托开户行收取汇票款。持票人在提示付款期内，委托开户银行收取商业承兑汇票款时，应先填制邮划或电划的托收凭证（见表 4－2），并在“托收凭据名称”栏注明“商业承兑汇票”及汇票号码，然后，将托收凭证连同汇票一并送交开户银行。

表 4－2　　托收凭证（贷方凭证）

委托日期　年　月　日

业务类型	委托收款（□邮划、□电划）　托收承付（□邮划、□电划）				
付款人	全称		收款人	全称	
	账号			账号	
	地址	省　市县　开户行		地址	省　市县　开户行
金额	人民币（大写）				亿 千 百 十 万 千 百 十 元 角 分
款项内容		托收凭据名称		附寄单证张数	
商品发运情况			合同名称号码		
备注： 收款人开户银行收到日期 年　月　日		上列款项随付有关债务证明，请予办理。 收款人签章		复核　记账	

此联收款人开户银行作贷方凭证

开户银行接到汇票和托收凭证，审查无误后，即在托收凭证各联上加盖"商业承兑汇票"戳记，托收凭证第一联加盖业务公章，退给持票人；第二联专夹保管；第三联、第四联、第五联与商业承兑汇票一并寄交付款人开户行。

3. 付款人开户行收到汇票的处理。付款人开户行收到持票人开户行寄来的托收凭证及汇票后，应按前述内容认真进行审核，确定付款人确在本行开户，承兑人在汇票上的签章与预留银行的签章相符，即可将商业承兑汇票留存，托收凭证第五联转交给付款人并签收。

付款人接到开户银行的付款通知，应在当日通知银行付款。在接到通知次日起的3日内未通知银行付款的，视同付款人承诺付款，银行应于第四日上午开始营业时，将票款划给持票人。划款时可能出现两种情况。

(1)付款人的银行账户有足够款项支付汇票款。

①收付款人在同一系统银行开户时，将第三联托收凭证作借方凭证，汇票加盖转讫章作附件，会计分录为：

借：吸收存款——付款人户

　贷：吸收存款——收款人户

②收款人在其他商业银行开户时，会计分录为：

借：吸收存款——付款人户(或其他有关科目)

　贷：跨行清算资金往来

(2)付款人的银行账户不足支付的，银行应填制付款人未付票款通知书，在委托收款凭证备注栏注明"付款人无款支付"字样，连同汇票一并退回持票人开户行。处理手续与委托收款结算的无款支付相同。

银行在付款人接到通知日的次日起3日内收到付款人的拒绝付款证明时，应按委托收款结算拒绝付款的手续处理，注明"拒绝付款"的委托收款凭证、拒付证明及汇票均寄回持票人开户行。

4. 持票人开户银行收到划回票款或退回凭证。

(1)持票人开户行(跨行)收到划回款项，办理转账，会计分录为：

借：跨行清算资金往来

　贷：吸收存款——持票人户(或其他有关科目)

转账后，将第四联委托收款凭证加盖转讫章，作为收账通知交给持票人。

(2)持票人开户行若收到付款人开户行发来的未付票款通知书或拒绝付款证明以及退回的汇票和委托收款凭证，应按委托收款结算时同种情况下的处理手续办理，将未付款通知书或拒绝付款证明及汇票和委托收款凭证一并退还给持票人，并由持票人签收。

(二)银行承兑汇票的会计核算

1. 银行承兑汇票的签发。银行承兑汇票的出票人，必须是在承兑银行开立存款账户的法人以及其他组织，且与承兑银行具有真正的委托付款关系，出票人必须资信状况良好，具有支付汇票金额的可靠资金来源。

银行承兑汇票应由在承兑银行开立存款账户的存款人签发。签发银行承兑汇票必须记载表明"银行承兑汇票"的字样、无条件支付的委托、确定的金额、付款人和收款人的名称以及出票日期和出票人签章(见图4-6)。

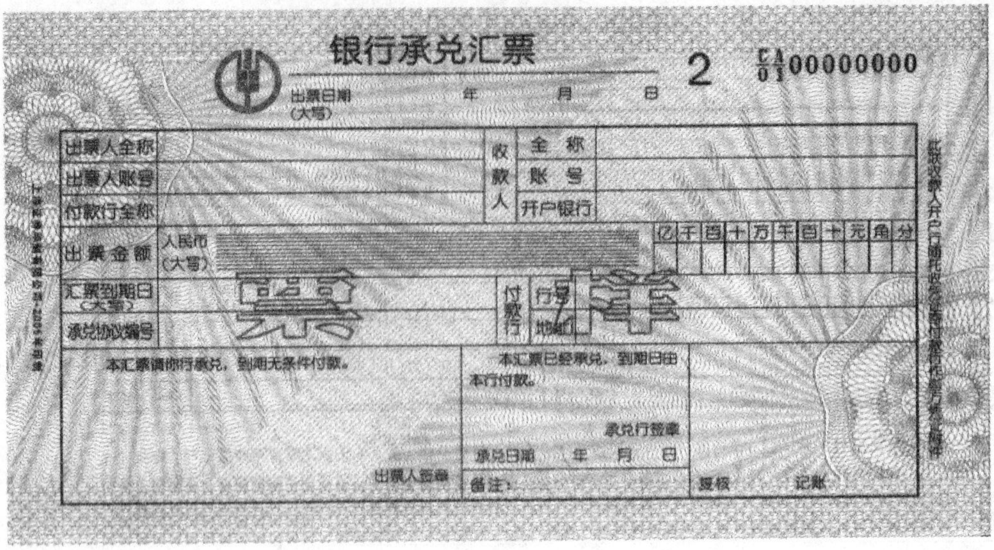
银行承兑汇票　2　CA 01 00000000

出票日期（大写）　年　月　日

出票人全称		收款人	全称	
出票人账号			账号	
付款行全称			开户银行	
出票金额	人民币（大写）			亿 千 百 十 万 千 百 十 元 角 分
汇票到期日（大写）		付款行	行号	
承兑协议编号			地址	
本汇票请你行承兑，到期无条件付款。出票人签章		本汇票已经承兑，到期日由本行付款。承兑行签章 承兑日期　年　月　日 备注：		复核　记账

此联收款人开户行随托收凭证寄付款行作借方凭证附件

票样

图4-6　银行承兑汇票票样

2. 银行承兑汇票的承兑。

银行承兑汇票的出票人或持票人持银行承兑汇票向银行提示承兑时，银行的信贷部门须按有关规定和审批程序，对出票人的资格、资信、购销合同和汇票记载的内容进行认真审查，必要时可要求出票人提供担保。符合规定和承兑条件的，与出票人签署承兑协议，一联留存，另一联及副本和第一联、第二联汇票一并交本行会计部门。

会计部门接到汇票和承兑协议，应审查汇票必须记载的事项是否齐全，出票人的签章是否符合规定，出票人是否在本行开有存款账户，汇票上记载的出票人名称、账号是否相符，汇票是否为统一规定印制的凭证。审核无误后，在第一联、第二联汇票上注明承兑协议编号，在第二联汇票“承兑人签章”处加盖汇票专用章，并由授权的经办人签名或盖章。由出票人申请承兑的，将第二联汇票连同第一联承兑协议交给出票人；由持票人提示承兑的，将第二联汇票交给持票人，一联承兑协议交给出票人。

商业银行在办理票据承兑时，为防范风险，可向承兑申请人收取保证金和敞口风险管理费，同时，还要按票面金额向出票人收取0.5‰的手续费。

(1)收取保证金。银行为承兑申请人开立保证金账户，并从其结算账户转入资金，会计分录为：

借：吸收存款——承兑申请人户

　贷：吸收存款——单位活期保证金存款（银行承兑汇票）——承兑申请人户

(2)收取敞口风险管理费、工本费和承兑手续费的会计分录为：

借：吸收存款——承兑申请人户（或其他有关科目）

　贷：手续费及佣金收入

　　　应交税费——应交增值税（销项税额）

承兑银行将留存的第一联汇票卡片及承兑协议副本专夹保管，并在登记簿上进行登记。

3. 持票人委托开户银行收取汇票款。持票人在提示付款期内，委托开户银行向承兑银行收取票款时，应填制委托收款凭证，在“委托收款凭证名称”栏注明“银行承兑汇票”及汇票号码，连同汇票一并转交开户行。

开户银行按规定要求审查无误后,在委托收款凭证各联上加盖“银行承兑汇票”戳记,委托收款凭证第一联加盖业务公章交持票人,第二联专夹保管,第三联、第四联和第五联连同汇票一并转交承兑银行。

4. 承兑银行到期收取汇票款。承兑银行因留有汇票和承兑协议,故应每天查看汇票的到期情况,对于到期的汇票,应于到期日(法定休假日顺延)向承兑申请人收取票款。承兑银行需填制两联特种转账借方凭证,一联特种转账贷方凭证,并在“转账原因”栏注明“根据××号汇票划转票款”。

(1)会计分录为:

借: 全额保证金扣款——单位活期保证金存款(银行承兑汇票)——承兑申请人户

　贷:应解汇款及临时存款

一联特种转账借方凭证加盖转讫章后作支款通知交给出票人。

(2)部分保证金扣款,不足部分从出票人结算账户扣收。会计分录为:

借:吸收存款——单位活期保证金存款(银行承兑汇票)——承兑申请人户(或其他有关科目)

　吸收存款——承兑申请人户

　贷:应解汇款及临时存款

(3)保证金账户和结算账户均不足支付,银行需要垫款时,会计分录为:

借:吸收存款——单位活期保证金存款(银行承兑汇票)——承兑申请人户(或其他有关科目)

　吸收存款——承兑申请人户

　贷款——承兑垫款(本金)

　贷:应解汇款及临时存款

5. 承兑银行支付汇票款。承兑银行收到持票人开户行转来的汇票和委托收款凭证后,应抽出专夹保管的汇票卡片和承兑协议副本,并认真审查。审查无误后,应于汇票的到期日或到期日之后的见票日,按照委托收款划款阶段的处理手续办理。

(1)持票人在本行开户,会计分录为:

借:应解汇款及临时存款

　贷:吸收存款——收款人户

(2)持票人在其他商业银行开户,会计分录为:

借:应解汇款及临时存款

　贷:跨行清算资金往来

6. 持票人开户行收账。持票人开户行接到跨系统承兑银行转来的划款凭证,按照委托收款款项划回的手续处理,将留存的第二联委托收款凭证抽出,与收到的第四联凭证相核对,核对无误后,在第二联凭证上填注转账日期,并以之作为贷方凭证,会计分录为:

借:跨行清算资金往来

　贷:吸收存款——持票人户

转账后,第四联委托收款凭证加盖转讫章,作为收账通知交给持票人。

7. 已承兑的银行承兑汇票的注销、丧失和挂失。出票人对未使用的已承兑的银行承兑汇票,应到承兑银行申请注销。已承兑的银行承兑汇票丧失,失票人到承兑银行挂失时,应提交三联挂失止付通知书。

四、银行本票的核算

银行本票是银行签发的，承诺自己在见票时无条件支付确定的金额给收款人或者持票人的票据。银行本票由银行签发，保证兑付，而且见票即付，信用高，支付功能强。

单位和个人在同一票据交换区域需要支付各种款项时，均可使用银行本票。银行本票可以用于转账，注明“现金”字样的银行本票可以用于现金支取。银行本票的提示付款期自出票日起最长不得超过2个月。

银行本票业务流程如图4－7所示。

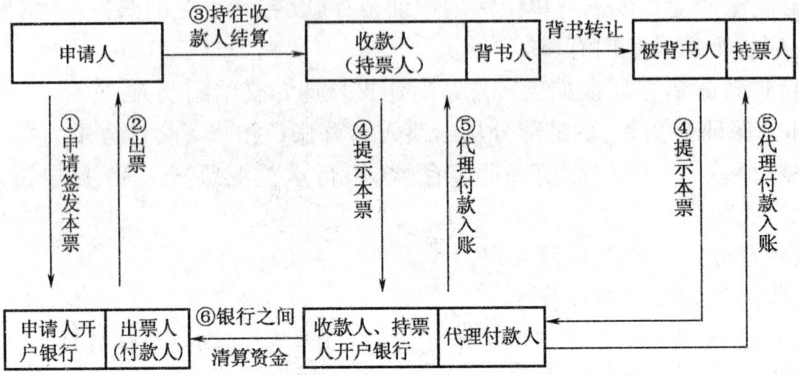

图4－7　银行本票流转程序

（一）银行本票的申请

申请人使用银行本票，应向银行填写“银行本票申请书”，填写收款人名称、申请人名称、支付金额、申请日期等事项并签章。申请人和收款人均为个人，需要支取现金的，应在“支付金额”栏先填写“现金”字样，后填写支付金额。申请人或收款人为单位的，不得申请签发现金银行本票。

银行本票申请书一式三联，第一联存根，第二联借方凭证，第三联贷方凭证。交现金办理本票的，第二联注销。

出票银行受理银行本票申请书，应认真审查其填写内容是否齐全、清晰；申请书填明“现金”字样的，要审查申请人和收款人是否均为个人。审查无误后，收妥款项并签发银行本票（见图4－8）。

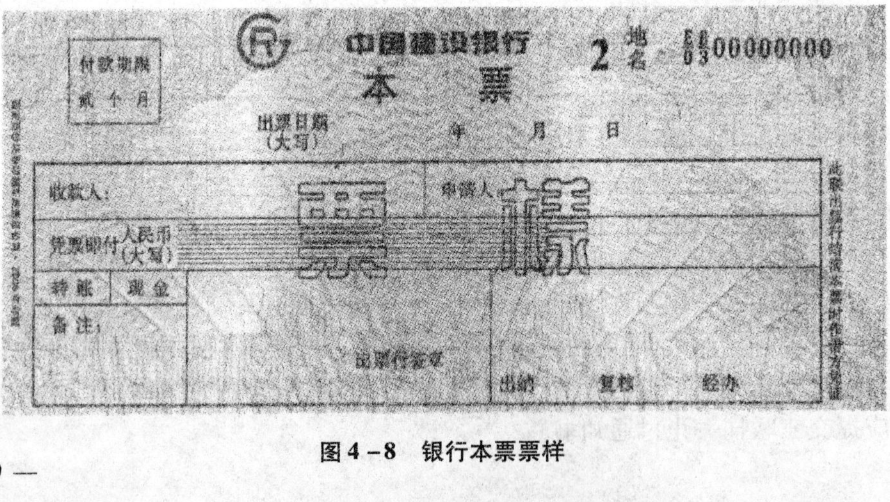

图4－8　银行本票票样

出票银行签发银行本票的账务处理如下。

1. 以账户扣款方式签发的，以第二联申请书作为借方凭证，第三联作为贷方凭证，会计分录为：

借：吸收存款——申请人户

　贷：开出本票

　　手续费及佣金收入——结算业务收入

　　应交税费——应交增值税（销项税额）

2. 现金交付的，以第三联作为贷方凭证，会计分录为：

借：库存现金

　贷：开出本票

　　手续费及佣金收入——结算业务收入

　　应交税费——应交增值税（销项税额）

出票银行在办理转账或收妥现金后，签发银行本票。本票填写时，出票日期和出票金额必须大写；用于转账的，须在银行本票上划去“现金”字样；支取现金的，须在银行本票上划去“转账”字样。本票的小写金额需用压数机压印。

签发完毕，出票银行在本票上签章后，本票正联交申请人，第一联卡片或存根联盖章后留存，并专夹保管。

（二）银行本票付款的核算

1. 本票收款人的处理。本票的申请人取得银行本票后，将其用于债权债务的结算，将本票转给相关的收款人。收款人可以将银行本票背书转让给被背书人。收款人或被背书人需在付款期内持本票向银行兑付。

2. 代理付款行的处理。代理付款行在接到持票人提交的本票和进账单时，应认真审查。审查无误后，即可办理兑付手续。

（1）出票行、代理付款行、持票人开户行均为本系统银行的。此时，兑付行应以本票第一联代借方凭证，进账单第二联代贷方凭证办理转账。会计分录为：

借：开出本票

　贷：吸收存款——持票人户

第一联进账单加盖转讫章交持票人作收账通知。

持票人向银行兑取现金时，需要认真查验本票上填写的申请人和收款人是否均为个人以及核实收款人和被委托人的身份证件，并要求提交收款人和被委托人身份证件的复印件留存备查。审查无误后，办理付款手续，将本票作为借方凭证，本票卡片或存根联作为附件。会计分录为：

借：开出本票

　贷：库存现金

（2）代理兑付其他商业银行签发的本票。当持票人与原申请人不在同一系统银行开户时，代理兑付行以进账单第二联代贷方凭证办理转账。会计分录为：

借：跨行清算资金往来

　贷：吸收存款——持票人户

第一联进账单加盖转讫章交持票人作收账通知，本票加盖转讫章，通过同城票据交换或人民银行小额支付系统将其转给出票银行。

（三）银行本票结清的核算

当持票人与申请人在同一系统银行开户时，本票付款时即可结清"开出本票"科目；当持票人与申请人不在同一系统银行开户时，代理付款行通过同城票据交换提出本票，出票行收到交换提入的本票时，抽出专夹保管的本票卡片或存根，经核对相符，确属本行出票，则将本票作为借方凭证，本票卡片或存根作为附件，办理本票的结清。会计分录为：

借：开出本票

　贷：跨行清算资金往来

五、支票的核算

支票是出票人签发的，委托办理支票存款业务的银行或其他金融机构在见票时无条件支付确定的金额给收款人或者持票人的票据。

支票是一种委托式信用证券，分为转账支票、现金支票和普通支票。支票上印有"现金"字样的为现金支票（见图4-9），现金支票只能用于支取现金。支票上印有"转账"字样的为转账支票（见图4-10），转账支票只能用于转账。支票上未印有"现金"或"转账"字样的为普通支票（见图4-11），普通支票既可以用于转账，也可以用于支取现金。在普通支票左上角划有两条平行线的，为划线支票，划线支票只能用于转账，不能提取现金。

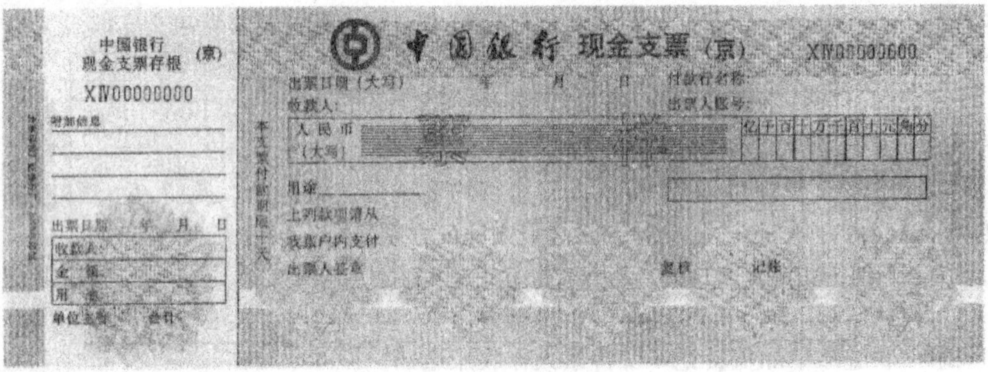

图4-9　现金支票票样

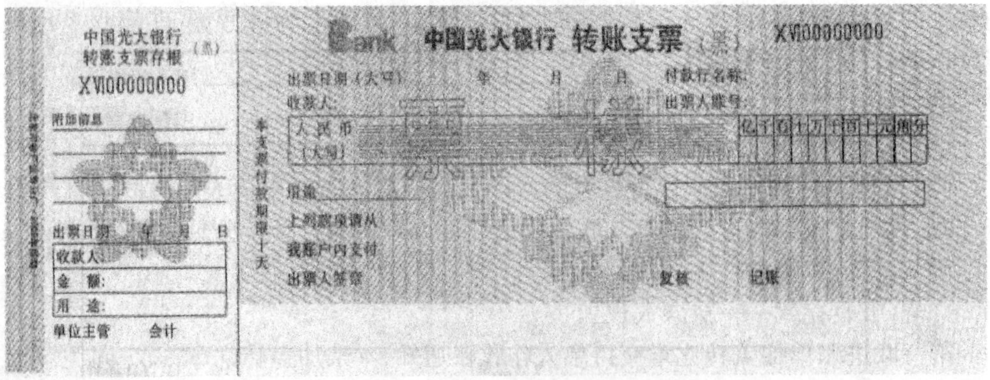

图4-10　转账支票票样

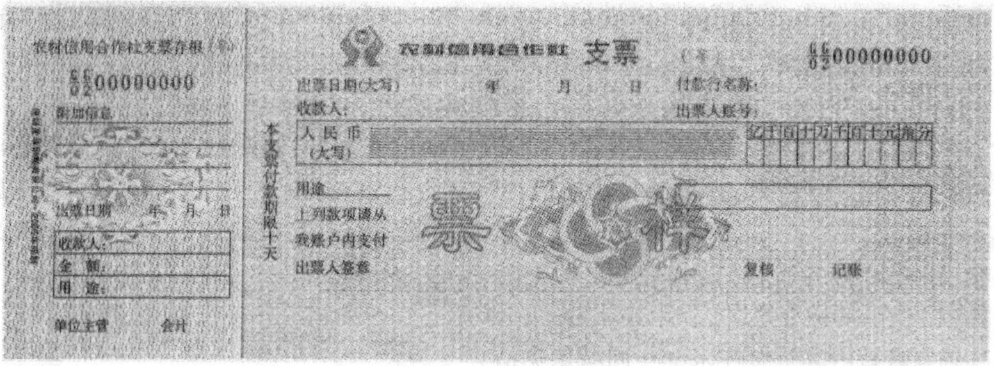

图 4－11 普通支票票样

支票的使用范围为同一票据交换区，单位和个人在同一票据交换区域的各种款项结算均可使用支票。支票的提示付款期限自出票日起 10 日，但人民银行另有规定的除外。支票业务流程如图 4－12 所示。

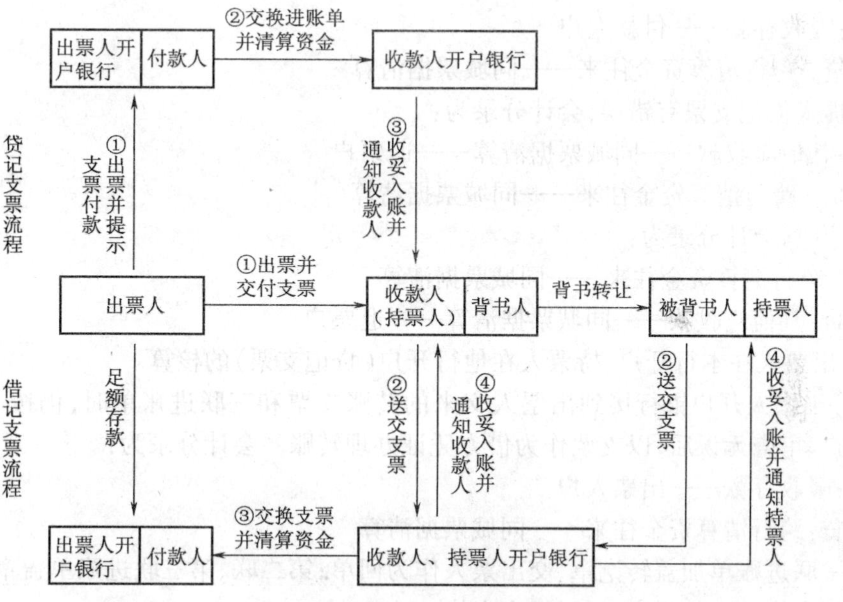

图 4－12 支票流转程序

现金支票的核算内容已在第二章说明，下面介绍转账支票的核算。

（一）持票人与出票人在同一系统银行开户的处理手续

1. 借记支票的核算。银行接受持票人交来的支票和进账单时，应对其内容进行严格的审查。审查无误后，将支票作为借方凭证，以进账单第二联作为贷方凭证办理转账，会计分录为：

借：吸收存款——出票人户

　贷：吸收存款——持票人户

进账单第一联加盖转讫章交持票人作为收账通知。

2. 贷记支票的核算。出票人向银行送交支票时，应填写三联进账单，连同支票一并送交开户银行。银行仍按审查的内容予以审查，审查无误，进行账务处理，会计分录与受理持票人交存支票时相同。转账后，进账单第一联加盖转讫章后，交出票人作为回单；进账单第三联加盖转讫章后作为收账通知，转交收款人。

(二)持票人与出票人不在同一系统银行开户的处理手续

1. 持票人在本行开户、出票人在他行开户(借记支票)的核算。持票人开户银行收到持票人交存的支票和进账单时，仍按前述内容进行审查，审查无误后，在第二联进账单上加盖"收妥后入账"戳记，将第一联进账单加盖转讫章交持票人，支票按照同城票据交换的有关规定，及时提出交换。

(1)提出借记支票时，会计分录为：

借：跨行清算资金往来——同城票据清算

  贷：其他应付款——同城票据清算——提出

待退票时间过后，办理转账。会计分录为：

借：其他应付款——同城票据清算——提出

  贷：吸收存款——持票人户

发生退票时，分别冲减"跨行清算资金往来"和"其他应付款"。

(2)出票人开户银行收到交换提入的支票，经审核无误，会计分录为：

借：吸收存款——付款人户

  贷：跨行清算资金往来——同城票据清算

若提入借记支票有错误，会计分录为：

借：其他应收款——同城票据清算——退票户

  贷：跨行清算资金往来——同城票据清算

退票时，会计分录为：

借：跨行清算资金往来——同城票据清算

  贷：其他应收款——同城票据清算——退票户

2. 出票人在本行开户、持票人在他行开户(贷记支票)的核算。

(1)出票人开户银行接到出票人交来的转账支票和三联进账单时，仍按上述内容进行审查，审查无误后，以支票作为借方凭证办理转账。会计分录为：

借：吸收存款——出票人户

  贷：跨行清算资金往来——同城票据清算

第一联进账单加盖转讫章，交出票人作为回单；第二联、第三联进账单盖章后，按照同城票据交换的有关规定，及时提出交换。

(2)收款人开户银行收到交换提入的第二联、第三联进账单，审查无误后，以第二联进账单作为贷方凭证，办理转账。会计分录为：

借：跨行清算资金往来——同城票据清算

  贷：吸收存款——收款人户

第三联进账单加盖转讫章交收款人作为收账通知。

(3)若提入的贷记支票需要退票，会计分录为：

借：跨行清算资金往来——同城票据清算

  贷：其他应付款——同城票据清算——退票

退票时，会计分录为：

借：其他应付款——同城票据清算——退票

  贷：跨行清算资金往来——同城票据清算

现金支票的核算可参照“存款业务的核算”一章中的有关内容，本章不再赘述。

（三）支票的领购和挂失

银行的存款人需领购支票时，应填写“票据和结算凭证领用单”加盖与预留银行签章相同的签章。银行审核后，收取支票工本费和手续费，在“重要空白凭证领用登记簿”上注明领用日期、存款人名称、支票起止号码等以备核查，然后将支票交存款人。支票账户的存款人结清账户时，必须将全部剩余空白支票交回银行，由银行统一处理。

支票丧失，失票人应及时到支票的付款行办理有关挂失手续，并提交挂失止付通知书，银行审核无误并确定票款未付后，登记“支票挂失登记簿”，并在出票人分户账作出标记，凭以掌握止付。

第三节　结算方式的核算

所谓结算方式，是指汇兑、托收承付和委托收款等不使用票据结算的方式。

一、汇兑结算方式的核算

汇兑结算是指汇款人委托银行将款项汇给收款人的结算方式。作为一种传统的结算方式，汇兑结算便于汇款人向收款人主动汇款。汇兑结算广泛应用于单位和个人的各种款项的结算。目前，客户通过网上银行或终端设备等途径办理汇兑业务已经非常普遍。汇兑结算业务的流程如图 4－13 所示。

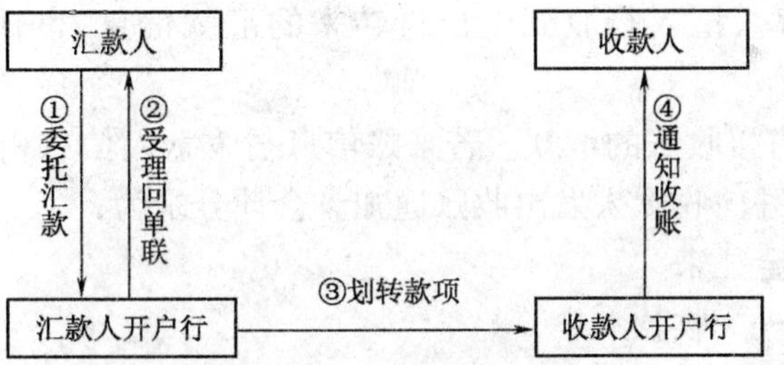

图 4－13　汇兑结算流程

（一）汇兑业务的核算

若汇款人通过柜台委托银行办理汇款，应按照汇款凭证的填写要求，认真填制凭证（见表 4－3），填妥后盖章，交银行工作人员办理。汇款凭证第一联为收款凭证，第二联为支款凭证，第三联为收款凭证，第四联为收账通知。如果汇款人是以现金交付的，应将现金和汇款凭证一并交付汇出行办理。

1. 汇出行的核算。汇出行受理汇款凭证，审查凭证无误后，第一联加盖转讫章后退给汇款人。汇款人转账交付的，银行以第二联凭证作为借方凭证办理转账。

（1）对于行内转账的，会计分录为：

借：吸收存款——汇款人户

　贷：吸收存款——收款人户

表4－3　　××银行　　信汇凭证（借方凭证）

委托日期　　年　月　日

<table>
<tr><td rowspan="3">汇款人</td><td>全 称</td><td></td><td rowspan="3">收款人</td><td>全 称</td><td></td><td rowspan="6">此联汇出行作借方凭证</td></tr>
<tr><td>账 号</td><td></td><td>账 号</td><td></td></tr>
<tr><td>汇出地点</td><td>省　　市/县</td><td>汇出地点</td><td>省　　市/县</td></tr>
<tr><td colspan="2">汇出行名称</td><td></td><td colspan="2">汇入行名称</td><td></td></tr>
<tr><td>金额</td><td colspan="4">人民币
（大写）</td><td>亿 千 百 十 万 千 百 十 元 角 分</td></tr>
<tr><td colspan="3">此汇款支付给收款人。

汇款人签章</td><td colspan="3">支付密码
附加信息及用途：

复核　　记账</td></tr>
</table>

（2）对于跨行汇款，会计分录为：

借：吸收存款——汇款人户

　贷：跨行清算资金往来

（3）对于跨行现金汇款的，银行另填一联特种转账贷方凭证，以第二联汇款凭证作为借方凭证记账。会计分录为：

借：库存现金

　贷：应解汇款及临时存款

借：应解汇款及临时存款

　贷：跨行清算资金往来

转账后，汇出行向汇入行发出汇款信息。

2. 汇入行的核算。汇入行收到汇出行转来的汇款信息，审核无误后按下列手续处理。

（1）来账入账，直接收账的汇款。若来账信息与收款人信息相符，银行应将汇款直接转入收款人账户，并向收款人发出收账通知。会计分录为：

借：跨行清算资金往来

　贷：吸收存款——收款人户

（2）来账挂账，不直接收账的汇款。通过人民银行支付系统划入的来账，如果无法记入指定收款人的存款账户，银行先将款项转入"其他应付款"科目。会计分录为：

借：跨行清算资金往来

　贷：其他应付款——待处理汇划款项

（3）挂账汇款手工入账。若收款人在本行开户，经查只是由于收款人户名不符等原因挂账的，可根据收款人信息手工清分后入账。会计分录为：

借：其他应付款——待处理汇划款项

　贷：吸收存款——收款人户

（4）挂账汇款退汇。若无法清分进行手工入账，则汇入行办理退汇手续，会计分录为：

借：其他应付款——待处理汇划款项

　贷：跨行清算资金往来

3. 手续费的核算。

(1)经办行收取交易手续费。汇兑业务发生时,银行应向客户收取汇兑手续费和汇划费(统称交易手续费),会计分录为:

借:库存现金(或吸收存款——汇款人户)

　贷:手续费及佣金收入——结算业务收入

　　应交税费——应交增值税(销项税额)

(2)向人民银行支付交易手续费。各商业银行使用人民银行现代化支付系统,需由总行统一向人民银行支付大额、小额支付系统手续费。

①商业银行总行统一支付时,会计分录为:

借:其他应收款——待分摊手续费

　贷:存放中央银行款项

②商业银行总行向下级行分摊手续费,会计分录为:

借:手续费及佣金支出——支付结算业务手续费支出

　应交税费——应交增值税(进项税额)

　贷:其他应收款——待分摊手续费

中国人民银行对商业银行多支付的手续费会予以返还。返还的手续费统一转给商业银行总行,再由总行根据业务量在各下级行之间分配(会计分录略)。

二、托收承付结算方式的核算

托收承付也称异地托收承付,是指收款人根据购销合同发货后,委托银行向异地付款人收取款项,并由收款人向银行承认付款的结算方式。

【相关链接】 托收承付结算方式的基本规定

1. 异地托收承付的适用范围规定如下:

(1)使用这种结算方式的收款单位和付款单位,必须是国有企业、供销合作社以及经营管理较好,并经开户银行审查同意的城乡集体所有制工业企业。

(2)办理结算的款项必须是商品交易以及因商品交易而产生的劳务供应款项。代销、寄售、赊销商品的款项,不得办理托收承付结算。

2. 使用托收承付结算方式时,收付双方必须签有符合《经济合同法》的购销合同,并在合同上订明使用托收承付结算方式。

3. 收款人办理托收,必须具有商品确已发运的证件,包括铁路、航运、公路等运输部门签发的运单、运单副本和邮局包裹回执等。没有发运证件,按照《支付结算办法》所规定的具体情况,可凭其他有关证件办理。

4. 托收承付结算每笔的金额起点为10 000元,新华书店系统每笔金额起点为1 000元。

5. 托收承付结算款项的划回方法分邮寄和电报两种,由收款人选用。

6. 收付双方需重合同、守信用。收款人对同一付款人发货托收累计三次收不回货款的,收款人开户行应暂停收款人向该付款人办理托收;付款人累计三次提出无理拒付的,付款人开户行应暂停其向外办理托收。

(资料来源:中国人民银行. 支付结算办法. 银发〔1997〕393 号,1997.)

托收承付结算方式的业务流程如图 4 - 14 所示。

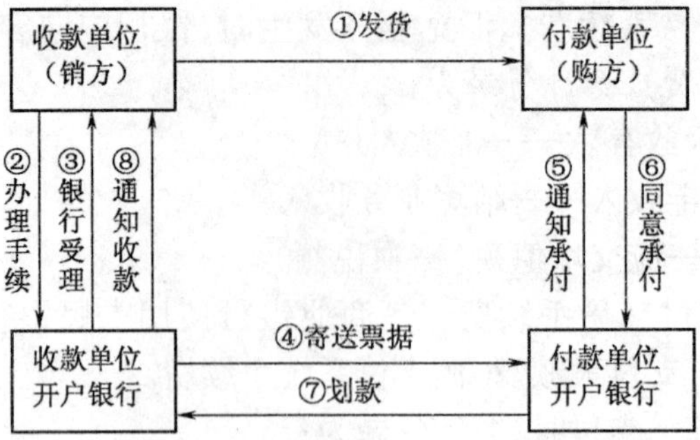

图 4－14　托收承付结算方式流程

（一）收款人开户银行受理托收承付

全额支付的异地托收承付结算，其处理过程可分为四个阶段：收款人开户行受理并发出托收凭证；付款人开户行通知承付；付款人开户行划款；收款人开户行收账。

收款人按照签订的购销合同发货后，即可填制托收凭证一式五联（见表 4－4）。第一联回单，第二联贷方凭证，第三联借方凭证，第四联收账通知，第五联付款通知。

表 4－4　　托收凭证（贷方凭证）

委托日期　　年　月　日

业务类型	委托收款（□邮划、□电划）　托收承付（□邮划、□电划）						
付款人	全称			收款人	全称		
	账号				账号		
	地址	省　市县	开户行		地址	省　市县	开户行
金额	人民币（大写）					亿 千 百 十 万 千 百 十 元 角 分	
款项内容		托收凭据名称			附寄单证张数		
商品发运情况				合同名称号码			
备注： 收款人开户银行收到日期 年　月　日		上列款项随付有关债务证明，请予办理。 收款人签章			复核　　记账		

此联收款人开户银行作贷方凭证

托收凭证按要求的内容填妥并盖章后，连同发运单证或其他符合托收承付结算要求的有关证明和交易单证（所附单证的张数应在托收凭证上注明）一并送交银行。收款人如需取回发运证件，银行应在托收凭证上加盖“已验发运单证”戳记。

开户银行接到托收凭证及其附件后，应当按照托收的范围、条件和托收凭证填写的要求认真进行审查，必要时，还应查验收付款人签订的购销合同。凡不合要求或违反购销合同发货的，不能予以办理。审查时间最长不得超过次日。

开户银行将托收凭证、发运证件和交易单证审核无误后，托收凭证第一联加盖业务公章退给收款人，第二联托收凭证据以登记“发出托收结算凭证登记簿”，并留存保管，托收凭证的第三联、第四联、第五联连同所附单证一并转交付款人开户行。

（二）付款人开户行通知承付

付款人开户行收到托收承付凭证和所附单证，审查无误后，在各联凭证上批注到期日及承付期限，第三联、第四联托收凭证按承付到期日顺序保管，并登记“定期代收结算凭证登记簿”。托收凭证第五联连同所附单证送交付款人，通知其准备到期付款。

承付货款分为验单付款和验货付款两种，由收付款双方商量选用，并在合同中明确规定。验单付款的承付期为3天，从付款人开户银行发出承付通知的次日算起（承付期内遇节假日顺延）；验货付款的承付期为10天，从运输部门向付款人发出提货通知的次日算起。

（三）付款人开户行划款

承付期满次日上午，付款人开户行主动将托收款项从付款人账户付出，划往收款人开户行，以第三联托收凭证代借方传票办理转账。

1. 收付款人在同一系统银行开户，会计分录为：

借：吸收存款——付款人户

　　贷：吸收存款——收款人户

2. 收款人为跨行开户，可通过同城票据交换、人民银行大额支付系统或人民银行小额支付系统划款，会计分录为：

借：吸收存款——付款人户

　　贷：跨行清算资金往来——同城票据清算（或大额支付/小额支付）

（四）收款人开户行收账

收款人若与付款人在同一系统银行开户，付款的同时收款亦已完成。收款人为跨行开户，则可通过同城票据交换、人民银行大额支付系统或人民银行小额支付系统收款，会计分录为：

借：跨行清算资金往来——同城票据清算（或大额支付/小额支付）

　　贷：吸收存款——付款人户

至此，全额解付的托收承付结算业务处理完毕。

（五）逾期付款的处理方法

付款人在承付期满日银行营业终了时，如无足够资金支付，其不足部分，即为逾期未付款项，按逾期付款处理。

1. 逾期天数及赔偿金。逾期天数应从承付期满日算起。承付期满日银行营业终了时，付款人如无足够资金支付，其不足部分，应当算作逾期1天，计算1天的赔偿金；赔偿金为每天按逾期付款金额的5‰计。在各单位流动资金账户内扣付货款，应从企业销售收入中预留工资后，按照应缴纳税款、到期贷款、应偿付货款、应上缴利润的顺序扣付。

逾期付款的赔偿金实行定期扣付，每月计算一次，于次月3日内单独划给收款人。赔偿金的扣付列为企业销售收入扣款顺序的首位，如付款人账户余额不足全额支付时，赔偿金的扣付应排列在工资之前，并对该账户采取“只收不付”的控制方法，待一次扣足赔偿金后，才准予办理其他款项的支付，因此而产生的经济后果由付款人自行负责。

2. 付款人开户银行对付款人逾期未能付款的情况，应当及时通知收款人开户银行，由收款人开户银行转告收款人。

3. 付款人开户银行要随时掌握付款人账户逾期未付的资金情况，俟账户有款时，必须将逾期未付款项和应付赔偿金及时扣划给收款人，不得拖延扣划。赔偿金扣款的账务处理与全额付款相同。

4. 付款人开户银行对不执行合同规定、三次拖欠货款的付款人，应当通知收款人开户银行转告收款人，停止对该付款人办理托收。如果收款人不听劝告，继续对该付款人办理托收，付款人开户行对发出通知的次日起1个月之后收到的托收凭证，可以拒绝受理，注明理由，退回原件。

5. 付款人开户银行对逾期未付的托收凭证，负责进行扣款的期限为3个月（从承付期满日算起）。在此期限内，银行必须按照扣款顺序继续扣款。期满时，如果付款人仍无足够资金支付该笔尚未付清的欠款，银行应于次日通知付款人将有关交易单证（单证已做账务处理或已部分支付的，可以填制“应付款项证明单”）在两日内退回银行。

对付款人逾期不退回单证的，开户银行应当自发出通知的第3天起，按照该笔尚未付清款项的金额，每天处以该金额的0.5‰但不低于50元罚款，并暂停付款人向外办理结算业务，直到退回单证时止。罚款时的会计分录为：

借：吸收存款——付款人户

贷：营业外收入——罚没所得

（六）拒绝付款的处理方法

对下列情况，付款人在承付期内，可向银行提出全部或部分拒绝付款。

1. 没有签订购销合同或未订明使用异地托收承付结算方式购销合同的款项。

2. 未经双方事先达成协议，收款人提前交货或因逾期交货付款人不再需要该项货物的款项。

3. 未按合同规定的到货地址发货的款项。

4. 代销、寄售、赊销商品的款项。

5. 验单付款，发现所列货物的品种、规格、数量、价格与合同规定不符，或货物已到，但经查验货物与合同规定或发货清单不符的款项。

6. 验货付款，经查验货物与合同规定或发货清单不符的款项。

7. 货款已经支付或计算有错误的款项。

不属于上述情况的，付款人不得向银行提出拒绝付款。

付款人对以上情况提出拒付时，必须填写“拒绝付款理由书”一式四联。

开户银行必须认真审查拒绝付款的理由，查验合同。对于付款人提出拒付的手续不全、依据不足、理由不符合规定和不属于前述七种拒付情况的，以及超过承付期拒付和应当部分拒付被提为全部拒付的，银行均不得受理，银行不同意拒付的，应实行强制扣款。

银行同意部分或全部拒付的，应在拒付理由书上签注意见。如果是部分拒付款，除办理部分付款外，应将拒付理由书连同拒付证明及拒付商品清单邮寄到收款人开户银行，由其转交收款人；如果是全部拒付，则应将拒付理由书、拒付证明和有关单证邮寄到收款人开户银行，由收款人开户银行转交收款人。

三、委托收款结算方式的核算

委托银行收款是收款人向银行提供收款依据，委托银行向付款人收取款项的结算方式。

凡在银行或其他金融机构开立账户的单位和个体工商户的商品交易、劳务款项和其他应收款项的结算，均可使用委托收款结算方式。委托收款在同城和异地均可使用，且不受金额起点的限制。

委托收款结算方式业务的流程可参考托收承付结算的流程。

（一）收款人开户银行受理委托收款

收款人办理委托收款时，填制委托收款凭证（现已与托收凭证合并为同一凭证）一式五联（见表4－4）。第一联回单，第二联贷方凭证，第三联借方凭证，第四联收账通知，第五联付款通知。

填妥凭证后，收款人在委托收款凭证的第二联加盖单位印章或个人签章后，将结算凭证和债务证明提交开户银行。开户银行按照委托收款凭证的填写要求审查无误后，比照托收承付结算方式的处理方法，向付款人开户银行发出委托收款凭证。

（二）付款人开户银行通知划款

付款人开户银行收到委托收款凭证及有关单证，审查是否确属本行受理，审查无误后，登记"收到委托收款凭证登记簿"，将第五联凭证加盖业务公章，连同其他有关单证一并交付款人签收。

（三）付款人开户银行划款

1. 收款人开户行为行内机构时，会计分录为：

借：吸收存款——付款人户

　　贷：吸收存款——收款人户

2. 收款人开户行为跨行其他商业银行。付款人开户行可以通过同城票据交换提入方式付款，也可以通过大额贷记、小额贷记方式付款，会计分录为：

借：吸收存款——付款人户

　　贷：跨行清算资金往来——同城票据清算（或大额支付/小额支付）

付款人在付款期满时，账户上如果没有足够的资金支付全部款项，银行应索回全部单证，并填写付款人未付款通知书，连同第四联委托收款凭证一并退回收款人开户银行。

付款人若提出全部或部分拒付，应填制拒付理由书，连同委托收款凭证及所附单证送交开户银行，由付款人开户银行转交收款人开户银行。付款人开户银行不负责审查拒付理由，对部分支付的款项按全额划款的手续处理。

（四）收款人开户银行收款

收款人开户行为行内机构时，在付款阶段已完成这一步骤。跨行的收款人开户银行收到划回的款项后办理转账，手续与托收承付基本相同。会计分录为：

借：跨行清算资金往来——同城票据清算（或大额支付/小额支付）

　　贷：吸收存款——收款人户

对于无款支付和拒付的情况，收款人开户银行应将未付款通知书、拒付理由书及债务证明转交收款人。

第四节　单位信用卡的核算

一、信用卡的概念和基本功能

信用卡是指商业银行向个人和单位发行的，凭以向特约商户（如商店、旅馆、娱乐场所、饭店等)购物、消费和向银行存取现金,且具有消费信用功能的特制载体卡片。信用卡是外观为带有卡名、卡号、持卡人姓名、有效期、信息磁条或芯片、防伪标志等内容的卡片。信用卡广泛运用于商品经济的支付与结算,具有“电子货币”功能。

【相关链接】　　　　信用卡结算的基本规定

1. 限制信用卡备用金账户的资金来源。

单位卡账户的资金必须从其基本存款账户转入,不得交存现金,不得将销售收入的款项存入该账户;个人卡账户的资金以其持有的现金存入,或以其工资性款项及属于个人的劳动报酬收入转账存入,严禁将单位的款项存入个人卡账户。

这些规定,有利于防止将信用卡账户变相作为基本存款账户使用,遏制公款私存和公款消费。

2. 严格规范信用卡的使用范围。

信用卡应主要用于消费性支付。单位卡不得用于10万元以上的商品交易、劳务供应款项的结算。

3. 加强现金管理。

单位卡一律不得支取现金。个人卡提取现金时,超过支付限额的,代理银行应向发卡银行索权。这些规定有利于限制利用信用卡大量套取现金的行为,有利于加强对消费基金的控制。

4. 控制支付风险。

(1)限定透支额度:信用卡透支额,金卡最高不得超过1万元,普通卡最高不得超过5 000元。

(2)限定透支期限:信用卡透支期限最长为60天。

(3)明确透支利息的计算:信用卡透支利息,自签单日或银行记账日起,15日内按日息0.5‰计算,超过15日按日息1‰计算,超过30日或透支金额超过规定限额的,按日息1.5‰计算。透支利息不分段,按最后期限或者最高透支额的最高利率档次计算。

(4)禁止恶意透支。恶意透支是指持卡人超过规定限额或规定期限,并且经发卡银行催收无效的透支行为。

(5)设立备用金存款制度和担保制度。申领信用卡要向发卡行交存一定的备用金。发卡银行根据申请人的资信程度,要求其提供担保。担保的方式可采用保证、抵押或质押。

(资料来源:中国人民银行.支付结算办法.银发〔1997〕393号,1997.)

二、单位信用卡结算业务的会计核算

(一)信用卡的发放

单位申请使用信用卡,应按发卡银行规定填写申请表。发卡银行审查同意后,应及时通知申请人前来办理领卡手续,并按规定向其收取备用金和手续费。申请人从其基本存款账户支付以上款项,具体分以下两种情况。

1. 申请人已在发卡银行开有基本存款账户。申请人开具支票、填写三联进账单,交发卡行经办人员。经办人员审查无误后,支票作借方凭证,第二联进账单作贷方凭证,另填制一联特种转账贷方凭证,作收取手续费贷方凭证。会计分录为:

借:吸收存款——申请人户

　贷:吸收存款——保证金存款——申请人信用卡户

　　手续费及佣金收入

　　应交税费——应交增值税(销项税额)

银行经办人员将第一联进账单加盖转讫章作回单交给申请单位。

2. 申请人未在发卡银行开立基本存款账户。单位卡申请人开具支票,填写进账单,交发卡银行经办人员。发卡银行经办人员审核无误后,在进账单上按票据交换场次加盖“收妥后入账”的戳记,将第一联加盖转讫章交给持票人。支票按照票据交换的规定及时提出交换。俟退票时间过后,第二联进账单作贷方凭证,并另填制一联特种转账贷方凭证,作收取手续费贷方凭证。会计分录为:

借:跨行清算资金往来

　贷: 吸收存款——保证金存款——申请人信用卡户

　　手续费及佣金收入

　　应交税费——应交增值税(销项税额)

(二)信用卡直接消费业务的核算手续

直接消费是信用卡的主要功能。持卡人凭卡在特约商户购物或消费之后,无须支付现金。由于银行为特约商户介绍了客户,所以特约商户要向银行支付一定比例的结算手续费。

1. 特约商户接受信用卡的处理手续。特约商户受理客户信用卡,经审查无误后,在签购单上压卡,并填写实际结算金额、用途、持卡人身份证件号码、单位名称和编号。如超过支付限额的,应向发卡银行索权并填写授权号码,交持卡人签名确认,同时核对其签名与卡片背面签名是否一致。无误后,由持卡人在签购单上签名确认,并将信用卡、身份证件和第一联签购单交还给持卡人。

每日营业终了,特约商户应将当日受理的信用卡签购单汇总,并按规定比率计算出应交给银行的手续费,在交易总额中扣除后得出净额。然后将总额、银行手续费、净额、签购单张数、结算日期等记入“汇计单”。汇计单(见表4－5)、签购单(见表4－6)、进账单一并送交收单银行办理进账。

表4－5　　　　汇计单

××银行	
××卡	日期
汇计单	签购单总份数________份
特约商户名称、代号	
	总计金额(¥)
	手续费(¥)%
编号 00000000	净计金额(¥)

表 4－6　　　　　　　　　　　　签购单

持卡人姓名及账号		编号 000000
证件	持卡人签名	××银行
授权号码	日期	××卡签购单
特约商户名称、代号		人民币
经办人签章	购物消费（小写）	
银行盖章	什项（小写）	
	总额（大写）	
	摘要	

2. 款项清算的账务处理。信用卡资金的清算分为以下几种情况。

（1）特约商户与持卡人在同一系统银行开户。对特约商户交来的进账单、三联汇计单及第二联、第三联签购单，收单银行应认真审查。审查无误后，办理转账。会计分录为：

借：吸收存款——保证金存款——持卡人户

　贷：吸收存款——特约单位户

　　手续费及佣金收入

　　应交税费——应交增值税（销项税额）

（2）发卡银行是跨系统银行。在发卡行是跨系统银行的情况下，特约商户开户银行（收单银行）可通过同城票据交换或人民银行大额、小额支付系统办理款项的收账手续，会计分录为：

借：跨行清算资金往来——同城票据清算（或大额支付/小额支付）

　贷：吸收存款——特约单位户

　　手续费及佣金收入

　　应交税费——应交增值税（销项税额）

发卡银行收到借记通知后，从持卡人账户划出资金，会计分录为：

借：吸收存款——保证金存款——持卡人户

　贷：跨行清算资金往来——同城票据清算（或大额支付/小额支付）

第五节　国内信用证的核算

一、信用证结算概述

信用证是广泛运用于商业活动的一种结算方式。按照中国人民银行 2016 年发布的《国内信用证结算办法》的定义，国内信用证（以下简称信用证）是指银行依照申请人的申请开立的、对相符交单予以付款的承诺。我国国内信用证是以人民币计价、不可撤销的跟单信用证。

（一）信用证的分类

国际上通行的信用证分类，主要有以下几种。

1. 跟单信用证和光票信用证，划分标准为是否跟附单据。

2. 可转让信用证和不可转让信用证，划分标准为是否可将信用证金额部分或全部转让给第三人。

3. 可撤销信用证和不可撤销信用证，划分标准为是否可单方取消或修改信用证。

4. 保兑信用证和非保兑信用证，划分标准为是否需要提供保兑。

5. 即期信用证和远期信用证，划分标准为信用证的付款期限。

6. 议付信用证和非议付信用证，划分标准为是否可以议付。

这些分类只是从不同角度说明了信用证的某个特征。在实际应用中，一个信用证可能同时具备上述分类中的几个特征，如即期不可撤销、不可转让的跟单信用证。

（二）信用证的当事人

1. 开证申请人：交易合同中的购货方（买方）。

2. 开证行：购货方（买方）的开户银行。

3. 受益人：交易合同中的供货方（卖方）。

4. 通知行：受开证行委托向受益人通知信用证的银行。

5. 议付行：是根据开证行在议付信用证中的授权，买进受益人提交的汇票和单据的银行。

【相关链接】 国内信用证结算的有关规定

《国内信用证结算办法》适用于银行为国内企事业单位之间货物和服务贸易提供的信用证服务。服务贸易包括但不限于运输、旅游、咨询、通信、建筑、保险、金融、计算机和信息、专有权利使用和特许、广告宣传、电影音像等服务项目。

信用证业务的各方当事人应当遵守中华人民共和国的法律、法规以及本办法的规定，遵守诚实信用原则，认真履行义务，不得利用信用证进行欺诈等违法犯罪活动，不得损害社会公共利益。

信用证的开立和转让，应当具有真实的贸易背景。

信用证只限于转账结算，不得支取现金。

信用证与作为其依据的贸易合同相互独立，即使信用证含有对此类合同的任何援引，银行也与该合同无关，且不受其约束。

银行对信用证做出的付款、确认到期付款、议付或履行信用证项下其他义务的承诺，不受申请人与开证行、申请人与受益人之间关系而产生的任何请求或抗辩的制约。

受益人在任何情况下，不得利用银行之间或申请人与开证行之间的契约关系。

在信用证业务中，银行处理的是单据，而不是单据所涉及的货物或服务。

（资料来源：中国人民银行、中国银行业监督管理委员会. 国内信用证结算办法. 〔2016〕10 号，2016.）

（三）即期信用证流程说明

信用证结算业务的流程如图 4－15 所示。

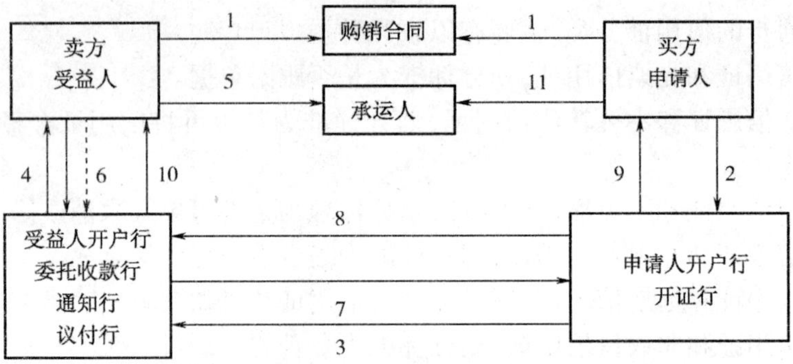

图4－15 即期付款信用证结算流程

1. 购销双方签约，合同订明采用信用证结算方式。

2. 买方向开户行申请开证。

3. 开证行受理申请，收取保证金并开出信用证。

4. 通知行核对后，向受益人（卖方）通知信用证。

5. 卖方通过承运人向买方发货。

6. 受益人发货后向开户行交单，委托其向开证行收款（这一阶段，受益人可向银行申请议付）。

7. 委托收款行向开证行交付单据，索要货款。

8. 开证行收到单据，审核后付款。

9. 开证行向开证申请人交付单据，并发送付款通知。

10. 委托收款行在收到开证行划来货款后，向受益人发出收款通知。

11. 买方凭收到的单据向承运人提取货物。

二、国内信用证开证的会计核算

（一）申请开立信用证

申请人向其开户行申请开立信用证的，应填制一式三联开证申请书（见表4－7），并在开证申请书背面开证申请人承诺书上签章，连同有关购销合同交其开户行。申请书第一联受理回单，申请人留存；第二联开证依据，会计部门留存；第三联开证存查，信贷部门留存。开证行收到后，在第一联开证申请书上加盖业务公章交申请人，并审查以下内容。

1. 申请书记载的事项是否符合要求。

2. 申请人是否签章，签章是否与其预留银行的签章相符。

3. 各条款之间是否矛盾。

4. 申请书记载的有关条款是否与购销合同一致。

审核无误后，同意开证的，应根据申请人的资信情况，确定向其收取保证金的比例，或同时要求申请人提供其他担保。

申请人向银行交存保证金时，应提交支票和三联进账单，支票作借方凭证，第一联进账单作回单加盖转讫章交申请人，第二联进账单作贷方凭证，第三联进账单作贷方凭证附件。其分录为：

借：吸收存款——申请人户

贷:保证金存款——信用证保证金(申请人户)

要求申请人提供抵押、质押或保函的,登记备忘科目登记簿:

收:重要或有价单证

有关单证专夹保管。

表 4－7　　　　开证申请书

开证申请书(受理回单)1

编号:

申请日期:　年　月　日

××银行:

开证方式:信开□　电开□

有效期及有效地点:

申请人名称、账号、地址及邮政编码:

受益人名称、地址、邮政编码、账号及开户行:

运输方式:　　　　　　　　交单期:

分批装运:允许□不允许□　　金额:

转　　运:允许□不允许□　　付款方式:即期付款□　延期付款□

货物运输起止地:自___至___　　议讨□

最迟装运日期:___年___月___日　付款期限:即期□　运输单据日后_______天

合同号码:

货物描述:

受益人应提交的单据:

1.(　)发票注明信用证号码及合同号码。

2.(　)全套海运□河运□提单,正本___份,副本___份,收货人_______,注明运费已付□/未付□。

3.(　)航空运单,收货人____,注明运费已付□/未付□。

4.(　)铁路□ 公路□运单,收货人____,注明运费已付□/未付□。

5.(　)邮政收据,收货人_______,注明运费已付。

6.(　)货物收据,收货人_______。

7.(　)保险单正本___份,副本___份,投保金额_______元,投保险别_______、_______。

8.(　)装箱单___份,注明每一包装件内货物数量及每件的毛、净重。

9.(　)其他单据。

其他条款:

1.(　)单据必须自运输单据签发日起___天内提交(不能晚于信用证有效期)。

2.(　)货物数量及信用证金额均可有___%的浮动范围。

3.(　)其他。

联系人:　　　　　　　　　开证申请人签章

电　话:

注:开证申请书一式三联,第一联受理回单;第二联开证依据;第三联开证存查。用途及联次应分别印在“开证申请书”右端括弧内和括弧与编号之间。

(二)开证行开立信用证

开证行根据第二联开证申请书和《国内信用证结算办法》的规定开立信用证(见表4－8)。

表 4－8　　　　　　　　　　　　　　**信用证**

××银行

信用证（正本）2

编号：

开证日期　　年　月　日

开户行申请人	全　称		受益人	全　称	
	地址、邮编			地址、邮编	
	账　号			账　号	
	开户行			开户行	
开证金额		人民币（大写）¥			
有效日期及有效地点					
通知行名称及行号					

运输方式：　　　　　　　　　　　　交单期：

分批装运：允许□　不允许□　　　　付款方式：即期付款□　延期付款□

转　运：　允许□　不允许□　　　　议付□

货物运输起止地：自____至____　　　议付行名称及行号：

最迟装运日期：年____月____日____　　付款期限：即期□

运输单据日后____天

货物描述：

受益人应提交的单据：

其他条款：

本信用证依据中国人民银行《国内信用证结算办法》和申请人的开证申请书开立。本信用证为不可撤销、不可转让信用证，受益人开户行应将每次提交单据情况背书。

开证行地址及邮编：

电传：

电话：

传真：　　　　　　　编押：

开证行签章

注：1. 信开信用证一式四联，第一联副本；第二联正本；第三联副本；第四联开证通知。用途及联次应分别印在“信用证”右端括弧内和括弧与编号之间。

2. 电开信用证一式两联，第一联副本；第二联开证通知。用途及联次应按第 1 点的要求印在各联上。

3. 货物描述、提交的单据等按开证申请书记载。

采用信开信用证的，填制一式四联信开信用证。第一联信用证副本，通知行留存；第二联信用证正本，交受益人；第三联信用证副本，开证行留存；第四联开证通知，申请人留存。开证行应在第一联、第二联、第三联信用证指定位置加编密押，并在第一联、第二联信用证上加盖信用证专用章及经办人名章。经复核无误后，将信用证第一联、第二联寄交通知行，第四联加盖业务公章交申请人。

采用电开信用证的，缮打一式两联电开信用证。第一联信用证副本，开证行留存；第二联开证通知，申请人留存。开证行加编密押并核对无误后，以电传方式向通知行发送电开信用证信息，第二联加盖业务公章交申请人。

开证行开立信开或电开信用证后，根据第三联信开信用证或第一联电开信用证作表外科目核算：

收：开出即期（或远期）信用证

并按规定向申请人收取开证手续费及邮电费。收取开证手续费及邮电费的会计分录为：

借：吸收存款——申请人户

贷：手续费及佣金收入

应交税费——应交增值税（销项税额）

业务及管理费——代收邮电费

三、修改信用证

（一）受理信用证修改申请及审核

申请人向其开证行申请修改信用证的，应填制一式三联信用证修改申请书，并在申请书背面信用证修改申请人承诺书上签章，连同受益人同意修改的书面证明提交开证行。第一联受理回单，申请人留存；第二联修改依据，会计部门留存；第三联修改存查，信贷部门留存。

开证行受理修改申请的，应进行认真审核。

（二）开立信用证修改书

开证行根据第二联信用证修改申请书开立信用证修改书。

采用信开信用证修改书的，填制一式四联信开信用证修改书。第一联信用证修改书副本，通知行留存；第二联信用证修改书正本，交受益人；第三联信用证修改书副本，开证行留存；第四联信用证修改通知，申请人留存。开证行应在第一联、第二联、第三联信用证修改书指定位置加编密押，并在第一联、第二联信用证修改书上加盖信用证专用章及经办人名章。经审核无误后，将修改书第一联、第二联寄交通知行，第四联加盖业务公章交申请人。

采用电开信用证修改书的，缮打一式两联电开信用证修改书，开证行加编密押并核对无误后，以电传方式向通知行发送电开信用证修改书信息。

开证行开立信开或电开信用证修改书后，属于增额或减额修改的，应根据第三联信开信用证修改书或第一联电开信用证修改书作表外科目核算：

收或付：开出即期（或远期）信用证

并按规定向申请人收取信用证修改手续费及邮电费。

四、通知行通知信用证

（一）信用证的通知

1. 核验签章和密押。通知行收到开证行发来的信用证，核对无误后，根据信开和电开信用证副本登记“信用证通知登记簿”。

2. 缮制信用证通知书。通知行在规定时间内核验信用证并确认其表面真实后，缮制一式二联信用证通知书（见表4－9）。第一联通知，加盖业务公章连同信用证正本交受益人，并由受益人在“信用证通知登记簿”上签收；第二联通知存查，连同信用证副本留存，专夹保管，并按规定向受益人收取通知手续费。

表 4 – 9　　　　　　　　　　　　　　　信用证通知书

××银行 信用证通知书(通知)1 编号: 通知日期　　年　月　日 ××(受益人): 开证行名称: 信用证编号:　　　开证日期:　　　信用证金额: 我行收到上述银行□电开□信开信用证一份,经核验,印章相符,密押正确,现随附通知。你单位申请议付交单时,请将本通知及信用证一并提交,否则,你单位应对议付后果承担责任。 备注: 本信用证连同通知书及附件共________页。 如对本信用证的条款有异议,请与开证申请人联系进行必要的修改,以排除交单时可能发生的问题。 通知行地址: 电传: 电话: 传真: 通知行签章 注:本通知书一式两联,第一联通知;第二联通知存查。用途及联次应分别印在“信用证通知书”右端括弧内和括弧与编号之间。

3. 经核验签章不符的,应及时将该信用证寄退开证行重开信用证;密押不符的,应及时查询开证行。

(二)信用证修改的通知

通知行收到开证行发来的信用证修改书,确认表面真实后,缮制一式二联信用证修改通知书。第一联通知加盖业务公章连同信用证修改书正本交受益人,并由受益人在“信用证通知登记簿”上签收;第二联通知存查,连同信用证修改书副本留存,专夹保管,并按规定向受益人收取通知手续费(分录略)。

五、受益人开户行对来单的处理手续

(一)议付来单的处理

1. 受理来单及审核。受益人向开户行申请议付的,应填制一式两联信用证议付/委托收款申请书。第一联受益人留存,第二联开户行留存,并填制一式五联议付凭证(见表 4 – 10),第一联借方凭证,第二联贷方凭证,第三联贷方凭证,第四联收账通知,第五联到期卡。受益人在第一联信用证议付/委托收款申请书和第一联议付凭证上加盖预留银行签章后,连同信用证通知书、信用证修改通知书、信用证正本、信用证修改书及单据一并提交议付行,由议付行认真审查。

表 4－10 **议付凭证(借方凭证)**

日期　年　月　日　　　　第　号

<table>
<tr><td rowspan="3" colspan="2">信
用
证</td><td>编号</td><td colspan="8"></td><td rowspan="3" colspan="2">受
益
人</td><td>名称</td><td colspan="10"></td></tr>
<tr><td>开证日期</td><td colspan="8">年　月　日</td><td>账号</td><td colspan="10"></td></tr>
<tr><td>到期日</td><td colspan="8">年　月　日</td><td>开户银行</td><td colspan="10"></td></tr>
<tr><td rowspan="2" colspan="2">议付
金额</td><td rowspan="2" colspan="12">人民币(大写)</td><td>千</td><td>百</td><td>十</td><td>万</td><td>千</td><td>百</td><td>十</td><td>元</td><td>角</td><td>分</td></tr>
<tr><td></td><td></td><td></td><td></td><td></td><td></td><td></td><td></td><td></td><td></td></tr>
<tr><td rowspan="2">议付
率</td><td rowspan="2">‰</td><td rowspan="2">议付
利息</td><td>千</td><td>百</td><td>十</td><td>万</td><td>千</td><td>百</td><td>十</td><td>元</td><td>角</td><td>分</td><td rowspan="2">实付议付金额</td><td>千</td><td>百</td><td>十</td><td>万</td><td>千</td><td>百</td><td>十</td><td>元</td><td>角</td><td>分</td></tr>
<tr><td></td><td></td><td></td><td></td><td></td><td></td><td></td><td></td><td></td><td></td><td></td><td></td><td></td><td></td><td></td><td></td><td></td><td></td><td></td><td></td></tr>
<tr><td colspan="5">附送信用证及单据申请议付，请审核。
受益人签章</td><td colspan="2">银行
审批</td><td colspan="7">负责人　　信贷员</td><td colspan="10">科目(借)_______
对方科目(贷)____
复核
记账</td></tr>
</table>

此联银行议付时作借方凭证

2. 议付行对单证相符同意议付的会计核算。

(1)议付行应按规定计算议付利息、实付议付金额，第一联议付凭证作借方凭证，第二联议付凭证作吸收存款科目贷方凭证，第三联议付凭证作利息收入科目贷方凭证。会计分录为：

借：议付信用证款项

　贷：吸收存款——受益人户

　　应收利息

议付行办理转账后，第五联议付凭证和第一联信用证议付/委托收款申请书专夹保管，登记“信用证议付登记簿”，并按规定向受益人收取议付手续费，在“手续费及佣金收入”科目核算。

(2)议付行在信用证正本背面记明议付日期、业务编号、增额、议付金额、信用证余额、议付行名称，并加盖业务公章；第二联议付/委托收款申请书上加盖业务公章和第四联议付凭证上加盖转讫章连同信用证通知书、信用证修改通知书和信用证正本、信用证修改书退受益人。

(3)议付行办妥转账手续后，制作一式两联寄单通知书。第一联加盖业务公章随填制的委托收款凭证，连同单据一并寄开证行办理收款；第二联议付行留存，并按照发出委托收款的手续处理。

3. 议付行对单证不符的处理。

(1)议付行审核单据发现不符，可洽受益人修改后相符同意议付的，比照议付来单的正常处理。

(2)议付行审核单据发现不符，洽受益人修改后仍不符，拒绝议付的，应制作一式两联拒绝议付/不符点通知书(格式由各行制定)，注明拒绝议付理由，一联留存；另一联加盖业务公章连同有关单证退受益人。

(二)委托收款来单的处理

受益人委托开户行向开证行提交单证的，应填制委托收款凭证和信用证议付/委托收款申请书，连同信用证正本、信用证修改书正本、有关单据提交开户行。开户行审查填写符合要求、单证齐全的，第一联信用证议付/委托收款申请书随托收凭证，连同有关单证一并寄开证行，并按照发出委托收款的手续处理。

六、开证行对来单的处理手续

（一）单据相符，足额付款的会计核算

开证行收到议付行寄来的委托收款凭证、单据及寄单通知书或受益人开户行寄来的委托收款凭证、信用证正本、信用证修改书正本、单据及信用证议付/委托收款申请书，应抽出信用证留底，在规定的时间内审查。

经审查单证相符的，做以下处理。

1. 即期信用证付款。

(1)信用证申请人与收款人均在本系统行开户，会计分录为：

借：吸收存款——信用证保证金——申请人户

　贷：吸收存款——受益人户

(2)收款人在其他商业银行开户，会计分录为：

借：吸收存款——信用证保证金——申请人户

　贷：跨行清算资金往来

开证行办妥付款手续后，应填制一式两联信用证来单通知书。第一联加盖业务公章，连同有关单据交开证申请人，并由其签收；第二联开证行留存。

2. 远期信用证付款。开证行应在规定的时间内向受益人开户行（含议付行）发电，未议付的由其转告受益人，确认到期付款。到期日付款比照即期全额付款处理。

（二）单据相符，不足付款的处理

开证行在付款时，开证申请人交存的保证金和存款账户余额不足支付信用证款项的，可作为申请人的逾期贷款处理；申请人提供了抵押、质押担保的，应转作抵债资产处理；提供保函的，应向担保人收取款项。

七、受益人开户行（含议付行）收到开证行划来款项的处理

跨系统的受益人开户行（含议付行）收到开证行的来账信息，按照委托收款划回的手续处理，并办理转账。会计分录为：

借：跨行清算资金往来

　贷：议付信用证款项

　　或吸收存款——受益人户

属于议付的，议付行应销记“信用证议付登记簿”和“发出委托收款凭证登记簿”；属于受益人通过其开户行委托收款的，开户行应在委托收款收账通知联加盖转讫章通知受益人。

八、信用证注销的处理手续

开证行在信用证有效期内未收到任何单据，在信用证有效期满 1 个月后，应注销信用证，解除开证申请人的信用证担保，并做如下处理。

1. 退还保证金。会计分录为：

借：吸收存款——保证金存款——信用证保证金（申请人户）

　贷：吸收存款——申请人户

同时，退还抵押物、质押物或保函；销记备忘科目登记簿。

2. 开证行收到开证申请人提出对未逾有效期信用证的注销申请和信用证正本时，应审查开证申请人与受益人同意注销的证明，无误后，解除开证申请人的担保。

思考练习题

1. 什么是支付结算？办理支付结算业务必须遵循哪些原则？

2. 支付结算的方式有哪些？

3. 简述商业承兑汇票和银行承兑汇票的相同点和不同点。

4. 什么是信用卡？信用卡结算业务有哪些基本规定？

5. 假设2017年12月2日建设银行某市支行发生下列商业汇票业务，按业务要求编制转账的会计分录：

(1)开户单位东方建材公司提交当日到期的商业承兑汇票及同城委托收款凭证，金额30 000元，委托银行向同在本行开户的广大建材城收取汇票款。银行经审核无误，办理转账。

(2)根据本年7月份签署的承兑协议，向承兑申请人博雅公司收取本日到期的银行承兑汇票款45 000元，办理转账。

(3)收到异地某建行寄来的委托收款结算凭证及银行承兑汇票，金额134 000元，汇票已于2天前到期，经审核无误，于当日将汇票款划出，办理转账。

(4)收到异地某建设银行寄来的联行报单及商业承兑汇票，金额50 000元，收款人为在本行开户的立达商贸公司，经审核无误，办理转账。

(5)在本行开户的银行承兑汇票申请人兴业商场的银行承兑汇票款46 000元已经到期，由于该付款人账户资金不足，只能支付35 000元，其余转为逾期贷款，办理转账。

6. 假设2017年6月20日工商银行某行发生下列银行汇票业务，按业务要求编制转账的会计分录：

(1)开户单位金达餐厅提交银行汇票申请书，金额48 000元，委托银行签发汇票，持往异地办理采购，银行审核无误，开出汇票，办理转账。

(2)收到异地某商业银行寄来的汇款解讫通知和联行报单，原汇款单位是在本行开户的飘逸美发厅，汇票金额30 000元，实际结算金额25 000元，办理转账。

(3)开户单位宏兴百货公司提交银行汇票和进账单，金额70 000元，汇款人为在异地某工商银行开户的某单位，审核无误，办理转账。

7. 假设2009年12月21日工商银行某行发生下列汇兑业务，按业务要求编制转账的计分录：

(1)开户单位新新服装厂提交信汇凭证一份，金额4 000元，汇往在异地工商银行开户的惠民纺织厂，审核无误，办理转账。

(2)收到异地工商银行寄来的邮划贷方报单及信汇凭证一份，汇给华都酒店5112房间客人张林差旅费3 000元，银行审核无误，办理转账，并便条通知张林所在酒店。

(3)当日，张林持银行便条及个人身份证来行领取其信汇款3 000元，银行审核无误付现。

8.假设2017年10月2日工商银行某市支行发生下列支票和本票业务，按业务要求编制转账会计分录：

(1)收到某客户提交的银行本票申请书及现金6 000元，审核无误，办理签发不定额银行本票的手续。

(2)开户单位新大五金厂签发转账支票，支付在同一银行开户的四达机械厂货款10 000元，经审核无误，办理转账。

(3)开户单位农机公司持不定额本票及两联进账单来行办理兑付手续，金额40 000元，经审查该本票为同城其他银行签发，银行办理转账。

(4)收到开户单位送交的支票和两联进账单，金额60 000元，该支票的签发人在同城其他银行开户，当日退票时间过后，银行办理转账。

(5)开户单位隆发公司持定额本票及两联进账单来行办理兑付，金额50 000元，经审查该本票为本行签发，办理转账。

9.假设2017年11月20日工商银行某市支行发生下列委托收款和托收承付结算业务，按业务要求编制转账会计分录：

(1)三天前，收到异地某工商行寄来的有关托收承付结算凭证及附件，通知开户单位果品批发站付款，金额82 000元，当日承付期满，办理划款手续。

(2)日前收到异地某行的委托收款凭证，向本行开户的信通公司收取货款52 000元，经审查无误，通知信通公司。信通公司经检验单证发现部分商品规格不符，遂部分拒付2 000元，余款于当日划出。

(3)收到异地某行的邮划贷方报单，系划付的商业承兑汇票款，金额43 000元，经审核无误，办理转账。

第五章

银行间支付清算业务的核算

学习要点与要求

1. 熟悉支付清算体系的概念和内容；
2. 掌握中国人民银行大额实时支付系统的核算步骤；
3. 掌握中国人民银行小额批量支付系统的核算步骤；
4. 熟悉银行业金融机构行内支付系统的核算步骤；
5. 掌握同城票据交换业务的核算步骤。

第一节 支付清算业务概述

一、支付清算体系的概念和内容

所谓支付，广义上是指经济活动引起的一切资金转移行为。一个国家的支付体系是其经济金融体系的重要组成部分，是实现资金转移的制度和技术安排的有机组合。支付清算体系包括以下组成要素。

1. 支付清算系统。支付清算系统是支撑各种支付工具应用、实现资金清算并完成资金转移的通道。

2. 支付工具。支付工具是传达收付款人支付指令、实现债权债务清偿和资金转移的载体，它分为现金和票据、银行卡等非现金支付工具。

3. 支付清算服务组织。支付清算服务组织是通过账户服务、支付系统、支付工具等手段为社会提供资金清算和结算服务的机构。

4. 支付清算体系监督管理。支付清算体系监督管理是中央银行为维护支付体系的安全、稳定及社会公众对支付体系的信心，综合运用经济、法律和行政手段，对支付清算系统、支付工具和支付清算服务组织进行监督管理的行为。

二、支付结算与资金清算的关系

商业银行为开户的企业和个人办理资金的转移，是支付结算业务的主要内容，由此而引发的银行之间的资金账务往来和债权债务关系，则是银行间支付清算业务的主要处理对象。

银行客户之间的资金转移业务可以从两个角度来看：从客户角度出发，资金往来通过银行进行划转，称为支付结算；从银行角度出发，由客户资金转移引起的银行之间的资金存欠关系的结清称为资金清算。由此可见，资金清算是支付结算业务的延伸，而支付结算所使用的支付工具又是资金清算的支撑。银行之间资金清算系统的科学设计和不断改进，为支付结算提供了更为安全快捷的通道，提高了结算质量，并能够促进支付结算工具的创新。

三、我国支付清算体系简介

本部分简要介绍中国现代化支付系统和其他单位运营的支付系统。中国现代化支付系统（CNAPS）是中国人民银行利用电子计算机网络和电子通信技术开发建设的，为银行业金融机构和金融市场提供资金清算服务的公共平台。该系统能够高效、安全地处理银行业金融机构办理的异地各种支付业务及其资金清算和金融市场交易的资金清算业务。

中国现代化支付系统支撑的支付工具包括贷记支付工具和借记支付工具。贷记支付工具包括汇兑、委托收款、托收承付、定期贷记；借记支付工具包括银行汇票、国内信用证、银行本票、支票、旅行支票、定期借记等。其他工具还有商业汇票和银行卡。现代化支付系统支持商业银行间的支付清算，包括跨行和行内的贷记支付业务，如汇兑、委托收款和托收承付划回、定期贷记。

定期借记业务可通过支付系统处理，商业银行的资金调拨、行间资金拆借也须通过支付系统处理。

（一）中国人民银行支付系统

1. 大小额支付系统。中国人民银行支付系统由大额实时支付系统和小额批量支付系统两个业务应用系统，以及清算账户管理系统和支付信息管理系统两个辅助支持系统组成；建有两级处理中心，即国家处理中心和全国省会（首府）城市处理中心及深圳城市处理中心。现代化支付系统的总体结构如图5-1所示。

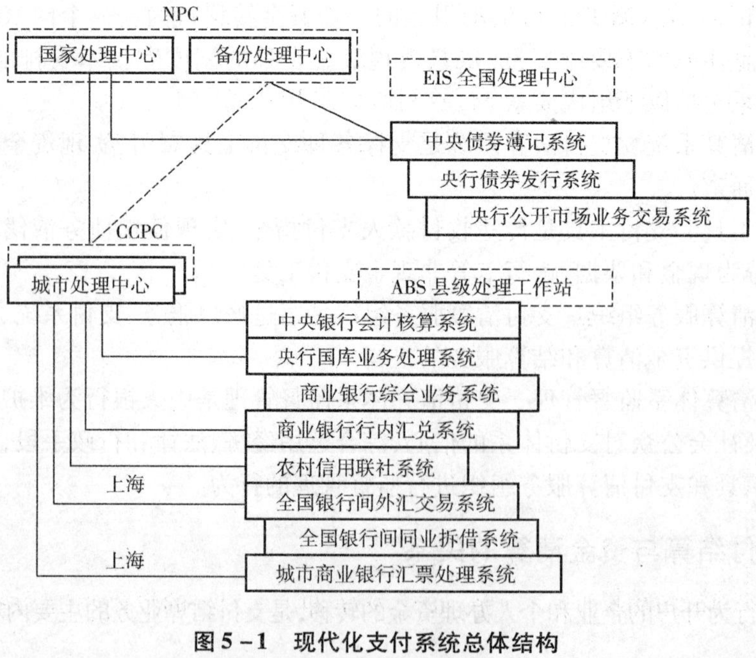

图5-1 现代化支付系统总体结构

大额实时支付系统(HVPS)主要处理同城和异地的金额在规定起点(2万元)以上的大额贷记支付业务和紧急的小额贷记支付业务。大额支付指令逐笔实时发送,全额清算资金。

小额批量支付系统(BEPS)主要处理同城和异地纸质凭证截留的借记支付业务以及每笔金额在规定起点以下的小额贷记支付业务。支付指令批量发送,轧差净额清算资金。

2. 全国支票影像交换系统。全国支票影像交换系统是指运用影像技术将实物支票转换为支票影像信息,通过计算机及网络将影像信息传递至出票人开户银行提示付款的业务处理系统。影像交换系统定位于处理银行机构跨行和行内的支票影像信息交换,其资金清算通过中国人民银行覆盖全国的小额支付系统处理。支票影像业务的处理分为影像信息交换和业务回执处理两个阶段:通过影像交换系统将支票影像信息发送至提入行提示付款;提入行通过小额支付系统向提出行发送回执完成付款。

3. 网上支付跨行清算系统。网上支付跨行清算系统是中国人民银行继大、小额支付系统后建设的又一人民币跨行支付清算系统基础设施,是中国现代化支付系统的重要组成部分。网上支付跨行清算系统主要支持网上跨行零售支付业务的处理,业务指令逐笔发送、实时轧差、定时结算。客户可通过在线方式提交支付业务,并可实时获取业务处理结果。系统支持商业银行以及经中国人民银行批准的非金融支付服务机构接入,并向客户提供7×24小时全天候支付服务。

4. 境内外币支付系统。境内外币支付系统由中国人民银行牵头建设,由清算中心集中运营,由直接参与机构等单一法人集中接入,采用“Y”形信息流结构,由外币清算处理中心负责对支付指令进行接收、清算和转发,由代理结算银行负责对支付指令进行结算。

外币清算处理中心的主要功能包括外币支付报文收发,圈存资金和授信额度管理,对外币支付进行逐笔实时清算,对可用额度不足的外币支付进行排队管理,对清算排队业务进行撮合,管理清算窗口,分币种、分场次向代理结算银行提交清算结果。

代理结算银行的主要功能包括为参与者开立外币结算账户,提供日间授信,圈存资金和授信额度管理,根据清算结算进行记账处理,日终对账。代理结算银行由中国人民银行指定或授权的商业银行担任。境内外币支付系统对支付指令逐笔实时全额结算,从发起清算银行发出到接收清算银行收到通常在1分钟以内。

境内外币支付系统于2008年4月28日投入运营之后,已经成为境内商业银行间外币支付的主要渠道。

5. 同城票据交换系统。作为我国支付清算系统的重要组成部分,票据交换系统是由人民银行分支行组织的,在指定区域内定时、定点集中交换结算票据的跨行支付清算体系,其主要任务是清分人民银行和银行业金融机构所提出交换的结算票据。票据交换系统主要处理纸质票据不能截留的支票、本票、跨行银行汇票,以及跨行代收、代付的纸质凭证。票据交换的场所被称为票据交换所。

6. 人民币跨境支付系统。人民币跨境支付系统(cross - border interbank payment system,以下简称CIPS),是为满足全球各主要时区人民币业务发展的需要而建立的支付清算系统。它由人民银行于2012年开始分两期建设:一期主要采用实时全额结算方式,为跨境贸易、跨境投融资和其他跨境人民币业务提供清算、结算服务;二期将采用更为节约流动性的混合结算方式,提高人民币跨境和离岸资金的清算、结算效率。人民币跨境支付系统于2015年开始正式运营，一期的主要功能是便利跨境人民币业务处理，支持跨境货物贸易和服务贸易结算、跨境直接投资、跨境融资和跨境个人汇款等业务。其主要特点包括：①采用实时全额结算方式处理客户汇款和金融机构汇款两类业务。②各直接参与者一点接入，集中清算业务，缩短清算路径，提高清算效率。③采用国际通用ISO20022报文标准，采纳统一规范的中文四角码，支持中英文传输，在名称、地址、收费等栏位设置上更有利于人民币业务的自动处理。CIPS报文设计充分考虑了与现行报文（SWIFT MT）的转换要求，便于跨境业务直通处理并支持未来业务发展需求。④运行时间覆盖亚洲、欧洲、非洲、大洋洲等人民币业务主要时区。⑤为境内直接参与者提供专线接入方式。

（二）其他单位运营的支付系统

1. 银行业金融机构行内支付系统。银行业金融机构行内支付系统是银行业金融机构综合业务处理系统的重要组成部分，是其内部资金往来与资金清算的渠道，在支付清算系统中居于基础地位。各大商业银行先后建设了新一代行内支付系统，这些系统采用以客户为导向的信息管理机制，并通过纵向分层、横向分区的结构，实现了业务处理系统数据集中，以满足扁平化管理的需要，同时强化了风险管理功能。

2. 银行卡跨行交易清算系统。中国银联银行卡跨行支付系统由银行卡跨行支付系统及发卡银行行内银行卡支付系统组成。目前，我国已形成以中国银联银行卡跨行支付系统为主干，连接各发卡银行行内银行卡支付系统的银行卡支付网络架构。

3. 城市商业银行支付清算系统和汇票处理系统。城市商业银行支付系统和汇票处理系统依托中国人民银行现代化支付系统，其银行汇票使用经中国人民银行批准的、由城市商业银行资金清算中心颁布的统一标识的银行汇票凭证、统一印模的汇票专用章和统一的密押系统。清算中心负责城市商业银行支付系统和汇票业务的资金清算。

4. 农信银支付清算系统。农信银支付清算系统是由农信银资金清算中心根据全国农村合作金融机构支付结算业务的特点，借鉴现代化支付系统和全国性商业银行资金清算及支付结算业务系统的先进经验，应用现代计算机网络和信息技术开发的、集资金清算和信息服务为一体的支付清算平台。

本章将重点介绍人民银行现代化支付系统的核算、网上支付跨行清算系统的核算、同城票据交换系统的核算以及银行业金融机构行内支付系统的核算。由于本章业务涉及的会计科目为支付系统专用科目，且会计主体包括人民银行和商业银行，二者使用的科目体系不同，因此对于会计科目及核算内容将单独介绍，不再列表说明。

第二节　中国人民银行大额实时支付系统的核算

一、大额实时支付系统的参与者

中国人民银行大额实时支付系统的参与者根据其参与支付系统的身份不同，分为直接参与者、间接参与者和特许参与者。

直接参与者是指直接与支付系统城市处理中心连接并在中国人民银行开设清算账户的银行机构以及中国人民银行地市级（含）以上中心支行（库）。

间接参与者是指未在中国人民银行开设清算账户而委托直接参与者办理资金清算

的银行和非银行金融机构以及中国人民银行县(市)支行(库)。

特许参与者是指经中国人民银行批准通过大额支付系统办理特定业务的机构。

二、大额实时支付系统的业务流程

大额实时支付系统由发起行、发起清算行、发报中心、国家处理中心、收报中心、接收清算行、接收行构成(见图5－2)。其信息传递从发起行发起,经发起清算行、发报中心、国家处理中心、收报中心、接收清算行,传至接收行止。

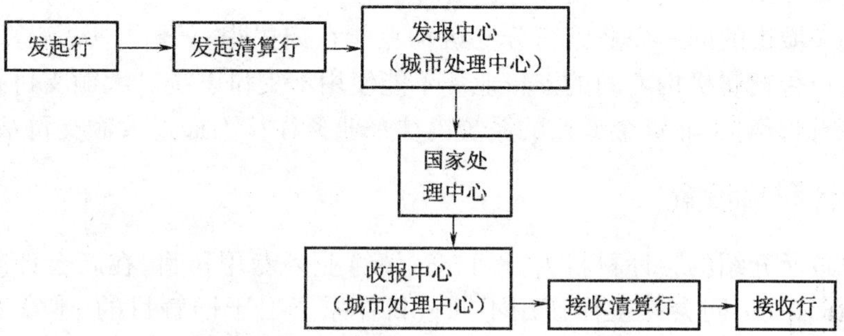

图5－2　大额实时支付系统的业务流程

发起行(发报行)是向发起清算行提交支付业务的参与者。

发起清算行(清算账户行)是向支付系统提交支付信息并在人民银行开设清算账户的直接参与者或特许参与者。发起清算行也可作为发起行向支付系统发起支付业务。

发报中心(城市处理中心,人民银行机构)是向国家处理中心转发发起清算行支付信息的城市处理中心。

国家处理中心(人民银行机构)是接收、转发支付信息,并进行资金清算处理的机构。

收报中心(城市处理中心,人民银行机构)是向接收清算行转发国家处理中心支付信息的城市处理中心。

接收清算行(清算账户行)是向接收行转发支付信息并在人民银行开设清算账户的直接参与者。

接收行(收报行)是从接收清算行接收支付信息的参与者。接收清算行也可作为接收行接收支付信息。

三、大额实时支付系统的业务范围

贷记支付业务是指付款人委托其开户银行主动将款项划给收款人的业务。目前大额实时支付系统贷记支付业务的金额起点为2万元,业务范围包括一般大额支付业务、即时转账业务和城市商业银行的银行汇票业务。

(一)一般大额支付业务

一般大额支付业务是由发起行发起,逐笔实时发往国家处理中心,国家处理中心清算资金后,实时转发接收行的业务。其中包括汇兑、委托收款划回、托收承付划回、中央银行和国库部门办理的资金汇划等。

（二）即时转账业务

即时转账业务是由与支付系统国家处理中心直接连接的特许参与者（第三方）发起，通过国家处理中心实时清算资金后，通知被借记行和被贷记行的业务。目前主要由中央债券综合业务系统发起。

（三）城市商业银行的银行汇票业务

城市商业银行的银行汇票业务是支付系统为支持中小金融机构结算和通汇而专门设计的，支持城市商业银行的银行汇票资金移存和兑付的资金清算业务。

本章主要介绍一般大额支付业务的会计核算。

由于同一城市的同一商业银行分支机构只能在人民银行开设一个清算账户，所以同一清算账户行辖属机构之间的支付业务不能使用本支付系统。大额支付系统需要收费，一般商业银行对于非资金调拨的系统内往来业务往往不通过大额支付系统处理。

四、会计科目设置

由于本章所介绍的会计科目为行间支付清算业务专用科目，在新会计准则的科目表中未予列示，且不同会计主体使用不同科目体系。出于详解目的，本章不再列表说明。本书其他章节在科目使用上进行了简化，经办行在办理跨行款项汇划时，一律以“跨行清算资金往来——大额支付”科目替代。

（一）清算账户行（商业银行机构）的会计科目

1.“大额支付系统往账待清算”科目。本科目核算清算账户行发出的支付业务以及代理下属机构发出的支付业务。清算账户行受理贷记支付业务时，贷记本科目。日终收到人民银行清算资金对账报文，其中所列往账总金额在借方时，借记本科目，贷记“存放中央银行款项”；往账总金额在贷方时，贷记本科目，借记“存放中央银行款项”。本科目余额通常在贷方，表示未发出款项。

2.“大额支付系统来账待清算”科目。本科目核算清算开户行接收的支付业务以及代理下属机构接收的支付业务。清算账户行受理汇入贷记业务时，借记本科目。日终收到人民银行清算资金对账报文，其中所列来账总金额在贷方时，贷记本科目，借记“存放中央银行款项”；来账总金额在借方时，借记本科目，贷记“存放中央银行款项”。本科目余额通常在借方，表示未转账或未转发款项。

3.“支付系统应付结算款项”科目。本科目核算各网点接收的来账中收款人账号户名与本网点实际账号户名不符的来账，由系统中等待手工解付的款项自动转入本科目，再由经办人员检查确认后手工处理。

4.“支付系统手续费暂收款项”科目。本科目核算各网点办理支付业务的结算收费及划缴。当收取手续费时，借记“库存现金”或有关存款科目，贷记本科目；当划缴手续费时，借记本科目，贷记“库存现金”或“存放中央银行款项”等科目。

（二）城市处理中心和国家处理中心（人民银行机构）的会计科目

1.存款类科目。城市处理中心和国家处理中心按参与大额实时支付系统的金融机构类别，分别设置“工商银行准备金存款”“农业银行准备金存款”“中国银行准备金存款”“建设银行准备金存款”“交通银行准备金存款”“政策性银行准备金存款”“其他商业银行准备金存款”“城市信用社准备金存款”“农村信用社准备金存款”“其他金融机构准备金存款”“外资银行准备金存款”“外资其他金融机构准备金存款”“其他存款”

等存款科目。各准备金存款科目核算各金融机构存放在中国人民银行的法定准备金和超额准备金。“其他存款”科目核算特许参与者用于清算的资金和支付业务收费的归集、划拨等。

此类科目贷方核算各银行业金融机构在人民银行准备金存款的增加金额，借方核算各银行业金融机构在人民银行准备金存款的减少金额，余额通常在贷方。此类科目需按直接参与者（不包括人民银行机构）、特许参与者分设清算账户。

2. 清算类科目。

（1）“大额支付往来”科目。本科目核算支付系统发起清算行和接收清算行通过大额支付系统办理的支付结算往来款项，余额轧差反映。年终，本科目余额全额转入“支付清算资金往来”科目，余额为零。

（2）“支付清算资金往来”科目。本科目核算支付系统发起清算行和接收清算行通过大额支付系统办理的支付结算汇差款项。年终，“大额支付往来”科目余额对清后，结转至本科目，余额轧差反映。

（3）“汇总平衡”科目（国家处理中心专用）。本科目是为平衡国家处理中心代理人民银行各行（库）账务处理而设置的，用于核算三类业务：发起行或接收行为人民银行的不通过清算账户核算的支付清算业务，如国库资金汇划业务、人民银行会计营业部门自身汇划业务等；为人民银行会计营业部门发起的只涉及一个清算账户的单边业务，如现金存取、缴存款、再贷款业务等；为同城票据交换轧差净额的清算等业务。

五、大额实时支付业务的会计核算

大额实时支付系统的运行时序如图 5－3 所示。

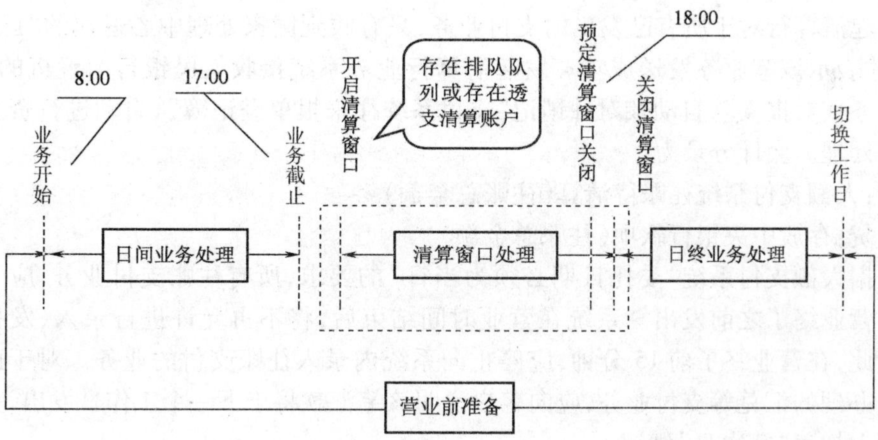

图 5－3　大额实时支付系统运行时序

（一）发起行和发起清算行的核算

发起行按规定受理并审核有关支付业务凭证后，即可办理发送往账业务。发送往账业务涉及的业务类型通常包括汇兑、委托收款、托收承付、同业拆借、退汇、电子联行、国库资金汇划等。发送往账业务的商业银行可能是清算账户行，也可能是非清算账户行。

1. 发起行为清算账户行(直接参与者)的发出贷记业务。贷记业务在支付结算业务中,通常为本行客户付出款项给予在他行开户的收款单位。此类业务发起行的会计分录为:

借:吸收存款——付款人户

　贷:大额支付系统往账待清算

复核经办人员根据原始发报依据对报文复核无误后,加编密押。若金额超出授权金额则等待授权,不需授权则联动发报交易,系统自动记账,打印“电子汇划贷方报单”。对于清算账户行本身的支付业务,在作复核发报或授权时,报文即已向大额支付系统发出。

2. 发起行为非清算账户行(间接参与者)的发出贷记业务。此时,发起行需首先通过商业银行的行内支付系统将款项转到发起清算行(清算账户行),再由清算账户行通过大额支付系统转账。向发起清算行发出贷记业务时,会计分录为:

借:吸收存款——付款人户

　贷:辖内上存款项(或其他科目)

复核经办人员根据原始发报依据对报文复核无误后,加编密押。若金额超出授权金额则等待授权,不需授权则联动发报交易,系统自动记账,打印贷方报单。

发起清算行对于来自发起行的支付报文,系统自动核押、接收。对于发起行发来的贷记业务,将其转发大额支付系统,由系统自动记账。会计分录为:

借:辖内款项存放(或其他科目)

　贷:大额支付系统往账待清算

3. 凭证及日终处理。发起行办理支付业务时,客户所提交的“电汇凭证”“托收凭证”等均为发报依据,应作为电子汇划贷方报单的附件。清算账户行的电子汇划往账报单,则作为已发报凭证。

发起清算行对于所有已发出的支付业务,只有收到国家处理中心返回的“已清算”结果,才表示该笔业务发送成功。发起清算行业务系统接收人民银行前置机的“大额支付业务核对报文”,自动核对并销记“支付系统往来报单登记簿”,自动进行资金清算的账务处理。会计分录为:

借:大额支付系统往账待清算(往账总金额)

　贷:存放中央银行款项(往账总金额)

根据大额支付系统“委托日期必须为当日”的要求,所有往账支付业务,应当全部在当日营业终了之前发出。系统在营业时间结束后,将不再允许进行录入、发报的处理。因此,在营业终了前15分钟,应停止向系统内录入往账支付的业务。对于此后客户申请办理的汇兑等支付业务,应向客户说明该笔汇款将于下一个工作日发出,并在原始凭证上加盖“轧次日”戳记。

(二)发报中心(城市处理中心)的核算

发报中心收到发起清算行发来的支付信息,确认无误后,逐笔加编全国密押,实时发送国家处理中心。

(三)国家处理中心的核算

国家处理中心收到发报中心发来的支付报文,逐笔确认无误后,对于发起清算行、接收清算行均为商业银行的,作会计分录:

借:××银行准备金存款——××发起清算行户

贷:大额支付往来——人民银行××行(发报中心)户

借:大额支付往来——人民银行××行(收报中心)户

贷:××银行准备金存款——××接收清算行户

对于发起清算行和接收清算行中有一方为人民银行或双方均为人民银行机构的账务处理,这里不做介绍。

(四)收报中心(城市处理中心)的核算

收报中心接收国家处理中心发来的支付信息,确认无误后,逐笔加编地方密押,实时发送接收清算行。

(五)接收清算行和接收行的核算

接收清算行的电子汇划系统接收大额支付系统前置机传送来的支付报文,系统进行自动清分,若收款人账号含有网点号,则直接将报文清分至收款人开户行;若账号为非标准账号,则以报文接收行行号为清分条件,将报文清分至接收行。支付报文通过电子汇划系统进行转发并记账,接收行收到"账号""户名"相符的支付报文,系统将自动登记客户分户账。

1. 接收行为清算账户行。接收到贷记业务信息后,转至银行行内业务处理系统。会计分录为:

借:大额支付系统来账待清算

贷:吸收存款——收款人户

2. 接收行为非清算账户行。这种情况下,需经接收清算行通过行内支付系统电子汇划将款项划至接收行。

接收清算行受理贷记业务,通过电子汇划将款项转至接收行时,会计分录为:

借:大额支付系统来账待清算

贷:辖内款项存放(或其他科目)

接收行根据支付报文,将贷记支付款项转至客户账户时,会计分录为:

借:辖内上存款项(或其他科目)

贷:吸收存款——收款人户

3. 人工处理。对于"账号""户名"不相符的支付报文,或收款账户为内部账户的情况,汇入款项应先转入"支付系统应付结算款项",然后经人工处理入账。有关会计分录为:

借:大额支付系统来账待清算(或电子汇划待转账)

贷:支付系统应付结算款项

经检查核实后,办理人工转账。会计分录为:

借:支付系统应付结算款项

贷:吸收存款——收款人户

4. 接收清算行的资金清算。接收清算行业务系统接收人民银行前置机的"大额支付业务核对报文",自动核对并销记"支付系统往来报单登记簿",自动进行资金清算的账务处理。会计分录为:

借:存放中央银行款项(来账总金额)

贷:大额支付系统来账待清算(来账总金额)

(六)大额支付系统结算收费的核算

凡通过大额支付系统办理转账支付业务的发起行,均需按规定的标准和实际发生的业务笔数，向人民银行缴付汇划费用。人民银行根据规定设置了不同业务类型和分时段按金额收费的标准，于每月月末前一天对上月末至当日的业务进行计费，并在月末扣收。

1. 发起行收取手续费。发起行在经办大额款项汇划业务时，即向客户扣收手续费。会计分录为：

借：吸收存款——付款人户（或库存现金）

贷：手续费及佣金收入——大额支付收入

应交税费——应交增值税（销项税额）

2. 商业银行向人民银行支付的大额支付手续费，由商业银行总行一并支付。总行的会计分录为：

借：其他应收款——待分摊手续费

贷：存放中央银行款项

3. 总行向下级行分摊大额支付手续费时，会计分录为：

借：手续费及佣金支出——大额支付结算手续费支出

贷：其他应收款——待分配手续费

商业银行使用人民银行大额支付系统资源，多支付的手续费将由人民银行返还。返还的手续费由商业银行总行统一收回，并根据业务量在下属各级银行之间进行分配，会计分录与上交的分录方向相反。

（七）国家处理中心年终账务结转

1. “大额支付往来”科目的结转。年度最后一个工作日，国家处理中心完成日终试算平衡，并将日终账务信息下载后，立即将“大额支付往来”科目余额以“人民银行××行（库）”为单位，结转到“支付清算资金往来”科目。如“大额支付往来”科目为借方余额的，会计分录为：

借：支付清算资金往来——人民银行××行（库）户

贷：大额支付往来——人民银行××行（库）户

如“大额支付往来”科目为贷方余额的，会计分录相反。

国家处理中心将各行（库）“支付清算资金往来”账户的余额保留，纳入下一年度每一营业日的账务平衡。

人民银行会计营业部门和国库部门接收国家处理中心日终下载的账务信息，进行自身试算平衡后，办理年度账务结转，将“大额支付往来”科目余额结转“支付清算资金往来”科目。

2. 汇总平衡科目的结转。年终总的试算平衡结束后，国家处理中心以“人民银行××行（库）”为单位，将汇总平衡科目借方或贷方余额结转为下年度的期初余额。

3. 清算账户的结转。年终总的试算平衡结束后，国家处理中心分别将每一个清算账户的借方或贷方余额结转为下年度的期初余额。

4. “支付清算资金往来”科目余额的核对。国家处理中心账务结转后，将“支付清算资金往来”账户余额下载至人民银行会计营业部门和国库部门。各人民银行（库）收到下载的“支付清算资金往来”账户余额，与自身结转存档的“支付清算资金往来”科目的余额进行核对。核对不符的，以国家处理中心下载的余额进行账务调整，纳入暂收（付）款项科目核算，查明原因后，进行相应的处理。

第三节　中国人民银行小额批量支付系统的核算

一、小额批量支付系统与大额实时支付系统的关系

小额批量支付系统与大额实时支付系统均属于中国人民银行现代化支付系统的应用系统，运作原理相同、参与者相同、运用的清算账户管理系统相同，并共享中国人民银行清算账户的清算资金。二者的区别体现在以下方面。

第一，清算的金额起点不同。目前，大额支付系统规定的金额为 2 万元以上，小额支付系统为 2 万元以下。

第二，业务范围不同。大额支付系统处理的是大额贷记支付业务和紧急的小额贷记支付业务；小额支付系统则处理银行业金融机构行内直接参与者之间的支付业务以及跨行普通、定期和实时的贷记和借记业务。

第三，处理模式不同。大额支付系统实时处理支付指令，全额清算资金；小额支付系统一般批量发送支付指令，轧差净额清算资金。

二、小额批量支付系统的参与者和业务流程

小额批量支付系统的参与者分为直接参与者、间接参与者和特许参与者，其定义与大额实时支付系统参与者的定义相同。

小额批量支付系统处理的业务类型分为贷记业务和借记业务两类，各类业务的流程如下。

（一）贷记业务

1. 同城贷记业务。小额支付系统处理的同城贷记支付业务，其信息从付款行发起，经付款清算行、城市处理中心、收款清算行，至收款行止（见图 5－4）。

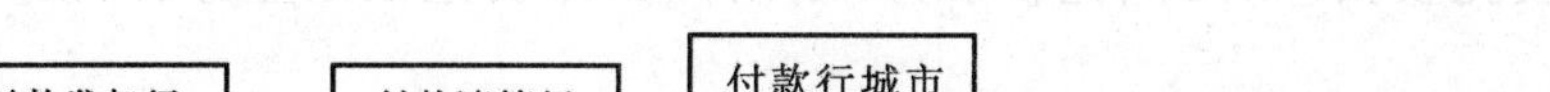

图 5－4　同城贷记支付业务流程

2. 异地贷记业务。小额支付系统处理的异地贷记支付业务，其信息从付款行发起，经付款清算行、付款行城市处理中心、国家处理中心、收款行城市处理中心、收款清算行，至收款行止（见图 5－5）。

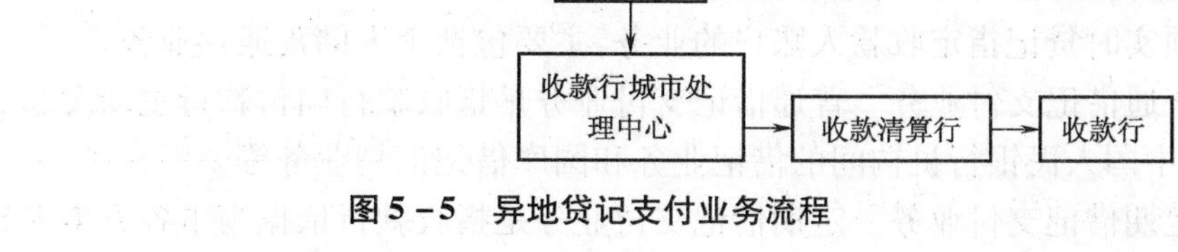

图 5－5　异地贷记支付业务流程

（二）借记业务

1. 同城借记业务。小额支付系统处理的同城借记支付业务，其信息从收款行发起，经收款清算行、城市处理中心、付款清算行、付款行后，付款行按规定时限发出回执信息，经原路径返回至收款行止（见图5-6）。

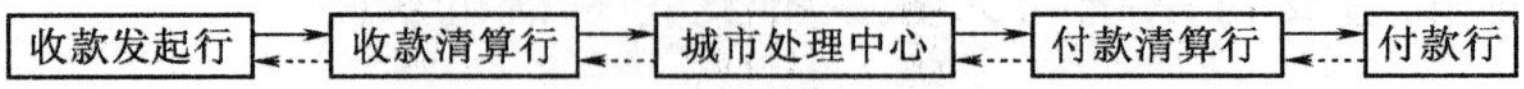

图5-6　同城借记支付业务流程

2. 异地借记业务。小额支付系统处理的异地借记支付业务，其信息从收款发起行发起，经收款清算行、收款行城市处理中心、国家处理中心、付款行城市处理中心、付款清算行、付款行后，付款行按规定时限发出回执信息，经原路径返回至收款发起行止（见图5-7）。

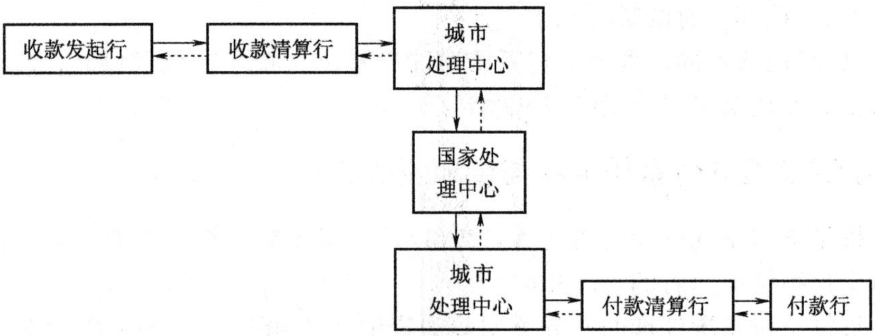

图5-7　异地借记支付业务流程

付款清算行是指向小额支付系统提交贷记支付业务信息或发起借记支付业务回执信息的直接参与者；收款清算行是指向小额支付系统提交借记支付业务信息，并接收借记支付业务回执信息或贷记支付业务信息的直接参与者。

三、小额批量支付系统的业务范围

银行业金融机构行内直接参与者之间的支付业务可以通过小额支付系统办理。小额支付系统处理下列跨行支付业务。

1. 普通贷记支付业务。普通贷记业务是指付款行向收款行主动发起的付款业务，包括汇兑、委托收款（划回）、托收承付（划回）、国库贷记汇划业务、网银贷记支付业务等。

2. 定期贷记支付业务。定期贷记支付业务是指付款行依据当事各方事先签订的协议，定期向指定收款行发起的批量付款业务，包括代付工资、代付保险金、养老金业务等。

3. 实时贷记支付业务。实时贷记支付业务是指付款行接受付款人委托发起的、将确定款项实时贷记指定收款人账户的业务，主要包括个人储蓄通存业务。

4. 普通借记支付业务。普通借记支付业务是指收款行向付款行主动发起的收款业务，包括中国人民银行机构间的借记业务和国库借记汇划业务等。

5. 定期借记支付业务。定期借记支付业务是指收款行依据当事各方事先签订的协议，定期向指定付款行发起的批量收款业务，包括代收水、电、煤气等公用事业费业务及国库批量扣税业务等。

6. 实时借记支付业务。实时借记支付业务是指收款行接受收款人委托发起的、将确定款项实时借记指定付款人账户的业务，包括个人储蓄通兑业务、对公通兑业务及国库实时扣税业务等。

7. 中国人民银行规定的其他支付业务。

四、会计科目设置

（一）清算账户行的会计科目

人民银行发布的《小额支付系统业务处理手续》中，清算账户行使用的科目为“待清算支付款项”，未区分往账和来账。与人民银行清算时，直接将该科目余额与“存放中央银行款项”对转。各商业银行可按需要设置相应的账户，本书其他章节在科目使用上进行了简化，经办行在办理跨行款项汇划时，一律以“跨行清算资金往来——小额支付”科目替代。

1. “小额支付系统往账待清算”科目。清算账户行向支付系统发出或代理下属机构发出贷记支付业务或借记支付业务回执，记入本科目贷方；日终收到人民银行资金清算对账报文时，将贷方发生额从借方转出，清算后本科目无余额。

2. “小额支付系统来账待清算”科目。清算账户行接收或代理下属机构接收支付系统发来的贷记支付业务或借记支付业务回执，记入本科目借方；日终收到人民银行资金清算对账报文时，将借方发生额从贷方转出，清算后本科目无余额。

3. “小额支付系统待发报”科目。清算账户行辖属机构已复核或授权的小额贷记支付业务或借记业务回执在等待组包发出时，记入本科目贷方；等待发出的支付业务组包发出时，记入本科目借方。发出后本科目无余额。

（二）国家处理中心和城市处理中心的会计科目

人民银行所设国家处理中心和城市处理中心核算小额批量支付业务的会计科目，存款类科目与大额实时支付系统所使用的科目相同；联行类科目中，“支付清算资金往来”和“汇总平衡”科目与大额实时支付系统相同，另设置“小额支付往来”科目，核算支付系统清算账户行通过小额支付系统办理的支付结算往来款项，余额轧差反映。年终，该科目余额转入“支付清算资金往来”科目，结转后余额为零。

五、小额批量支付业务的会计核算

（一）贷记业务的核算

1. 发出贷记业务。

（1）付款发起行为非清算账户行，经办柜员审核客户提交的有关贷记凭证后，需要通过商业银行行内电子汇划系统发往付款清算行。会计分录为：

借：吸收存款——付款人户

　贷：辖内上存款项（或其他科目）

复核柜员根据客户提交的贷记凭证对报文进行复核，若交易金额未超过授权金额，则系统自动记账，打印贷方报单。付款清算行收到后，转账的会计分录为：

借：辖内款项存放（或其他科目）

　贷：小额支付系统待发报

(2)付款发起行本身即为清算账户行时,会计分录为:

借:吸收存款——付款人户

贷:小额支付系统待发报

(3)清算账户行组包发报时,应在规定的时间内自动进行组包,并将其发至人民银行小额支付系统前置机。对于加急的小额支付业务报文,可由清算账户行人工进行组包发出。发出贷记业务时,会计分录为:

借:小额支付系统待发报

贷:小额支付系统往账待清算

对于所有已发出的非实时贷记业务报文,收到轧差节点返回的"已轧差"通知,表示该笔业务处理完成。

2. 接收贷记业务。

(1)收款清算行接收辖属收款行的贷记业务,会计分录为:

借:小额支付系统来账待清算

贷:辖内款项存放(或其他科目)

通过商业银行行内电子汇划系统发至收款行,收款行的会计分录为:

借:辖内上存款项(或其他科目)

贷:吸收存款——收款人户

(2)收款清算行受理自身为收款行的贷记业务时,会计分录为:

借:小额支付系统来账待清算

贷:吸收存款——收款人户

(二)借记业务的核算

1. 收款行发出借记业务。收款行柜员受理客户提交的有关借记凭证,审核无误后,打印借记业务凭证,交复核柜员对报文进行复核,并将借记业务凭证专夹保管,俟接收到回执后处理。无论收款行是否为清算账户行,发出借记阶段均无须进行账务处理。收款清算行发出借记业务包时,也不产生账务,对于所有已发出的借记业务报文,收到接收行(付款行)的"成功"或"拒付"回执,并进行账务处理后,该笔业务才处理完成。

2. 付款行接收借记业务。付款行在接收来账报文时,使用来账业务借方专用凭证进行批量打印。对于接收到符合自动处理条件的借记业务报文,系统自动进行处理;对于接收到的不符合自动入账条件的借记业务报文,由柜员进行人工处理。

付款行对于符合扣账条件的借记业务报文,在记账同时产生"成功"回执报文。付款行为非清算账户行时,会计分录为:

借:吸收存款——付款人户

贷:辖内上存款项(或其他科目)

付款行为清算账户行时,会计分录为:

借:吸收存款——付款人户

贷:小额支付系统往账待清算

付款清算行受理辖属付款行的借记业务,在借记商业银行行内电子汇划科目的同时,贷记"小额支付系统往账待清算"科目。

对不符合扣账条件的借记业务报文,产生"拒付"回执报文,无须进行账务处理。

3. 收款行接收借记业务回执。收款行接收借记业务回执并进行下列账务处理后,其所发出的借记业务才能完成。相应的账务处理应分两种情况进行。

(1)收款行为非清算账户行,其收款清算行的会计分录为:

借:小额支付系统来账待清算

　贷:辖内款项存放(或其他科目)

通过行内电子汇划系统发至收款行,收款行的会计分录为:

借:辖内上存款项(或其他科目)

　贷:吸收存款——收款人户

(2)收款行本身即为清算账户行时,其会计分录为:

借:小额支付系统来账待清算

　贷:吸收存款——收款人户

(三)日终轧差和清算资金

1.清算账户行的处理。清算账户行业务系统接收前置机“小额业务包汇总核对报文”,按照人民银行小额支付系统对账报文,系统自动对轧差日期、场次、节点相同的往来业务进行轧差。当往账金额大于来账金额时,会计分录为:

借:小额支付系统往账待清算

　贷:小额支付系统来账待清算

　　存放中央银行款项

当来账金额大于往账金额时,会计分录为:

借:小额支付系统往账待清算

　存放中央银行款项

　贷:小额支付系统来账待清算

小额支付系统的资金清算既包括清算账户行与人民银行(城市处理中心)的清算,也包括清算账户行与非清算账户行(收款行和付款行)的清算。法定工作日,清算账户行与人民银行按清算场次对当日的往账来账分别进行清算;清算账户行与非清算账户行之间则通过行内电子汇划系统进行清算。

2.城市处理中心轧差。

(1)同城业务。城市处理中心在日常受理小额支付业务时,对同城业务检查、核押无误,轧差后将业务包转发相应的清算账户行。轧差公式为:

某清算行提交清算的贷方净额(+)[或借方净额(-)]=同城贷记来账金额+他行返回同城借记回执成功交易金额-同城贷记往账金额-发出同城借记回执成功交易金额

(2)异地业务。对异地往账业务检查、核押无误,加编全国密押后转发国家处理中心;对异地来账业务核验全国密押无误后,加编地方密押转相应的接收清算行。

城市处理中心在规定提交时点对每场轧差净额进行试算平衡检验,检验无误后自动提交清算。

3.国家处理中心轧差。国家处理中心对按付款清算行和收款清算行双边实时轧差,轧差公式为:

某清算行提交清算的贷方净额(+)[或借方净额(-)]=异地贷记来账金额+他行返回异地借记回执成功交易金额-异地贷记往账金额-发出异地借记回执成功交易金额

国家处理中心在规定提交时点对每场轧差净额进行试算平衡、检验,检验无误后自动提交清算。

国家处理中心收到同城和异地轧差净额清算报文,试算平衡,检查无误后,自动完成相关账务处理。对于各清算行的轧差净额,分两种情况核算。

(1)属于清算行贷方差额的,会计分录为:

借:小额支付往来——人民银行××行(库)户

　贷:××银行准备金存款——××行户

(2)属于清算行借方差额的,会计分录为:

借:××银行准备金存款——××行户

　贷:小额支付往来——人民银行××行(库)户

(四)国家处理中心年终账务结转

1. 小额支付往来科目的结转。年度最后一个工作日,国家处理中心完成日终试算平衡,将"小额支付往来"科目余额以"人民银行××行(库)"为单位,一并转入"支付清算资金往来"科目。若"小额支付往来"为借方余额,会计分录为:

借:支付清算资金往来

　贷:小额支付往来——人民银行××行(库)户

若为贷方余额,分录相反。

2. 汇总平衡科目的结转、清算账户的结转以及支付清算资金往来科目余额的核对与大额支付系统的处理方式相同。

小额支付系统结算收费的核算也与大额支付系统相同,在此不再赘述。

第四节　网上支付跨行清算系统的核算

中国人民银行网上支付跨行清算系统是中国现代化支付系统的重要应用系统,主要支持网上跨行零售支付业务的处理,采取业务指令逐笔发出,实时轧差,定时清算的基本做法。

商业银行使用人民银行网上支付跨行清算系统,可采用"一点接入、一点清算"方式与人民银行网上支付清算系统连接,实现企业客户、个人客户及信用卡客户的实时跨行交易。网上支付跨行清算系统的清算结构见图5-8。

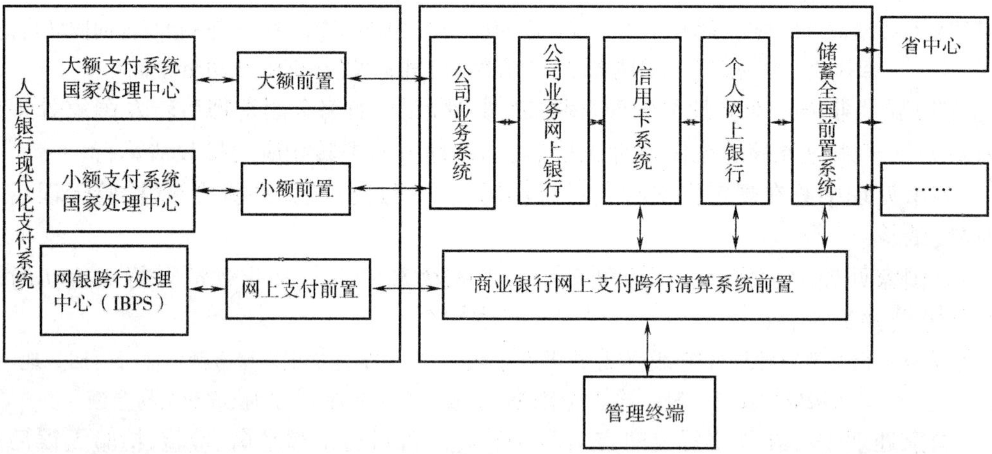

图5-8　网上支付跨行清算系统

商业银行使用人民银行网上支付跨行清算系统,参与者包括全国中心、省中心和市县中心,分别由总行、分行和相应的支行履行职责。

一、业务内容及概念

网上支付跨行清算系统处理的业务内容主要包括支付类业务、信息类业务、对账、差错处理和查询打印。本节重点介绍支付类业务,包括银行业金融机构(商业银行)处理的贷记往账、贷记来账、借记往账、借记来账和第三方贷记来账等业务。

从某一商业银行角度出发,贷记往账业务是指客户通过本行发起,经网上支付跨行清算系统向他行开户的收款人主动汇出款项的支付类业务。贷记来账业务是指客户通过他行发起,经网上支付跨行清算系统向在本行开户的收款人主动汇款的支付类业务。借记往账业务是指收款人经本行发起的,根据授权支付协议,经网上支付跨行清算系统借记在他行开户的付款人账户的支付类业务。借记来账业务是指收款人经他行发起的,根据授权支付协议,经网上支付跨行清算系统借记在本行开户的付款人账户的支付类业务。第三方贷记来账业务的第三方,是指提供第三方支付服务的商业银行或非金融支付组织,他们接受付款人委托,通过网上支付跨行清算系统向收款人主动汇款,本行可能是收款人开户行,也可能是付款人开户行。

二、公司业务网上支付的跨行清算

(一)贷记业务的核算

1. 发出贷记往账业务。

(1)发出交易时,县市中心的会计分录为:

借:吸收存款——付款人户

　贷:辖内上存款项(或其他科目)

(2)省中心接收往账信息,会计分录为:

借:辖内款项存放(或其他科目)

　贷:系统内上存款项(或其他科目)

(3)全国中心接收往账信息,会计分录为:

借:系统内款项存放(或其他科目)

　贷:跨行清算资金往来——人民银行网上跨行支付

收到人民银行清算报文,向人民银行付款时,会计分录为:

借:跨行清算资金往来——人民银行网上跨行支付

　贷:存放中央银行款项

2. 接收贷记来账业务。与发出贷记来账业务相衔接,接收贷记来账业务的起点在全国中心。

(1)全国中心收到人民银行轧差报文,会计分录为:

借:跨行清算资金往来——人民银行网上跨行支付

　贷:系统内款项存放(或其他科目)

(2)省中心接收贷记来账,会计分录为:

借:系统内上存款项(或其他科目)

　贷:辖内款项存放(或其他科目)

(3)市县中心接收贷记来账,为客户收账,会计分录为:

借:辖内上存款项(或其他科目)

贷:吸收存款——收款人户

(4)全国中心收到人民银行网上跨行清算通知后,会计分录为:

借:存放中央银行款项

贷:跨行清算资金往来——人民银行网上跨行支付

(二)借记业务的核算

发出借记往账和接收借记来账业务的核算步骤与贷记业务的相应步骤相同,分录方向相反。

储蓄类业务及信用卡业务的借记与贷记业务处理手续可参照公司业务的核算流程,但需要核算个人跨行汇款的手续费收入。

人民银行对储蓄业务与公司业务的跨行清算均收取手续费,由商业银行总行从"存放中央银行款项——准备金"账户支付,并向各级分行分摊,最终列入"手续费及佣金支出"。人民银行获得的手续费收入也要向各商业银行分利润,最终计入结算业务收入或信用卡业务收入。

第五节　同城票据交换的核算

同城票据交换是指本行与他行通过人民银行的同城票据交换系统进行票据交换的过程。同城票据交换包括交换提出借方凭证、交换提出贷方凭证、交换提入借方凭证、交换提入贷方凭证。

结算业务使用的凭证,从支付清算发起行(提出票据行)的角度出发,分为借方凭证和贷方凭证。典型的借方凭证包括银行汇票、银行本票、借记支票等;典型的贷方凭证包括托收承付、委托收款、汇兑凭证及贷记支票等。

一、票据交换的要求和内容

同城票据交换由人民银行开设交换所组织交换。票据交换的直接参与者是清算行,交换行可以委托清算行代理交换,清算行本身的票据也可直接交换。

银行业金融机构参加人民银行组织的票据交换,需要做如下准备。

1. 向人民银行申请核定的交换号码。交换号码是参加票据交换的营业机构代码。在参加交换的各类票据上加印交换号码,才能进行清分识别。清算行应向所在地人民银行申请交换号码,由人民银行审查同意后核发。

2. 配备专职交换人员。票据交换应指定专人负责,严格遵守交换所规则。同时,负责票据交换的人员不得兼职负责系统内资金汇划清算,不得兼管央行备付金账户和同业往来账户,也不得兼管内部往来业务等。

3. 按照人民银行统一的交换场次和时间参加交换。

4. 开立清算账户。清算行应在人民银行开立清算账户,以便在每次交换结束时,将交换差额在清算账户直接清算。

同城票据交换需区分直接提出提入票据和委托代理行代理提出提入票据两种情况。直接提出提入票据是指该机构(清算行)作为票据交换行直接与人民银行票据交换系统发生票据交换业务;委托代理行代理提出提入票据是指交换行受托为在票据交换所无交换行号码的机构办理提出提入票据的行为。

为便于理解和掌握，本书其他章节对同城票据清算的明细科目进行了简化处理。本节为介绍同城票据交换的来龙去脉，将展示明细核算的细节。

二、提出票据核算

（一）交换提出借方凭证

1. 直接提出借方凭证。

(1) 票据提出行直接提出借方凭证时，会计分录为：

借：跨行清算资金往来——同城票据清算（清算机构）

　贷：其他应付款——同城票据款项——同城票据清算——提出（交易机构—级支行）

(2) 未发生退票时，会计分录为：

借：其他应付款——同城票据款项——同城票据清算——提出（交易机构—级支行）

　贷：吸收存款——××持票人户（开户机构）

(3) 退票的处理。

①发生电话退票，不进行账务处理。

②发生直接退票时，会计分录为：

借：其他应付款——同城票据款项——同城票据清算——提出（交易机构—级支行）

　贷：其他应付款——同城票据款项——同城票据清算——退票（交易机构—级支行）

同时，

借：其他应付款——同城票据款项——同城票据清算——退票（交易机构—级支行）

　贷：跨行清算资金往来——同城票据清算（清算机构）

③发生退票后再次提出借方凭证时，会计分录为：

借：其他应付款——同城票据款项——同城票据清算——提出（交易机构—级支行）

　贷：其他应付款——同城票据款项——同城票据清算——退票（交易机构—级支行）

借：其他应付款——同城票据款项——同城票据清算——退票（交易机构—级支行）

　贷：跨行清算资金往来——同城票据清算（清算机构）

同时，

借：跨行清算资金往来——同城票据清算（清算机构）

　贷：其他应付款——同城票据款项——同城票据清算——退票（交易机构—级支行）

2. 委托代理行代理提出借方凭证。委托代理行代提出借方凭证时，委托行不进行账务处理，由受托行代其进行相应的账务处理。若未发生退票，由受托行直接联动记入委托行的客户分户账中。若发生退票，由受托行进行入账处理，其处理视同受托行自己的票据，不需联动委托行进行入账处理。

（二）交换提出贷方凭证

1. 直接提出贷方凭证。

(1) 提出贷方凭证时，会计分录为：

借：吸收存款——××付款人户（交易机构）

　贷：跨行清算资金往来——同城票据清算（清算机构）

(2) 退票的处理。

①提出贷方凭证发生退票再次提出时，会计分录为：

借：跨行清算资金往来——同城票据清算（清算机构）

　贷：其他应付款——同城票据款项——同城票据清算——退票（交易机构—级支行）

借:其他应付款——同城票据款项——同城票据清算——退票(交易机构一级支行)
贷:跨行清算资金往来——同城票据清算(清算机构)

②发生退票的贷方凭证返还付款申请人时,会计分录为:

借:跨行清算资金往来——同城票据清算(清算机构)
贷:其他应付款——同城票据款项——同城票据清算——退票(交易机构一级支行)

借:其他应付款——同城票据款项——同城票据清算——退票(交易机构一级支行)
贷:吸收存款——××付款户(开户机构)

2. 委托代理行代理提出贷方凭证。委托行提出贷方凭证时,由受托行进行账务处理,同受托行直接提出,联动扣减委托行的客户账账户。委托行提出的贷方凭证发生退票退回客户账户时,受托行处理时视同受托行的票据进行处理,联动委托行的客户账入账。如果退票重新提出时,由受托行直接办理重新提出,委托行不需要进行账务处理,受托行处理时视同受托行的票据进行处理。

三、提入票据的核算

(一)交换提入借方凭证

直接交换提入借方凭证与委托代理行代理提入借方凭证账务处理相同,因此不再分开介绍。

1. 若提入的借方凭证是正确的,会计分录为:

借:吸收存款——××付款人户(开户机构)
贷:跨行清算资金往来——同城票据清算(清算机构)

2. 若提入的借方凭证是错误的,会计分录为:

借:其他应收款——同城票据款项——同城票据清算——退票户(交易机构一级支行)
贷:跨行清算资金往来——同城票据清算(清算机构)

借:跨行清算资金往来——同城票据清算(清算机构)
贷:其他应收款——同城票据款项——同城票据清算——退票户(交易机构一级支行)

(二)交换提入贷方凭证

直接交换提入贷方凭证与委托代理行代理提入贷方凭证账务处理相同,因此不再分开介绍。

1. 提入的贷方凭证不需要退票,会计分录为:

借:跨行清算资金往来——同城票据清算(清算机构)
贷:吸收存款——××收款人户(开户机构)

2. 提入的贷方凭证需要退票时,会计分录为:

借:跨行清算资金往来——同城票据清算(清算机构)
贷:其他应付款——同城票据款项——同城票据清算——退票户(交易机构一级支行)

借:其他应付款——同城票据款项——同城票据清算——退票户(交易机构一级支行)
贷:跨行清算资金往来——同城票据清算(清算机构)

四、同城票据交换轧差

票据交换行与清算行可能为同机构,也可能为不同机构。交换结束,清算行与人民银行进行轧差,轧计应收差额或应付差额(见表5-1)。

表 5-1 跨行清算资金往来——同城票据清算差额

提入贷方凭证	提入借方凭证
提出借方凭证	提出贷方凭证
借方 > 贷方 = 应收差额	贷方 > 借方 = 应付差额

清算行"跨行清算资金往来——同城票据清算"账户的应收(或应付)差额应与人民银行交换所的清算差额相符。

若本行同城票据交换轧差金额与人民银行轧差金额不符,先在交换行进行挂账处理,待查清原因后再进行后续处理。

(一)清算行与交换行轧差不符挂账的处理

1. 若轧差不符,挂账后为应付差额款项时,会计分录为:

借:跨行清算资金往来——同城票据清算(清算机构)

贷:其他应付款——同城票据款项——待转同城票据清算(交易机构一级支行)

2. 若轧差不符,挂账后为应收差额款项时,会计分录为:

借:其他应收款——同城票据款项——待转同城票据清算(交易机构一级支行)

贷:跨行清算资金往来——同城票据清算(清算机构)

(二)挂账后查明原因的处理

1. 查明原因后将应付客户资金支付给客户,会计分录为:

借:其他应付款——同城票据款项——待转同城票据清算(交易机构一级支行)

贷:吸收存款——××单位户(开户机构)

2. 查明原因后需向客户收取款项时,会计分录为:

借:吸收存款——××单位户(开户机构)

贷:其他应收款——同城票据款项——待转同城票据清算(交易机构一级支行)

3. 如因操作失误等原因造成的挂账,正确处理后重新扎差,负数冲挂账。挂账后为应付款项时,会计分录同挂应付款项,负金额记账。挂账后为应收款项时,会计分录同挂应收款项,负金额记账。

(三)清算行与人民银行清算资金的处理

1. 与人民银行轧差时,如为应收差额(应收人行款),会计分录为:

借:存放中央银行款项——准备金(开户机构)

贷:跨行清算资金往来——同城票据清算(清算机构)

2. 与人民银行轧差时,如为应付差额(应付人民银行款),会计分录为:

借:跨行清算资金往来——同城票据清算(清算机构)

贷:存放中央银行款项——准备金(开户机构)

第六节 银行业金融机构行内支付系统的核算

商业银行的行内支付系统由来已久,传统上称为联行往来。联行往来是指商业银行系统内的资金账务往来。它是同一商业银行不同行处之间办理资金调拨,货币结算,相互间代收、代付款项而引起的。目前各商业银行都分别有各自的行内支付系统和制度，并普遍采用了电子汇划系统，以提高社会资金周转效率。

银行业金融机构行内支付系统是银行业金融机构综合业务处理系统的主要组成部分，是其内部资金往来与资金清算的渠道，是其拓展支付服务市场、提升市场竞争能力的重要设施，在整个支付系统中居于基础地位。

一、系统内电子汇划与资金清算的基本做法

尽管银行业金融机构都有各自独立的行内电子汇划系统，但商业银行行内电子汇划与资金清算通常采取“实存资金、同步清算、头寸控制、集中监督”的方式。

实存资金是指以清算行为单位在总行清算中心开立备付金存款账户，用于汇划款项时资金的清算。

同步清算是指发报经办行通过其清算行经总行清算中心将款项划至收报经办行的同时，总行清算中心办理清算行之间的资金清算。

头寸控制是指各清算行在总行清算中心开立的备付金存款账户应保留足够余额，不得透支，便于总行清算中心对各行汇划款项实行集中清算。如清算行备付金存款余额不足，应及时调入。

集中监督是指总行清算中心对汇划往来数据发送、资金清算、备付金存款账户资信情况和行际查询查复事宜进行管理和监督。

在电子汇划中，通过计算机网络系统，采取“汇划数据实时发送，各清算行控制进出，总行清算中心即时处理，汇划资金按时到达”的办法。

“汇划数据实时发送”是指发报经办行录入电子汇划数据后，全部即时发送到发报清算行。

“各清算行控制进出”是指清算行辖属所有经办行的资金汇划、查询查复等全部通过清算行进出，清算行控制辖属经办行内资金清算。

“总行清算中心即时处理”是指总行清算中心将发报清算行传输来的电子汇划数据即时传输到收报经办行。实时业务由收报清算行即时传输到收报经办行，批量业务由收报清算行次日传输到收报经办行。总行清算中心当日更新各清算行备付金存款。

“汇划资金按时到达”是指实时业务即时到达，批量业务次日到达收报经办行。为了区分轻重缓急，实时业务实时处理，对紧急款项和查询查复事项即时处理，即时到达收报经办行；批量业务批量处理，可次日到达收报经办行。

二、电子汇划业务范围和参与机构

电子汇划业务包括同一商业银行系统内行间异地贷记、借记支付业务。其中，贷记支付业务包括汇兑、异地委托收款、托收承付、异地商业汇票款划回和系统内资金划拨等；借记支付业务包括解付本系统银行汇票、系统内按规定扣划款项、贷款账户转移及按规定允许扣收的款项和特定的直接借记业务。

银行业金融机构电子汇划业务的参与机构包括发报经办行、发报清算分中心、总行清算中心、收报清算分中心和收报经办行。凡具体办理款项汇划业务的对外营业机构均为经办行。汇划款项业务的发出行为发报经办行，汇划款项业务的接收行为收报经办行。在总行清算中心开立账户的清算分中心一般设在省及直辖市分行、总行直属分行及二级分行。总行清算中心负责办理系统内各经办行之间的资金汇划，各清算分中心之间的资金清算以及资金拆借、账务核算管理等业务。系统内异地电子汇划业务的

一般程序如图 5 -9 所示。

图 5 -9　系统内异地电子汇划业务的一般程序

三、电子汇划业务的会计科目

由于各银行业金融机构行内支付系统各自独立设计，虽然基本做法类似，但使用的备付金存款会计科目不尽相同。有些商业银行系统使用往来类科目，如“清算资金往来”或“电子汇划往来”等资产负债共同类科目，作为清算备付金之前的过渡科目。

（一）“系统内上存款项”科目

“系统内上存款项”科目用于核算和反映各清算分中心存放在上级管辖行的清算（调拨）备付金。该科目为省区分行、直辖市分行、总行直属分行、二级分行使用。该科目属于资产类科目。

（二）“系统内款项存放”科目

“系统内款项存放”科目用于核算和反映总行、省区分行核算下级行存放的清算（调拨）备付金存款。该科目为总行、各省区分行使用。该科目属于负债类科目。

（三）“辖内上存款项”科目

“辖内上存款项”科目用于核算和反映辖内各支行或网点核算存放在上级行的备付金存款。该科目为资产类科目。

（四）“辖内款项存放”科目

“辖内款项存放”科目用于核算和反映各分行、支行核算下级行或网点上存的备付金存款。该科目为负债类科目。

四、电子汇划业务的账务处理

（一）发报经办行

发报经办行受理客户汇兑、托收承付、委托收款划款业务，属于发出贷记业务。发报经办行对发出贷记业务的有关凭证审核无误后，办理转账手续，向发报清算行（分中心）传输信息。会计分录为：

借：吸收存款——付款人户（或其他有关科目）

　贷：辖内上存款项（或其他科目）

发报经办行受理客户银行汇票代理兑付等业务，属于发出借记业务，会计分录与发出贷记业务相反。

发报经办行对客户提交的支付凭证进行账务处理后，分别作为电子汇划借方或贷方报单的附件。

（二）发报清算分中心

发报清算分中心的主要任务是将各发报经办行传输来的全国汇划业务实时上传至总行清算中心。对于辖属经办行传输来的辖内汇划款项业务，应及时转发给收报经办行。

1. 系统内异地汇划业务。对于异地汇划业务，发报清算分中心的计算机自动进行账务处理，更新在总行开立的备付金存款账户余额，并将汇划信息传输至总行清算中心转发收报清算分中心。

收到发报经办行贷记支付业务时，会计分录为：

借：辖内款项存放——发报经办行户

　贷：系统内上存款项——上存总行备付金户

对于借记支付业务，会计分录相反。

2. 系统内辖属经办行之间的资金汇划业务。此时，发报清算分中心又承担着收报清算分中心的责任，应将汇划款项转发辖属的收报经办行。对于贷记支付业务，会计分录为：

借：辖内款项存放——发报经办行户

　贷：辖内款项存放——收报经办行户

对于借记支付业务，会计分录相反。

（三）总行清算中心

总行清算中心收到各发报清算分中心传来的汇划业务数据，计算机系统自动登记后，将款项传送至各收报清算分中心。每日营业终了，总行清算中心更新各清算分中心在总行开立的备付金存款账户余额。对于贷记支付业务，会计分录为：

借：系统内款项存放——发报清算分中心户

　贷：系统内款项存放——收报清算分中心户

对于借记支付业务时，会计分录相反。

日终处理结束后，计算机生成总行清算中心的“电子汇划往来汇总报单”、电子汇划日报表和相应对账信息，下发分中心及经办行对账。

（四）收报清算分中心

收报清算分中心收到总行清算中心传来的汇划业务数据，计算机系统自动检测收报经办行是否为辖属行处，核押无误后自动进行账务处理。接收电子汇划贷记支付业务信息，会计分录为：

借：系统内上存款项——上存总行备付金户

　贷：辖内款项存放——收报经办行户

接收借记支付业务信息时，会计分录相反。

日终处理结束后，由计算机生成各清算分中心的汇总报单、日报表及各类对账单，打印核对无误后，结束当日汇划业务。

收报清算分中心对于实时业务即时处理并传至收报经办行，批量业务处理后次日传至收报经办行。其处理方式有集中式和分散式两种。

在集中式处理方式下，清算分中心作为业务处理中心，负责辖内汇划收报的集中处理及汇出汇款、应解汇款（及临时存款）等内部账务的集中管理。收到总行清算中心传来实时的汇划电子数据后，即时代辖属经办行记账；收到总行清算中心传来的批量电子汇划数据后，日终进行挂账处理，次日待经办行确认后记账。

在分散式处理方式下,收报清算分中心收到总行清算中心传来的电子汇划数据后,均传至收报经办行处理。实时的电子汇划数据要即时传至收报经办行记账。批量电子汇划数据由收报清算分中心挂账,次日待收报经办行确认后传至收报经办行记账。

(五)收报经办行

收报经办行接收到收报清算分中心传来的批量、实时汇划业务信息后,打印报单,并自动进行账务处理。对于贷记支付业务,会计分录为:

借:辖内上存款项

　贷:吸收存款——收款人户(或其他有关科目)

借记支付业务,会计分录相反。

五、电子汇划清算账户的核算

各清算分中心在总行清算中心开立备付金账户,在“系统内上存款项”科目核算。通过人民银行将款项汇入总行清算中心,具体手续是:根据资金营运部门的资金调拨单,填制人民银行电(信)汇凭证,通过人民银行汇入总行清算中心。会计分录为:

借:其他应收款——待处理汇划款项户

　贷:存放中央银行款项——准备金存款户

待总行清算中心收到款项后,由系统自动作账务处理。会计分录为:

借:系统内上存款项——上存总行备付金存款户

　贷:其他应收款——待处理汇划款项户

总行清算中心收到各清算行和省区分行上存的备付金后,应该当日通知有关清算行,并进行账务处理,通过“系统内款项存放”科目核算。会计分录为:

借:存放中央银行款项——准备金存款户

　贷:系统内款项存放——××分行备付金存款户

二级分行在管辖省区分行开立备付金账户,也是通过人民银行汇入省区分行,处理手续同上。

支行在管辖省区分行开立备付金存款账户,通过“辖内上存款项”和“辖内款项存放”科目核算,其具体处理手续同上。通过人民银行汇入省区分行,支行会计分录为:

借:其他应收款——待处理汇划款项户

　贷:存放中央银行款项——准备金存款户

待省区分行收到款项后,由系统自动进行账务处理。会计分录为:

借:辖内上存款项——上存分行备付金存款户

　贷:其他应收款——待处理汇划款项户

省区分行收到各支行上存的备付金后,当日通知有关支行,并进行账务处理。会计分录为:

借:存放中央银行款项——准备金存款户

　贷:辖内款项存放——××支行备付金存款户

各行在上级行出现头寸不足时,应通过人民银行及时补足备付金存款。

思考练习题

1. 什么是支付清算体系？资金清算与支付结算关系如何？
2. 当前我国的支付清算体系是怎样构成的？
3. 简述人民银行现代化支付系统的参与者和组成机构。
4. 简述大额支付系统与小额支付系统的联系与区别。
6. 同城票据交换如何计算清算差额？如何与人民银行清算资金？
5. 商业银行系统内电子汇划清算的基本做法是什么？

第六章

外汇业务的核算

学习要点与要求

1. 了解我国商业银行可以经营的外汇业务种类；
2. 了解外汇会计的特点；
3. 掌握外汇买卖业务的科目设置以及结售汇和套汇的核算处理；
4. 熟悉全国联行外汇往来业务中收报行、发报行分别如何核算；
5. 熟悉港澳地区及国外联行往来的核算；
6. 熟悉国外代理行往来的核算；
7. 了解外汇存贷款业务的会计核算；
8. 熟悉进出口业务中信用证、托收和汇兑结算业务的核算。

第一节　外汇业务概述

随着经济和金融全球化进程的加快，特别是我国加入世界贸易组织后国际贸易的蓬勃发展，我国金融企业的外汇业务日渐增多，外汇业务的核算已经成为金融企业会计核算体系中日益重要的组成部分。

一、基本概念

外汇有动态和静态两种含义。动态的外汇是指外币兑换的行为，把一国货币兑换成另一国货币，用来清偿国家间债务的行为；静态的外汇则是指以外国货币表示的可以用于国际清偿和国际结算的支付手段和资产。根据我国《外汇管理条例》的规定，外汇包括：①外国货币，含纸币和铸币；②外币有价证券，如政府债券、公司债券、股票等；③外币支付凭证，如票据（当然是外币标价）、银行存款凭证、邮政储蓄凭证等；④在国际货币基金组织的特别提款权；⑤其他外币资产。

汇率是用另一国货币表示的一国货币单位的价格，也称为汇价。汇率有两种标价方法：直接标价法和间接标价法。直接标价法是以一定单位的外币（通常为 100 单位）为标准，折算成若干本币的方法。目前，除英国和美国外，世界各国都采用直接标价法。

例如,对人民币来说,100 美元 =614.36 元人民币,采用的就是直接标价法。间接标价法则是以一定单位的本币为标准,折算成若干单位外币的方法。例如,对于英镑来说,100 英镑 =162.68 美元,采用的就是间接标价法。

1994 年 1 月 1 日,人民币官方汇率与外汇调剂市场汇率并轨,并轨后的人民币汇率,实行以市场为基础的、单一的、有管理的浮动汇率制。人民银行根据前一日银行间外汇交易市场的价格,每日公布人民币对美元的中间价,并参照国际外汇市场变化,同时公布人民币对其他主要货币的汇率。各外汇指定银行以此为依据,在人民银行规定的浮动幅度内自行挂牌,对客户买卖外汇。

人民币外汇牌价有汇买价、汇卖价、钞买价、钞卖价和中间价五种。买入和卖出都是相对于银行而言,买卖之间的差额为银行收益。对于银行来说,买卖外汇时,现汇和现钞是有区别的。这是因为外币现钞和硬币在我国不能流通,必须运至发行国或者国际金融市场出售才能转成现汇,从而作为支付手段使用。为此,银行要负担各种贮存、运输等费用,所以汇买价与钞买价不同,钞买价要低于汇买价,按国际惯例大约低 1% ~3%。但是汇卖价和钞卖价相同。

汇买价和汇卖价的平均汇率是中间汇率,也就是中间价,即不附加银行外汇买卖收益的汇价,也是两国货币的实际汇价。商业银行向其他国家银行出售或者结购外汇一般使用这种汇价。

二、外汇业务的范围

经营外汇业务是商业银行业务经营的重要组成部分。按照集中管理、统一经营的外汇管理方针,国家授权外汇管理局行使外汇管理职权,由外汇指定银行和经批准的其他商业银行经营外汇业务。

我国商业银行可以经营的外汇业务主要包括三类:外汇买卖、外汇存贷款、外汇结算。

(一)外汇买卖

商业银行的外汇买卖业务主要包括自营外汇买卖、代客外汇买卖和临柜业务中的结售汇等。银行的自营外汇买卖,是银行直接在国际金融市场上买卖外汇,一般集中在总行办理;银行代客外汇买卖,是银行接受客户委托,代其在国际金融市场上买卖外汇。临柜业务则主要有以下几类。

1. 结汇。我国对经常项目下的外汇收入实行结汇制。境内企事业单位、机关和社会团体按国家的外汇政策规定,将各类外汇收入按银行挂牌汇率结售给商业银行。商业银行购入外汇,付给人民币。

2. 售汇。境内企事业单位、机关和社会团体经常项目下的正常用汇,可以持有效凭证,用人民币到商业银行办理兑付。

3. 银行间外汇交易市场的外汇调剂。商业银行持有的超过规定的比例上限的结算周转外汇,必须出售给其他商业银行或人民银行,不足时可以购入补足。

4. 外币兑换。这是指银行从个人手中买入外币付给人民币,或者收进人民币兑出外币。

5. 套汇。这主要是不同币种间没有直接的汇价,或者客户拥有的某种外汇与其支付所需要的币种不一样时,可以要求银行套算兑换。

贷:货币兑换——乙外币的汇卖价　　人民币

借:货币兑换——乙外币的汇卖价　　乙种外币

贷:吸收存款——外汇活期存款——现汇户　　乙种外币

2. 定期存款。个人外汇定期存款也是由银行发给记名式存单或存折,存款到期后可以转存外汇活期存款账户,也可以支取现金。

存入时:

借:库存现金　　外币

贷:吸收存款——外汇定期存款　　外币

到期后:

借:吸收存款——外汇定期存款　　外币

利息支出——个人外汇定期存款利息　　外币

贷:吸收存款——现金或外汇活期存款　　外币

对于个人外汇存款利息,以每年12月20日为结息日,按实际存款天数计算。如遇利率调整,仍按存入日利率计算。另外根据税法的规定,个人外币活期、定期存款利息需要扣除利息收入所得税。

四、外汇贷款业务的核算

(一)外汇贷款概述

外汇贷款是银行外汇资金的主要运用形式之一,是根据经济建设的需要,把吸收的外汇存款和国外引进的外汇资金,以有偿的方式发放给需要的企业,支持国家重点建设项目或企业引进国外先进技术或购买国内紧缺的原材料,或以办理买方信贷的方式支持机械、船舶和专有技术的进出口。

与人民币贷款相比,外汇贷款有以下特点。

1. 借什么货币还什么货币。

2. 实行浮动汇率。外汇贷款的利率是根据伦敦国际银行间拆借利率(LIBOR)加上银行管理费用计算得出的,根据国际资金市场的供求关系而浮动。

3. 借款单位必须具有外汇收入或其他外汇来源。

4. 一般不发生派生性存款。外汇贷款批准后,贷款的发放是从贷款账户直接对外支付,因而不会形成借款单位的派生性存款。

外汇贷款按照不同的标准可以分为不同的类型。本节将详细阐述核算上有代表性的短期外汇贷款、买方信贷外汇贷款、押汇和票据贴现。

(二)短期外汇贷款

短期外汇贷款是银行将外汇资金贷给具有偿还能力并具备贷款条件的企业,期限在1年以内,凡生产出口商品,能直接或间接创汇并具备还款条件的企业都可以申请。短期外汇贷款通过"短期外汇贷款"科目核算,该科目属于资产类科目。

1. 贷款的发放。进口企业需要外汇贷款时,先填写外汇贷款申请书,并提交其他贷款申请资料和有关批准进口文件,比如进口许可证,向银行申请贷款。申请贷款的额度还可以包括匡算的应付国外银行费用、应付本行手续费和贷款利息等。如采用信用证方式进口的,银行据以对外开证,免收保证金。待银行收到议付行寄来跟单汇票,经审单相符对外付汇时,由信贷部门正式发放贷款,直接抵付进口款项。银行在审核借款凭证有关内容和借款合同相符后,编制会计分录如下。

如果是用贷款货币直接付汇的：

借：贷款——短期外汇贷款——某借款单位　　外币

　贷：存放港澳及国外同业　　外币

如果不用该币种对外付汇，则要通过外汇兑换科目：

借：贷款——短期外汇贷款——某借款单位　　甲种外币

　贷：货币兑换——甲外币的汇买价　　甲种外币

借：货币兑换——甲外币的汇买价　　人民币

　贷：货币兑换——乙外币的汇卖价　　人民币

借：货币兑换——乙外币的汇卖价　　乙种外币

　贷：存放港澳及国外同业　　乙种外币

2. 利息计算。短期外汇贷款的利率一般实行浮动利率，在浮动期内，借款单位使用贷款发放当天确定的利率固定不变，不受市场变动的影响；在浮动期后，按浮动利率计息。浮动利率是根据伦敦国际银行间拆借利率（LIBOR）加上银行管理费用，由总行审定的。浮动的档次分为浮动一个月、三个月和六个月。贷款计息天数按实际天数，算头不算尾。计息时以每月每个贷款账户的余额计算累计积数，按当月总行公布的利率计算每月应收利息，计入贷款账户的利息栏内，每季度收取一次。会计分录如下：

借：贷款——短期外汇贷款——某借款单位　　外币

　贷：利息收入——短期外汇贷款利息收入　　外币

　　应交税费——应交增值税（销项税额）　　外币

如果借款单位还本付息专户无足够余额，不能在结息日支付利息，计入“应收利息”，并作会计分录：

借：应收利息　　外币

　贷：利息收入——短期外汇贷款利息收入　　外币

　　应交税费——应交增值税（销项税额）　　外币

借款单位付息时：

借：吸收存款——单位外汇活期存款　　外币

　贷：应收利息　　外币

3. 贷款收回。短期外汇贷款应按期收回，也可提前或分批收回。最后一个结息日至还款日尚未计算的利息与本金一并收回。如果借款单位用人民币偿还，则还款的会计分录如下：

借：吸收存款——活期存款——某借款单位　　人民币

　贷：货币兑换　　人民币

借：货币兑换　　外币

　贷：利息收入——短期外汇贷款利息收入　　外币

　　应交税费——应交增值税（销项税额）　　外币

　　贷款——短期外汇贷款——某借款单位　　外币

如果借款单位用现汇偿还，直接减少其外汇存款即可。

4. 逾期贷款的处理。短期外汇贷款单位如果因客观原因暂时无法偿还贷款，可在贷款到期前向银行提出贷款展期申请并说明原因，信贷部门审批后可办理展期手续。对借款单位到期未偿还或申请展期未被批准的短期外汇贷款，会计部门应于贷款到期的次日，将到期贷款转入“逾期贷款”科目核算，到期应收的利息一并转入逾期贷款账

户,并予以催收。会计分录如下:

借:逾期贷款——某借款单位　　外币

　贷:利息收入——短期外汇贷款　　外币

　　应交税费——应交增值税(销项税额)　　外币

　　贷款——短期外汇贷款——某借款单位　　外币

(三)买方信贷外汇贷款

1. 买方信贷概述。买方信贷是出口信贷的一种。出口信贷是出口方银行为了鼓励本国商品出口,增加出口商品的竞争能力,向本国出口商或购买本国出口商品的国外购买商或其指定银行提供的贷款。买方信贷是出口国银行直接向买方的银行提供的信贷,便于买方利用这项贷款从提供贷款的国家购买技术和设备。与买方信贷相对应的另一种出口信贷形式是卖方信贷,这里主要介绍买方信贷。买方信贷是国际通用的一种信贷方式,贷款金额一般为合同金额的85%,另外15%用现汇支付,签订合同时先支付不少于5%的定金。贷款期限一般为5~7年,甚至10年。

2. 买方信贷科目设置。买方信贷项下,向国外银行的借入款,由各商业银行总行集中开户,并由总行负责偿还借入的本息。各分行对外发放贷款,由各分行开户,并由分行负责收回贷款本息。核算主要通过两个科目。

(1)"买方信贷外汇贷款"科目。这是银行的资产类科目,主要用于核算出口国银行向进口商或进口国银行提供的贷款。

(2)"借入买方信贷"科目。这是负债类科目,核算获得买方信贷后借入款项的数额及到期偿还的情况。此科目是总行专用科目,如果分行办理买方信贷外汇贷款,上划和下划均通过"全国联行外汇往来"科目处理。

3. 买方信贷的核算程序。基本程序如下。

(1)签订协议。买方信贷由总行统一对外谈判和签订协议。协议有两种情况:一种由出口方银行向我方银行提供一项总的贷款额度,项目落实后再签订具体的买方信贷分协议;另一种是不签订总协议,而是在签订进口合同时,由出口方银行和总行签订相应的专项买方信贷协议。

无论是总行还是分行以总行名义对外谈判签约,均由总行按具体分协议或专项协议商定的金额通过"买方信贷用款额度"表外科目核算,记作:

收:买方信贷用款额度　　外币

使用贷款时,按实际使用数额逐笔转销表外科目:

付:买方信贷用款额度　　外币

(2)支付定金。使用买方信贷,进口单位对外签订合同时,需要以现汇支付不少于5%的定金。支付时,如果借款单位以自有现汇支付,会计分录如下:

借:吸收存款——单位外汇活期存款　　外币

　贷:存放港澳及国外同业　　外币

如果借款单位以人民币购汇支付,需要通过"外汇买卖"科目,将人民币转换成外币。会计分录如下:

借:吸收存款——活期存款　　人民币

　贷:货币兑换　　人民币

借:货币兑换　　外币

　贷:存放港澳及国外同业　　外币

若借款单位申请短期外汇贷款支付,会计分录是:

借:贷款——短期外汇贷款——某借款单位　　外币

　贷:存放港澳及国外同业　　外币

(3)贷款的使用。买方信贷项下进口方开证,使用贷款付汇,根据不同的情况有不同的会计核算手续。

①总行对外直接开证并直接办理贷款,总行的会计分录如下:

借:买方信贷外汇贷款——某借款单位　　外币

　贷:借入买方信贷款——某银行　　外币

同时,冲销表外科目减少买方信贷用款限额:

付:买方信贷用款限额　　外币

②分行委托总行对外开证,分行办理贷款。总行作为开证行,在对外支付时借入买方信贷,会计分录如下:

借:全国联行外汇往来　　外币

　贷:借入买方信贷款　　外币

发放贷款的分行会计分录为:

借:买方信贷外汇贷款——某借款单位　　外币

　贷:全国联行外汇往来　　外币

同时,总行应冲销表外科目减少买方信贷用款限额:

付:买方信贷用款限额　　外币

(4)利息及有关费用。买方信贷项下贷款本息的偿还由总行统一办理。原则是:对外支付与向国内借款人收回的时间应一致。根据借款人在总行或分行开户的不同,分别按以下会计核算手续办理。

①借款单位在总行开户,总行在支付国外贷款本息和费用的同时,向国内借款人收取,会计分录如下:

借:利息支出——借入买方信贷利息支出　　外币

　　借入买方信贷款　　外币

　贷:存放港澳及国外同业　　外币

同时向借款人收回本息:

借:吸收存款——单位外汇活期存款——某借款单位　　外币

　贷:利息收入——买方信贷外汇贷款利息收入　　外币

　　应交税费——应交增值税(销项税额)　　外币

　　买方信贷外汇贷款——某借款单位　　外币

如果借款单位以人民币偿还,通过"货币兑换科目"核算:

借:吸收存款——活期存款——某借款单位　　人民币

　贷:货币兑换　　人民币

借:货币兑换　　外币

　贷:利息收入——买方信贷外汇贷款利息收入　　外币

　　应交税费——应交增值税(销项税额)　　外币

　　买方信贷外汇贷款——某借款单位　　外币

②借款单位在分行开户,总行在对外支付后,以全国联行外汇往来借方报单划付有关分行:

借:利息支出——借入买方信贷利息支出　　外币

借入买方信贷款　　外币

贷:存放港澳及国外同业　　外币

借:全国联行外汇往来　　外币

贷:联行科目　　外币

分行接到总行报单后,立即办理转账,并向借款人收取本息和有关费用。分行的会计分录如下:

借:联行科目　　外币

贷:全国联行外汇往来　　外币

借:吸收存款——单位外汇活期存款　　外币

贷:利息收入——转贷买方信贷利息收入　　外币

应交税费——应交增值税(销项税额)　　外币

借入买方信贷款——转贷买方信贷款　　外币

如果借款单位以人民币偿还,通过"货币兑换科目"核算。借款单位到期不能按时归还买方信贷外汇贷款本息,借款银行于贷款到期日将本息转入"短期外汇贷款"科目核算,并按规定利率计收到期应收利息。

(四)押汇

押汇是以交易中的在途商品为抵押的一种信用行为,包括进口押汇和出口押汇。出口押汇是出口商发货后,将提货单据作为抵押,签发由进口商或进口商的委托承兑银行为付款人的汇票,向银行融通资金的一种短期融资业务。进口押汇则是银行应进口商要求开立信用证后,在接到议付行寄来议付通知书索汇时,经审单相符,以进口单据为抵押,对外垫付进口款项的业务。实际工作中业务量比较大的是出口押汇。

银行承做进口押汇和出口押汇,通过"进口押汇"和"出口押汇"两个科目核算,这两个科目都是资产类科目。

1. 进口押汇核算。根据惯例,银行对外开证时,会向开证申请人收取保证金,但存入的保证金数额抵付全部进口款项通常是不够的。银行的进口押汇就是垫付付汇金额与预收保证金本息的差额。银行承做进口押汇对外付汇时,会计分录如下:

借:存入保证金　　外币

利息支出——保证金利息支出　　外币

进口押汇　　外币

贷:存放港澳及国外同业　　外币

冲抵保证金,会计分录如下:

借:应付开出信用证款项　　外币

贷:应收开出信用证款项　　外币

开证申请人接到开证行进口押汇,偿付押汇本息赎单,银行会计分录如下:

借:吸收存款——单位外汇活期存款　　外币

贷:进口押汇　　外币

利息收入——进口押汇利息收入　　外币

应交税费——应交增值税(销项税额)　　外币

2. 出口押汇核算。出口押汇审核要考虑审单中是否有不符点或疑点,开证行或偿表外科目的余额,记录如下。

增加金额时:

收:国外开来保证凭信　　外币(增加的部分)

减少或将信用证转移至他行时:

收:国外开来保证凭信　　外币(红字金额)

退证和注销都要用红字记入"国外开来保证凭信"表外科目,冲销原有发生额。

2. 审单议付。银行接到出口公司交来的全套单据议付时,应切实提高审单工作质量,按信用证规定的条款和要求审单才能保证及时安全收汇。因为开证行履行付款是以信用证的条款为依据,以单证相符、单单相符为前提的。

银行审单无误后,编制"出口寄单议付通知书(简称 BP)",随同全套出口单据寄往开证行收取货款和有关费用。出口寄单议付通知书是议付行出口收汇的索偿证书,也是办理收汇结算的主要核算凭证。

议付行将出口寄单议付通知书寄出后,即对开证行拥有收款的权利,是一笔或有资产,同时对国内出口公司也承担了付款的责任,是一笔或有负债。其会计分录如下:

借:应收信用证出口款项　　外币(货款+费用)

　贷:代收信用证出口款项　　外币(货款+费用)

同时,转销"国外开来保证凭信"表外科目:

　付:国外开来保证凭信　　外币

3. 收汇与结汇。收汇是我出口方银行向港澳地区或国外联行或代理行收取出口外汇资金的行为。结汇是银行在办理外汇业务中,按照一定的汇率,从国内客户处买入外汇,同时付给人民币的行为。因为我国是实行外汇管理的国家,按照我国外汇管理现行条例的规定,除特殊规定允许企业、个人保留外汇外,企业的一切外汇收入都必须卖给外汇指定银行。对于有外汇账户的企业的出口货款,可先转入其外汇账户,但外汇账户余额超过规定限额时,超过部分也必须卖给外汇指定银行。收汇与结汇的基本分录如下:

借:代收信用证出口款项　　外币

　贷:应收信用证出口款项　　外币

借:存放港澳及国外同业　　外币

　或港澳及国外联行往来

　或全国联行外汇往来

　贷:货币兑换　　外币

借:货币兑换　　人民币

　贷:吸收存款——活期存款　　人民币

之所以可以通过"存放港澳及国外同业""港澳及国外联行往来""全国联合外汇往来"这三个科目核算,是因为出口收汇方式有两大类:一类是通过我行在港澳及国外联行或代理行开立的自由外汇账户收汇,分别采取收妥结汇、定期结汇和远期信用证到期结汇方式;另一类是通过港澳及国外联行或代理行在我总行开立的外币或外汇人民币账户收汇,分别采用主动借记、授权借记和远期信用证到期结汇方式。

其中,主动借记是信用证或授权书中明确规定我国内议付行议付后,可以主动借记开证行在我国内行开立的外汇账户。由于开证行在我国内行的账户由总行集中管理和代理保险——客户资金”科目下内部账户结算至保费结算行“代理业务负债——代理保险——保费资金”科目下内部账户，会计分录为：

借：代理业务负债——代理保险——客户资金

　贷：代理业务负债——代理保险——保费资金——××保险公司户

单位客户存入的投保资金，如存在多余未用的，需要将未投保资金退还给单位客户。会计分录与投保时相反。

与保险公司结算保费的核算，和卡折投保业务相同。

（三）批量代扣保险金业务的核算

批量代扣保险金业务是指批量代扣个人客户的续期保险金等类型资金。该业务的会计核算包括批量代扣保险金和与保险公司结算保费两部分。

保险公司系统向代理保险银行发送批扣文件，银行在日终或实时启动批量交易进程，根据文件中的客户账户、扣款金额等信息从个人结算账户批扣资金。，会计分录为：

借：吸收存款—个人活期存款——××户

　贷：代理业务负债——代理保险——保费资金——××保险公司户

与保险公司结算保费的核算同卡折投保部分。

（四）批量代付保险金业务的核算

批量代付保险金业务是指向个人结算账户批量存入到期保险金等资金的业务。

在保险公司与银行签约自动扣款的情况下，需由保险公司系统向代理保险的银行发送批存文件，银行按照批存资金总额向公司业务系统发起扣款，将批存资金从保险公司开立的结算账户扣划转至“代理业务负债——代理保险——批存资金”科目下内部账户，会计分录为：

借：吸收存款——保险公司户

　贷：代理业务负债——代理保险——批存资金

银行收到扣账成功信息反馈后，在日终或实时启动批量交易进程，根据文件中的客户账户、存款金额等信息，将批存资金分别结算至个人结算账户，会计分录为：

借：代理业务负债——代理保险——批存资金

　贷：吸收存款——个人活期存款——××户

（五）手续费收入的核算

银行代理保险业务，需收取手续费。在按期计提手续费时，借记“应收手续费及佣金”科目，贷记“手续费及佣金收入”科目；从保险公司扣收时，借记“吸收存款——保险公司户”，贷记“应收手续费及佣金”和“应交税费——应交增值税（销项税额）”科目。

二、代理开放式基金业务的核算

代理开放式基金业务是指商业银行接受基金管理公司委托，按照委托代理协议办理开放式基金的认购、申购和赎回等业务的经营行为。

（一）基金本金的核算

1. 个人客户购买基金的核算。个人客户购买基金时，实时从客户结算账户扣款，并汇总到商业银行总行，会计分录为：

借：吸收存款——个人活期存款——××户

　贷：代理业务负债——代理开放式基金——代理开放式基金资金募集户（总行）

个人购买基金撤单或者基金公司确认失败，作相反会计分录。

会计分录为：

借：跨行清算资金往来——大额支付（总行）

贷：代理兑付证券款——代理兑付凭证式国债款——代理兑付凭证式国债款户（总行）

2. 与客户结算国债兑付款。单位或个人客户国债到期兑付款资金从总行直接划付到客户的结算账户中，会计分录为：

借：代理兑付证券款——代理兑付凭证式国债款——代理兑付凭证式国债款户（总行）

贷：吸收存款——单位活期存款——××活期存款（开户机构）

（四）手续费收入的核算

凭证式国债手续费收入包括：提前兑取手续费、承销手续费和特殊交易手续费。

1. 提前兑取手续费。兑取日日终，商业银行总行将个人、单位客户的提前兑取手续费清算至各市县，由各市县分别确认收入，摘要“付代理凭证国债提前兑取手续费”，会计分录为：

借：代理兑付证券——代理兑付凭证式国债——代理兑付凭证式国债户（总行）

贷：代理证券买卖业务收入——代理凭证式国债业务收入——代理凭证式国债业务收入户（收入确认机构）

应交税费——应交增值税（销项税额）

2. 承销手续费。

（1）财政部划付代理凭证式国债各项手续费，会计分录为：

借：跨行清算资金往来——大额支付（总行）

贷：其他应付款——待分配手续费——中间业务待分配手续费——凭证式国债——凭证式国债待分配手续费户（总行）

（2）凭证式国债手续费分配支持两种模式，由总行业务部门根据需要选择。

①总行全部确认收入模式。

业务系统发起，总行全部确认手续费收入，会计分录为：

借：其他应付款——待分配手续费——中间业务待分配手续费——凭证式国债——凭证式国债待分配手续费户（总行）

贷：代理证券买卖业务收入——代理凭证式国债业务收入——代理凭证式国债业务收入户（总行）

应交税费——应交增值税（销项税额）

随后，总行对凭证式国债手续费（扣除税金及附加）进行二次分配。

借：内部转移支出——凭证式国债——凭证式国债户（总行）

贷：内部转移收入——凭证式国债——凭证式国债户（收入确认机构）

②总行、一级分行、一级支行各自确认收入模式。确认收入时，会计分录为：

借：其他应付款——待分配手续费——中间业务待分配手续费——凭证式国债——凭证式国债待分配手续费户（总行）

贷：代理证券买卖业务收入——代理凭证式国债业务收入——代理凭证式国债业务收入户（收入确认机构）

应交税费——应交增值税（销项税额）

3. 特殊交易手续费。单位或个人客户发生特殊交易手续费（如挂失手续费），营业

（四）股票基金、债券基金、货币市场基金、期货基金和期权基金

按照投资对象的不同，基金可以分为股票基金、债券基金、货币市场基金、期货基金和期权基金。

股票基金是以股票为主要投资对象的基金，包括优先股和普通股。股票基金既可以赚取资本收益，又可使资本增值，但风险也比较高。根据股票基金所投资的股票种类不同，可以将股票基金划归到积极成长型基金、成长型基金和成长及收入型基金中。

债券基金以债券为投资对象。债券是一种获利稳定、风险较小的，长短期皆宜的有价证券，因此投资于债券的基金可以保证投资者获得稳定的投资收益，而且面临的风险也比较小。一般情况下，债券基金会定期派息，基金回报率比较稳定，但往往比较低。

货币市场基金是指在货币市场上，以短期有价证券作为投资对象的一种基金。该基金主要投资于短期货币工具如国库券、政府短期债券、商业票据、银行可转让存单等短期有价证券。由于货币市场是一个低风险、流动性高的市场，因此货币市场基金具有收益高、流动性强、购买限额低、资本安全性高的特点。

期货基金是以各类期货市场为主要投资对象的一种基金。期货是一种高收益、高风险的投资方式，具有较强的投机性，这使得期货基金具有了可以以较小的投资获得较高收益，同时也得承担较大风险的特点。

期权基金是指以分配股利的股票期权作为投资对象的基金。期权基金风险较小，其投资目的是获取最大的当期收入。

二、证券投资基金的当事人

尽管从不同角度可以把基金细分为多种类别，但总的来说，基金都具有四方面的当事人：基金发起人、基金持有人、基金管理人和基金托管人。

（一）基金发起人

基金发起人是以基金的设立和组建为目的，采取必要的措施和步骤来设立和组建基金的法人。契约型基金的发起人在基金成立后一般成为该基金的管理人，或组建一家专门的基金管理公司来管理该基金，发起人则成为该基金管理公司的主要股东。在公司型基金中，发起人是基金管理公司的主体，它发行股票筹措资金，股东就是基金持有人。

另外，申请设立开放式基金，还必须在人才和技术设施上保证每周至少一次向投资者公布基金资产净值和申购、赎回价格。基金发起人必须在发起时认购基金，并在基金存续期间持有一定比例的基金单位。

（二）基金持有人

基金持有人是基金单位的持有者，他们是基金投资人，是基金资产的最终拥有人，享有基金资产的一切权益，并对此资产负有限责任。基金持有人的权利是通过在基金持有人大会上行使表决权来实现的。通常，当修改基金契约、提前终止基金、更换基金托管人、更换基金管理人等情况出现时应当召开基金持有人大会。出席持有人大会的持有人根据其持有基金单位的数量行使表决权，也可授权其他人代表其出席持有人大会。

（三）基金管理人

基金管理人是根据法律、法规及基金章程或基金契约的规定，运用基金资产，凭借专门的知识与经验，进行科学的投资组合决策，以期所管理的基金资产不断增值，使基金持有人获得尽可能多收益的机构。在我国，基金设立后一般委托基金管理公司进行管理。

基金管理公司是适应契约型基金的操作而产生的基金经营机构。基金管理公司的主要发起人应当是依法设立的证券公司或信托投资公司，其他市场信誉较好、运作规范的机构也可以作为发起人参与基金管理公司的设立。基金管理公司可以采取有限责任公司的组织形式，也可以采取股份有限公司的组织形式。

（四）基金托管人

经批准设立的基金，应当委托商业银行作为基金托管人托管基金资产。为了保障广大投资者的权益，防止基金资产挪作他用，基金组织必须实行经营与保管严格分开的原则。根据这一原则，基金管理公司只负责基金的日常管理和操作，对投资者提供基金买卖和咨询服务，下达投资决策指令。基金托管人必须将其托管的基金与托管人的自有资产严格分开，对不同基金分别设置账户，实行分账管理，根据基金管理公司的指令对基金资产进行处理。

三、基金净值和基金单位资产净值的计算

基金资产净值是指在某一基金估值时点上，全部基金资产的总市值扣除总负债以后的余额，即基金单位持有人的权益。基金单位资产净值是每一基金单位所代表的基金资产的净值。基金单位资产净值的计算公式为：

$$基金单位资产净值 = \frac{总资产 - 总负债}{基金单位总数}$$

上式中，总资产是指基金所持有的所有资产，包括银行存款、结算备付金、交易保证金、各种股票、债券及其他有价证券等。总负债是指基金在运作过程中所形成的各种应付款项、短期借款等。总资产按照当日的公允价值进行计算。基金单位总数是指开放日发行在外的基金单位的余额数量。

四、主要会计科目及核算内容

在我国，中国证券业协会制定了《证券投资基金会计核算业务指引》（自 2007 年 7 月 1 日起实施），证券投资基金设置和使用的会计科目见本章附录 1。

表 12－1 列示了除金融企业通用会计科目以外，证券投资基金专用科目及核算内容。

表 12－1　　证券投资基金专用科目及核算内容

类别	名　称	主要核算内容
资产类	股票投资	核算股票投资的实际成本和价值变动（估值增值或减值）。本科目可按股票的种类，分别按“成本”和“估值增值”进行明细核算
	债券投资	对非货币市场基金，本科目核算债券投资的实际成本和价值变动（估值增值或减值），可按债券的种类，分别按“成本”和“估值增值”进行明细核算；对货币市场基金或中国证监会规定的特定基金品种，本科目核算实际利率摊余成本估算的公允价值，可按债券的种类，分别按“面值”和“折溢价”进行明细核算
	资产支持证券投资	对非货币市场基金，本科目核算资产支持证券投资的实际成本和价值变动（估值增值或减值），可按资产支持证券投资的种类，分别按“成本”和“估值增值”进行明细核算；对货币市场基金或中国证监会规定的特定基金品种，本科目核算实际利率摊余成本估算的公允价值，可按资产支持证券投资的种类，分别按“面值”和“折溢价”进行明细核算

续表

类别	名　称	主要核算内容
资产类	基金投资	核算基金投资的实际成本和价值变动(估值增值或减值)。本科目可按基金的种类,分别按"成本"和"估值增值"进行明细核算
	权证投资	核算权证投资的实际成本和价值变动(估值增值或减值)。本科目可按权证的种类,分别按"成本"和"估值增值"进行明细核算
	应收申购款	核算应向办理申购业务的机构收取的申购款项和转换转入款项(不含申购费和转换费)
	待摊费用	核算已经发生的、影响基金份额净值小数点后第四位,应在受益期内分摊计入本期和以后各期的费用,如注册登记费、上市年费、账户服务费、信息披露费、审计费用和律师费用等。本科目可按费用项目进行明细核算
负债类	应付赎回款	核算按规定应付基金份额持有人的赎回款和转换转出款
	应付赎回费	核算按规定计算的、应付给办理赎回业务或转换业务的机构的赎回费或转换转出费
	应付管理人报酬	核算按规定计提的、应付给管理人的报酬。本科目可按管理人报酬的类别进行明细核算
	应付托管费	核算按规定计提的、应支付给托管人的托管费
负债类	应付销售服务费	核算按规定计提的、应支付的销售服务费
	应付交易费用	核算因证券交易而应支付的交易费用
	预提费用	核算预计将发生的、影响基金份额净值小数点后第四位、应在受益期内预提计入本期的费用,如注册登记费、上市年费、信息披露费、账户服务费、审计费用和律师费用等
共同类	证券清算款	核算因买卖证券、回购证券、申购新股、配售股票、交易型开放式指数基金(ETF)现金替代等业务而发生的,应与证券登记结算机构或证券交易对手方办理资金结算的款项。本科目可按不同证券登记结算机构或证券交易对手方等进行明细核算
	远期投资	核算约定于到期日结算证券等标的物的合约的公允价值。本科目应在远期合约的交易日开始按其公允价值进行初始确认,在远期合约有效期内对其进行估值、后续计量,在远期合约到期结算时终止确认。本科目可按远期合约的种类进行明细核算
所有者权益类	实收基金	核算对外发行基金份额所募集的总金额在扣除平准金分摊部分后的余额。对分级/类基金等特定基金品种,本科目可按不同级/类基金等设置明细账,进行明细核算
	损益平准金	核算非利润转化而形成的损益平准项目,如申购、转换转入、赎回、转换转出款中所含的未分配利润和公允价值变动损益。本科目可按损益平准金的种类进行明细核算,分别按"已实现"和"未实现"进行明细核算

续表

类别	名　称	主要核算内容
损益类	其他收入	核算基金确认的除利息收入、投资收益和公允价值变动损益以外的其他各项收入，包括赎回费扣除基本手续费后的余额、手续费返还、ETF 替代损益，以及基金管理人等机构为弥补基金财产损失而支付给基金的赔偿款项等。本科目可按其他收入的种类进行明细核算
	管理人报酬	核算按规定计提的基金管理人报酬，包括管理费和业绩报酬。本科目可分别按“管理费”和“业绩报酬”进行明细核算
	托管费	核算按规定计提的托管费
	销售服务费	核算按规定计提的销售服务费
	交易费用	核算进行股票、债券、资产支持证券、基金、权证等交易过程中发生的交易费用

根据 2017 年 12 月 29 日中国证券投资基金业协会发布的《证券投资基金增值税核算估值参考意见》（见本章附录 2）及释义，证券投资基金的增值税应税行为包括贷款服务和金融商品转让。基金采用简易计税方法，按照 3% 的征收率缴纳增值税。简易计税方法的应纳税额是指按照销售额和增值税征收率计算的增值税额，不得抵扣进项税额。会计核算使用“应交税费——应交增值税”科目。

针对证券投资基金有一些税收减免政策。基金持有的各类存款取得的利息收入不征收增值税，持有国债、地方政府债、央行票据、政策性金融债券、金融债券；同业存单取得的利息收入免征增值税。基金与金融机构发生的质押式和买断式买入返售取得的利息收入免征增值税。基金买卖股票、债券的差价收入免征增值税。在相关税收法规明确前，暂不对基金转让、赎回证券投资基金计提增值税。

第二节　证券投资基金发行及增减变动的核算

一、证券投资基金发行的核算

证券投资基金发起人要设立或扩募基金必须向中国证监会提交必要的文件，在其设立或扩募基金的申请被中国证监会批准后，向投资者推销基金单位来募集资金，这称为基金发行。

基金的设立申请被批准后开始向社会募集资金，称为基金的募集期。封闭式基金自批准之日起 3 个月内募集的资金超过该基金批准规模 80% 的，该基金方可成立。开放式基金自批准之日起 3 个月内净销售额超过 2 亿元的，该基金方可成立。如果基金未能成立，则基金发起人必须承担基金募集费用，已募集的资金加计银行活期存款利息必须在 30 天内退还基金认购人。

基金管理公司对所管理的基金以基金作为会计核算主体，独立建账、独立核算，不同基金之间在名册登记、账户设置、资金划拨、账簿记录等方面都是相互独立的。

（一）基金合同生效日的核算

基金募集结束，在基金合同生效日，按投资者投入的金额记账，会计分录为：

借：银行存款

　贷：实收基金

【例12－1】20×8年3月1日，某开放式基金XYZ基金募集期满，基金规模为5亿元人民币，基金管理公司编制会计分录如下：

借：银行存款　　500 000 000

　贷：实收基金　　500 000 000

对封闭式基金，实际收到的金额中包括了额定募集费用与实际发生募集费用的差额。

交易型开放式指数基金（exchange traded funds，简称ETF基金）是一种在交易所上市交易、基金份额可变的开放式基金。

如本基金为ETF，在基金合同生效日，会计分录为：

借：股票投资——成本　　（与投资者协议的认购股票的价款）

　银行存款　　（投资者缴纳的现金认购款）

　贷：实收基金

（二）基金申购、转入确认日的核算

基金申购、转入确认日的会计分录为：

借：应收申购款　　（基金申购款或转换转入款）

　贷：实收基金　　（按实收基金的余额占基金净值的比例，对确认有效的申购款或转换转入款中含有的实收基金）

　　损益平准金——未实现　　（按"利润分配——未分配利润"未实现部分的余额占基金净值的比例）

　　损益平准金——已实现　　（差额）

开放式基金投资者的申购金额中，包含申购费用和净申购金额。每一笔申购金额可以买到的基金单位计算方法如下：

申购费用＝申购金额×申购费率

净申购金额＝申购金额－申购费用

申购份数＝净申购金额÷申购当日基金单位资产净值

如本基金为ETF，在投资者申购本基金时，在申购确认日，会计分录为：

借：股票投资——成本　　（股票的公允价值）

　证券清算款　　（投资者应缴纳的现金替代及现金差额款）

　贷：实收基金　　（实收基金的余额占基金净值的比例，对确认有效的申购款中含有的实收基金）

　　损益平准金　　（基金申购款与实收基金的差额）

【例12－2】20×8年3月2日，XYZ开放式基金单位基金资产净值为1.002 9元，3月2日投资者申购XYZ基金100万元，申购费率为1%。

申购费用＝申购金额×申购费率＝1 000 000×1%＝10 000（元）

净申购金额＝申购金额－申购费用＝1 000 000－10 000＝990 000（元）

申购份数＝净申购金额÷申购当日基金单位资产净值＝990 000÷1.002 9＝987 137.30

3月2日的会计分录为：

借：应收申购款　　990 000

损益平准金——已实现　16.72

贷:实收基金　987 137.30

损益平准金——未实现　2 879.42

交易日第二天(t+1 日)款项交割,基金公司的会计分录为:

借:银行存款　990 000

贷:应收申购款　990 000

(三)基金赎回、转出确认日的核算

开放式基金可以根据基金管理运作的实际需要收取赎回费,赎回时投资者得到的金额为赎回总金额扣除赎回费剩余的部分。有关计算如下:

赎回总额=赎回份数×赎回当日基金单位净值

赎回费用=赎回总额×赎回费率

赎回金额=赎回总额-赎回费用

基金赎回、转出确认日的会计分录为:

借:实收基金　(基金赎回款或转换转出款中含有的实收基金)

损益平准金——未实现　(“利润分配——未分配利润”未实现部分的余额占基金净值的比例)

贷:应付赎回款　(应付投资者赎回款或转换转出款)

应付赎回费　(赎回费或转换转出费中基本手续费部分)

其他收入　(赎回费或转换转出费扣除基本手续费后的余额部分)

损益平准金——已实现　(差额)

如本基金为ETF,在投资者赎回本基金时,会计分录为:

借:实收基金

(实收基金的余额占基金净值的比例,对确认有效的赎回款中含有的实收基金)

损益平准金　(基金赎回款或转换转出款与实收基金的差额)

股票投资——估值增值　(结转股票投资估值增值或减值)

贷:股票投资——成本　(结转股票投资成本)

证券清算款　(应支付给投资者的现金替代或现金差额款)

投资收益——股票投资收益　(差额)

同时,将原计入相关股票的公允价值变动损益转出,会计分录为:

借:公允价值变动损益

贷:投资收益——股票投资收益

【例12-3】承上例,20×8 年 3 月某日,投资者申请赎回 XYZ 开放式基金 50 万份,假定当日基金单位资产净值仍为 1.002 9 元,赎回费率为 0.5%,应付代办赎回业务的 Y 银行 300 元。

赎回总额=赎回份数×赎回当日基金单位净值=500 000×1.002 9=501 450(元)

赎回费用=赎回总额×赎回费率=501 450×0.5%=2 507.25(元)

赎回金额=赎回总额-赎回费用=501 450-2 507.25=498 942.75(元)

会计分录为:

借:实收基金　500 000

损益平准金——未实现　1 454.25

贷:应付赎回款　498 942.75

应付赎回费　　300

其他收入　　2 207.25

损益平准金——已实现　　4.25

次日交割款项,会计分录为:

借:应付赎回款　　498 942.75

　贷:银行存款　　498 942.75

(四)基金红利再投资确认日的核算

基金红利再投资金额计入"应付利润"科目,会计分录为:

借:应付利润　　(基金红利再投资金额)

　贷:实收基金　　(实收基金的余额占基金净值的比例,对基金红利再投资金额中含有的实收基金)

　　损益平准金——未实现　　("利润分配——未分配利润"未实现部分的余额占基金净值的比例)

　　损益平准金——已实现　　(差额)

第三节　证券投资基金投资业务的核算

证券投资基金成立以后,各类投资基金通常选择其认为最能取得投资效益的资产组合和经营运作方式。60%以上基金资产投资于股票的,为股票基金;80%以上基金资产投资于债券的,为债券基金;仅投资于货币市场工具的,为货币市场基金;投资于股票、债券和货币市场工具,并且股票投资和债券投资的比例不符合之前两项规定的,为混合基金。基金名称显示投资方向的,应当有80%以上的非现金基金资产属于投资方向确定的内容①。

一、股票投资的核算

证券投资基金欲在证券登记结算机构进行证券买卖交易,必须先在证券登记结算机构存入一定数额的款项以备进行证券交易时的资金交割与交收。为证券交易的资金交割与交收而存入证券登记结算机构的款项通过"结算备付金"科目核算。

将款项存入证券登记结算机构时,会计分录为:

借:结算备付金

　贷:银行存款

从证券登记结算机构收回资金,作相反的分录。

"结算备付金"科目按不同证券登记结算机构,如上海证券中央登记结算公司、深圳证券登记结算有限公司等设置明细账,进行明细核算。期末,"结算备付金"科目借方余额反映存入证券登记结算机构尚未使用的款项。

(一)买入股票的核算

1.买入股票的交易日,会计分录为:

借:股票投资——成本　　(股票的公允价值)

---

① 参照现行中国证券监督管理委员会发布的《证券投资基金运作管理办法》。

交易费用　　　　　　　　　　　　　　　　　　　　　（应付的相关费用）

贷:证券清算款　　　　　　　　　　　　　　　　　　　（应支付的证券清算款）

应付交易费用　　　　　　　　　　　　　　　　　　　（应付的交易费用）

其中,一级费用、过户费、证管费、经手费、印花税为交易当天结算,需计入证券清算款中;二级费用、佣金计入应付交易费用。

2. 资金交收日,按实际交收的证券清算款记账,会计分录为:

借:证券清算款

贷:结算备付金/银行存款

（二）申购新股的核算

申购新股,应按新股的不同发行方式、不同资金结算方式分别进行账务处理。

1. 通过交易所网上申购。

(1)申购当日，会计分录为:

借:证券清算款——新股申购

贷:证券清算款

(2)交收日,按实际交收的申购款记账,会计分录为:

借:证券清算款

贷:结算备付金/银行存款

(3)申购新股中签时,按确认的中签金额记账,会计分录为:

借:股票投资——成本

交易费用

贷:证券清算款

应付交易费用

(4)收到退回余款(未中签部分),会计分录为:

借:结算准备金

贷:证券清算款

2. 网下申购。

(1)预交申购款,按实际预交金额记账,会计分录为:

借:证券清算款

贷:银行存款

(2)申购新股确认日,按实际确认的申购新股金额记账,会计分录为:

借:股票投资——成本

交易费用

贷:证券清算款

应付交易费用

(3)实际确认的申购新股金额小于已经预交的申购款的,在收到退回余款时,会计分录为:

借:银行存款

贷:证券清算款

(4)实际确认的申购新股金额大于已经预交的申购款的,在补付申购款时,按支付的金额记账,会计分录为:

借:证券清算款

贷:银行存款

3. 通过市值配售的,确认日按确认的中签金额记账,会计分录为:

借:股票投资——成本

贷:证券清算款

【例12-4】20×8年3月1日,XYZ基金在上海证券中央登记结算公司购入150万股A股票,购入价格10元/股,应付佣金12 750元,其他各项一级费用3 000元,印花税率为2‰,会计分录为:

借:股票投资——成本	15 000 000	
交易费用	45 750	
贷:证券清算款		15 033 000
应付交易费用		12 750

次日为资金交收日,会计分录为:

借:证券清算款——上海证券中央登记结算公司	15 033 000	
贷:结算准备金——上海证券中央登记结算公司		15 033 000

(三)本基金申购、赎回ETF时

本基金申购、赎回ETF时,涉及对本科目的账务处理,比照"基金投资"科目的相关规定进行。

会计分录为:

借:股票投资——成本

证券清算款

交易费用

基金投资——估值增值

贷:基金投资——成本

应付交易费用

投资收益——基金投资收益

借:公允价值变动损益

贷:投资收益——基金投资收益

如本基金为ETF,在投资者申购、赎回本基金时,涉及对股票投资的账务处理,比照"实收基金"科目的相关规定进行。

(四)股票持有期间获得股利

股票持有期间获得股票股利(包括送红股和公积金转增股本),应于除权除息日,按股权登记日持有的股数及送股或转增比例,计算确定增加的股票数量,在本账户"数量"栏进行记录。

因持有股票而享有的配股权,配股除权日在配股缴款截止日之后的,在除权日按所配的股数确认未流通部分的股票投资,与已流通部分分别核算。配股除权日在配股缴款截止日之前的,按照权证的有关原则进行核算。

(五)基金持有股票期间上市公司宣告发放现金股利

基金持有股票期间上市公司宣告发放现金股利,应于除权除息日记账,会计分录为:

借:应收股利

贷:投资收益——股利收益

(六)估值日对持有的股票估值时

估值日对持有的股票估值时,如为估值增值,按当日与上一日估值增值的差额记账,会计分录为:

借:股票投资——估值增值

　贷:公允价值变动损益

如为估值减值,作相反的会计分录。

(七)卖出股票

1. 交易日,会计分录为:

借:证券清算款　　　　　　　　　　　　(收取的证券清算款)

　交易费用　　　　　　　　　　　　(应付的相关费用)

　股票投资——估值增值　　　　　　(结转股票投资估值增值或减值)

　贷:股票投资——成本　　　　　　　　(结转股票投资成本)

　　应付交易费用　　　　　　　　　　(应付的交易费用)

　　投资收益——股票投资收益　　　　　　(差额)

同时,将原计入该卖出股票的公允价值变动损益转入投资收益,会计分录略。

2. 资金交收日,按实际交收的证券清算款记账,会计分录为:

借:结算准备金

　贷:证券清算款

卖出股票的成本按移动加权平均法逐日结转。

【例 12-5】承前例,20×8 年 3 月 2 日,XYZ 基金以 12 元/股的价格卖出 A 股票 50 万股,应支付的佣金为 5 100 元,其他一级费用 1 150 元,印花税率为 2‰,则:

应收取的证券清算款 = 6 000 000 - 1 150 - 5 100 - 6 000 000 × 2‰ = 5 981 750(元)

会计分录为:

借:证券清算款　　　　　　5 981 750

　交易费用　　　　　　　　18 250

　贷:股票投资——成本　　　　　5 000 000

　　应付交易费用　　　　　　　　5 100

　　投资收益——股票投资收益　　994 900

次日为资金交收日,会计分录为:

借:结算准备金　　　　　　5 981 750

　贷:证券清算款　　　　　　　5 981 750

二、债券投资的核算

(一)非货币市场基金债券投资的主要账务处理

1. 买入债券。

(1)交易日的会计分录为:

借:债券投资——成本　　　　　　(债券的公允价值)

　应收利息　　　　　　(支付价款中所包含的应收利息)

　交易费用　　　　　　　　　　(应付的相关费用)

　贷:证券清算款　　　　　　　　　(应支付的金额)

应付交易费用　　（应支付的交易费用）

银行存款　　（当日实际支付的金额）

(2)资金交收日,按实际交收的金额记账,会计分录为:

借:证券清算款

　贷:银行存款

【例12-6】20×8年3月1日,XYZ基金在上交所购入B债券10万张,含息价110元/张,每张含息5元,支付各种手续费1 100元,会计分录为:

借:债券投资——成本	10 500 000	
应收利息	500 000	
交易费用	1 100	
贷:证券清算款		11 000 000
银行存款		1 100

3月2日,资金交收时,作如下会计分录:

借:证券清算款——××交易所	11 000 000	
贷:结算准备金——××交易所		11 000 000

2. 持有债券期间计息。

(1)每日按债券投资的票面利率计算确认利息收入,会计分录为:

借:应收利息

　贷:利息收入——债券利息收入

(2)债券派息日,按应收利息记账,会计分录为:

借:证券清算款

　贷:应收利息

资金交收日,按收到的金额记账,会计分录为:

借:银行存款

　贷:证券清算款

3. 估值日对持有债券的估值。

如为估值增值,按当日(不含应收利息)与上一日估值增值的差额记账,会计分录为:

借:债券投资——估值增值

　贷:公允价值变动损益

如为估值减值,作相反的会计分录。

4. 卖出债券。

(1)交易日的会计分录为:

借:证券清算款　　（应收或实收的金额）

　交易费用　　（应付的相关费用）

　债券投资——估值增值　　（结转债券估值增值或减值）

　贷:债券投资——成本　　（结转债券投资成本）

　　应收利息　　（应收或实收价款中包含的应收利息）

　　应付交易费用　　（应支付的交易费用）

　　投资收益——债券投资收益　　（差额）

同时,将原计入该卖出债券的公允价值变动损益转入投资收益,会计分录略。

卖出债券的成本按移动加权平均法逐日结转。

(2)资金交收日,按实际交收的证券清算款记账,会计分录为:

借:结算备付金/银行存款

　贷:证券清算款

【例 12-7】承前例,20×8 年 3 月 2 日,XYZ 基金以含息价 112 元/张的价格卖出 B 债券 5 万张,支付手续费 560 元,会计分录为:

借:证券清算款	5 599 440
交易费用	560
贷:债券投资——成本	5 250 000
应收利息——应收 B 债券利息	250 000
投资收益——债券投资收益	100 000

5. 债券到期。收回债券本金和利息,会计分录为:

借:证券清算款	(实际收到或应收的金额)
债券投资——估值增值	(债券估值增值或减值)
贷:债券投资——成本	(债券投资成本)
应收利息	(应收回的债券利息)
投资收益——债券投资收益	(差额)

同时,将原计入该到期收回债券的公允价值变动损益转入投资收益,会计分录略。

6. 可转换债券转股票。

(1)转股时,会计分录为:

借:股票投资——成本	(可转换股票的公允价值)
证券清算款	(应收取的现金余额返还)
交易费用	(支付的相关费用)
债券投资——估值增值	(结转债券投资估值增值或减值)
贷:债券投资——成本	(结转债券投资成本)
应收利息	(已计利息部分)
应付交易费用	(应支付的交易费用)
投资收益——债券投资收益	(差额)

同时,将原计入该转换债券的公允价值变动损益转入投资收益,会计分录略。

(2)资金交收日按实际收到的现金余额返还,会计分录为:

借:结算备付金/银行存款

　贷:证券清算款

转股债券按移动加权平均法结转成本时,应考虑当日新买入的可转换债券(若有)。可转换债券转股当天卖出转股股票的,卖出的股票按转股前该股票的移动加权平均成本进行结转。

(二)货币市场基金债券投资的主要账务处理

1. 买入债券。

(1)交易日,会计分录为:

借:债券投资——面值	(债券的面值)

应收利息　　　　　　　　　　（支付价款中包含的应收利息）
债券投资——折溢价　　　　　　　　　　（差额）
贷:证券清算款　　　　　　　　　　（应支付的金额）
应付交易费用　　　　　　　　　　（应支付的交易费用）
银行存款　　　　　　　　　　（实际支付的金额）

支付的交易费用,计入债券投资账面价值。

(2)资金交收日,按实际交收的金额记账,会计分录为:

借:证券清算款

贷:结算备付金/银行存款

2. 持有债券期间,每日确认利息收入。

(1)对贴现债以外的其他债券,会计分录为:

借:应收利息　　　　　　　　　　（按票面利率计算确定的应收利息）
贷:利息收入——债券利息收入　　（按摊余成本和实际利率计算确定的利息收入）
债券投资——折溢价　　　　　　　　　　（差额）

(2)对贴现债券,按摊余成本和实际利率计算确定的利息收入记账,会计分录为:

借:债券投资——折溢价
贷:利息收入——债券利息收入

(3)债券派息日,按应收利息记账,会计分录为:

借:证券清算款
贷:应收利息

资金交收日,按收到的金额记账,会计分录为:

借:结算备付金/银行存款
贷:证券清算款

3. 卖出债券。

(1)交易日,会计分录为:

借:证券清算款/银行存款　　　　　　　　　　（应收或实收的金额）
贷:债券投资——面值、溢折价　　　　　　（结转债券投资面值和溢折价）
应收利息　　　　　　（应收或实收价款中包含的应收利息）
应付交易费用　　　　　　　　　　（应支付的交易费用）
投资收益——债券投资收益　　　　　　　　　　（差额）

借:应付交易费用
贷:交易费用

同时,将原已计入债券的公允价值变动损益转入投资收益,会计分录略。

(2)资金交收日,按实际交收的证券清算款记账,会计分录为:

借:结算备付金/银行存款
贷:证券清算款

4. 货币市场基金存续期间,基金管理人应定期计算货币市场基金投资组合摊余成本与其他可参考公允价值指标之间的偏离程度,并定期测试其他可参考公允价值指标确定方法的有效性。

投资组合的摊余成本与其他可参考公允价值指标产生重大偏离的，应按其他公允价值指标对组合的账面价值进行调整，调整差额确认为“公允价值变动损益”，并按其他公允价值指标进行后续计量。如基金份额净值恢复至1元，可恢复使用摊余成本法估算公允价值。

5. 到期收回债券本金和利息，会计分录为：

借：银行存款/证券清算款　　　　（按实际收到或应收的金额）

　贷：债券投资——面值、折溢价　　　　（债券账面余额）

　　应收利息　　　　（应收回的债券利息）

三、资产支持证券投资的核算

基金取得资产支持证券支付的款项时，应当区分属于资产支持证券投资本金部分和证券投资收益部分。

对非货币市场基金，将收到的本金部分冲减“资产支持投资——成本”科目，对货币市场基金，将收到的本金部分冲减“资产支持投资——面值”科目，并相应结转“资产支持投资——折溢价”科目。将收到的收益部分冲减应计利息（若有）后的差额，记入“资产支持证券利息收入”。

借：资产支持证券投资——成本

　资产支持证券投资——折溢价

　交易费用

　贷：证券清算款

借：资产支持证券投资——面值

　资产支持证券投资——折溢价

　交易费用

　贷：银行存款

借：应收利息

　贷：资产支持证券利息收入

借：资产支持证券利息收入

　贷：资产支持证券投资——折溢价

对资产支持证券的付息延期，在确定其付息的可能性仍很大的情况下，可不调整已确认的利息收入。其他与资产支持证券投资相关业务的账务处理比照债券投资。

四、基金投资的核算

（一）买入非上市交易的开放式基金

1. 申购日，按申购金额记账，会计分录为：

借：证券清算款

　贷：银行存款

2. 交易日（非上市交易的开放式基金的交易日为申购成功的确认日），会计分录为：

借：基金投资——成本　　　　（基金的公允价值）

　交易费用　　　　（应付的相关费用）

贷：证券清算款　　　　　　　　　　（应支付或实际支付的金额）

应付交易费用　　　　　　　　　　（应付的交易费用）

（二）本基金申购ETF

1. 申购确认日，会计分录为：

借：基金投资——成本　　　　　　　　　　（基金的公允价值）

交易费用　　　　　　　　　　（应付的相关费用）

股票投资——估值增值　　　　　　（结转股票或债券投资估值增值或减值）

贷：股票投资——成本　　　　　　（结转股票或债券投资成本）

证券清算款　　　　　　　　　　（应支付的金额）

应付交易费用　　　　　　　　　　（应付交易费用）

投资收益——股票投资收益　　　　　　　　　　（差额）

同时，将原计入该股票或债券的公允价值变动损益转入投资收益，会计分录略。

2. 资金交收日，按实际交收的证券清算款记账，会计分录为：

借：证券清算款

贷：结算准备金

3. 基金转换转入时，参照买入基金的处理，会计分录为：

借：基金投资——成本

贷：证券清算款

（三）持有基金期间分派的红利

1. 除息日，按照基金管理人宣告的分红派息比例或每万份收益确认红利收益，会计分录为：

借：应收股利

贷：投资收益——股利投资收益

2. 实际收到现金红利，会计分录为：

借：结算备付金/银行存款

贷：应收股利

3. 选择红利再投资，应在份额确认日根据注册登记机构确认的金额，参照买入基金的账务处理，会计分录为：

借：基金投资——成本

贷：应收股利

（四）估值日

对持有的基金估值时，如为估值增值，按当日与上一日估值增值的差额记账，会计分录为：

借：基金投资——估值增值

贷：公允价值变动损益

如为估值减值，作相反的会计分录。

（五）卖出基金

1. 交易日（非上市交易的开放式基金的交易日为赎回成功的确认日），会计分录为：

借：证券清算款　　　　　　　　　　（应收或实际收到的金额）

交易费用　（应付的相关费用）
基金投资——估值增值　（结转基金投资估值增值或减值）
贷:基金投资——成本　（结转基金投资成本）
投资收益——基金投资收益　（差额）
应付交易费用　（应付交易费用）

同时,将原计入该卖出基金的公允价值变动损益转入投资收益,会计分录略。

2. 本基金赎回 ETF 时,在赎回确认日,会计分录为:

借:股票投资——成本　（股票或债券的公允价值）
证券清算款　（应收的金额）
交易费用　（应付的相关费用）
基金投资——估值增值　（结转基金投资估值增值或减值）
贷:基金投资——成本　（结转基金投资成本）
应付交易费用　（应付交易费用）
投资收益——基金投资收益　（差额）

同时,将原计入该基金的公允价值变动损益转入投资收益,会计分录略。

3. 资金交收日,按实际交收的证券清算款记账,会计分录为:

借:结算备付金/银行存款
贷:证券清算款

卖出基金的成本按移动加权平均法逐日结转。

4. 基金转换转出时,参照卖出基金的处理,会计分录为:

借:证券清算款
贷:基金投资——成本

基金管理公司买入返售金融资产和卖出回购金融资产的核算可参阅商业银行中间业务核算部分的相关内容。

五、权证投资的核算

(一)买入权证

1. 交易日,会计分录为:

借:权证投资——成本　（权证的公允价值）
交易费用　（应付的相关费用）
贷:证券清算款　（应支付的证券清算款）
应付交易费用　（应支付的交易费用）

2. 资金交收日,按实际交收的证券清算款记账,会计分录为:

借:证券清算款
贷:结算备付金/银行存款

(二)缴纳保证金

按证券登记机构确定的金额记账,会计分录为:

借:存出保证金——权证保证金
贷:结算备付金/银行存款

（三）估值日

对持有的权证估值时，如为估值增值，按当日与上一日估值增值的差额记账，会计分录为：

借：权证投资——估值增值

贷：公允价值变动损益

如为估值减值，作相反的会计分录。

（四）卖出权证

1. 交易日。

借：证券清算款（应收金额）

交易费用（应付的相关费用）

权证投资——估值增值（结转权证投资估值增值或减值）

贷：权证投资——成本（结转权证投资成本）

应付交易费用（应支付的交易费用）

投资收益——权证投资收益（差额）

同时，将原计入该卖出权证的公允价值变动损益转入投资收益，会计分录略。

2. 资金交收日，按实际交收的证券清算款记账，会计分录为：

借：银行存款/结算备付金

贷：证券清算款

（五）权证行权

1. 认购权证，会计分录为：

借：股票投资（股票的公允价值）

交易费用（应付的相关费用）

权证投资——估值增值（结转权证投资估值增值或减值）

贷：权证投资——成本（结转权证投资成本）

证券清算款（行权价款及相关费用合计）

应付交易费用（应支付的交易费用）

投资收益——权证投资收益（差额）

同时，将原计入该权证的公允价值变动损益转入投资收益，会计分录略。

2. 认沽权证以证券结算方式行权，会计分录为：

借：证券清算款（行权价款及费用的差额）

交易费用（应付的相关费用）

股票投资——估值增值（结转股票投资估值增值或减值）

权证投资——估值增值（结转权证投资估值增值或减值）

贷：股票投资——成本（结转股票投资成本）

权证投资——成本（结转权证投资成本）

应付交易费用（应支付的交易费用）

投资收益——权证投资收益（差额）

投资收益——股票投资收益（差额）

同时，将原计入卖出股票和原计入权证的公允价值变动损益计入投资收益，会计分录略。

3. 权证以现金结算方式行权，会计分录为：

借:证券清算款　　　　　　　　　　　　（确定的金额扣减交易费用）
　交易费用　　　　　　　　　　　　　　　　　（应付的相关费用）
　权证投资——估值增值　　　　　　　（结转权证投资估值增值或减值）
　贷:权证投资——成本　　　　　　　　　　　（结转权证投资成本）
　　应付交易费用　　　　　　　　　　　　　　（应支付的交易费用）
　　投资收益——权证投资收益　　　　　　　　　　　　（差额）

同时,将原计入该权证的公允价值变动损益转入投资收益,会计分录略。

（六）放弃行权

放弃行权确定日,会计分录为:

借:权证投资——估值增值　　　　　　（结转权证投资估值增值或减值）
　贷:权证投资——成本　　　　　　　　　　　（结转权证投资成本）
　　投资收益——权证投资收益　　　　　　　　　　　　（差额）

同时,将原计入该权证的公允价值变动损益计入投资收益,会计分录略。

六、远期投资的核算

签订远期买入证券合约时,应在备查簿中登记约定到期应收到的证券净价、利息及数量。签订远期卖出证券合约时,应在备查簿中登记约定到期应付出的证券净价、利息及数量。

估值日,对远期合约估值。

如为估值增值,按当日与上一日估值的差额记账,会计分录为:

借:远期投资——估值增值
　贷:公允价值变动损益

如为估值减值,作相反的会计分录。

对远期卖出证券的远期合约估值时,如为估值增值,按当日与上一日估值的差额记账,会计分录为:

借:公允价值变动损益
　贷:远期投资——估值增值

如为估值减值,作相反的会计分录。

远期合约到期结算时,在备查簿中予以注销,并将远期合约的公允价值变动损益转出。

第四节　证券投资基金损益的核算

一、基金收益的核算

（一）利息收入的核算

基金管理公司因债券投资、资产支持证券投资、银行存款、结算备付金、存出保证金、按买入返售协议融出资金等而实现的利息收入,在“利息收入”科目核算。

按中国证监会的相关规定,对存于相关账户（如以基金管理人名义开立的账户）的申购款,在登记注册业务规则规定的份额确认日（含）至划入托管账户日

(不含)期间产生的利息归入基金资产。对以上利息收入,应按已确认的相关资金乘以在正常情况及流程下停留于相关账户的天数,再乘以适用利率(账户间存在不同利率的,适用利率从低,并按该原则于每个付息周期确认实收利息)逐日计算。

利息收入的账务处理,在债券投资、资产支持证券投资、银行存款、结算备付金和买入返售金融资产等相关业务的核算过程中均有体现。一般在按权责发生制计提利息时的会计分录为:

借:应收利息

贷:利息收入

(二)公允价值变动损益的核算

对于基金管理公司持有的、以公允价值计量的股票投资、债券投资、资产支持证券投资、基金投资、权证投资、远期投资和其他衍生工具投资,以及交易性金融负债等公允价值变动形成的损益,设置"公允价值变动损益"科目核算,作为直接计入当期损益的利得或损失。

公允价值变动损益的账务处理,参照各类基金投资估值增值或减值时的核算方式进行,这里不再赘述。

(三)投资收益的核算

证券投资基金的投资收益包括:①买卖股票、债券、资产支持证券、基金等实现的差价收益;②股票、基金投资等获得的股利收益;③卖出或放弃权证、权证行权等实现的损益;④其他衍生工具投资产生的相关损益。核算时使用"投资收益"科目。"投资收益"可按股票投资收益、债券投资收益、资产支持证券投资收益、基金投资收益、权证投资收益、远期投资收益、其他衍生工具投资收益、股利收益等进行明细核算。

投资收益的账务处理,参照各类基金投资获得买卖差价收益或股利收益等时的会计核算方式进行。

(四)其他收入的核算

对于证券投资基金确认的除上述收入以外的其他各项收入,包括赎回费扣除基本手续费后的余额、手续费返还、ETF 替代损益,以及基金管理人等机构为弥补基金财产损失而支付给基金的赔偿款项等,设置"其他收入"科目核算。本科目可按其他收入的种类进行明细核算。

其他收入的主要账务处理如下。

1. 发生其他收入,借记有关科目,贷记本科目。

2. ETF 买进替代证券或强制退款时,以"证券清算款——可退替代款"科目核算替代价格与该替代证券市价之差乘以替代数量确定的金额,以"证券清算款——应退替代款"核算替代价格与实际买入成本或强制退款成本之差乘以替代数量计算的金额,差额计入"其他收入——ETF 替代损益"。会计分录为:

借:证券清算款——可退替代款

贷:证券清算款——应退替代款

其他收入——ETF 替代损益

3. 对基金管理人支付给基金的相关赔偿款(如定期存款提前支取利息损失的赔偿款),会计分录为:

借:银行存款

贷:其他收入

期末,应将“其他收入”科目的余额全部转入“本期利润”科目,结转后本科目应无余额。

二、基金费用的核算

(一)管理人报酬的核算

证券投资基金经营、管理基金,每年要从基金资产中提取一定的管理费,用于证券投资基金该年度的各项必要开支。基金管理费按照基金资产净值的一定比例提取,基金管理费的提取比例为基金资产净值的0.25% ~2.5%,一般是逐日累计,按月支付。提取基金管理费时按照前一日的基金资产净值乘以按当年实际天数折算的日费率计算。计算方法如下:

管理人报酬 = 前一日基金资产净值 × 年管理费率/当年天数

按基金契约和招募说明书的规定计提的基金管理人报酬,包括管理费和业绩报酬,在“管理人报酬”科目核算。管理人报酬应按照基金契约和招募说明书规定的方法和标准计提,并按计提的金额入账。计提基金管理费和业绩报酬时,会计分录为:

借:管理人报酬

贷:应付管理人报酬

支付基金管理人报酬时,会计分录为:

借:应付管理人报酬

贷:银行存款

(二)托管费的核算

基金托管人保管并处理基金资产也要收取一定费用,即托管费。托管费的年费用标准一般为基金资产净值的0.2%,计提方式也是逐日累计,按月支付。其计算方法如下:

基金托管费 = 前一日基金资产净值 × 年托管费率/当年天数

按基金契约和招募说明书的规定计提的基金托管费通过“托管费”科目核算。基金托管费应按照基金契约和招募说明书规定的方法和标准计提,并按计提的金额入账。会计分录为:

借:托管费

贷:应付托管费

支付托管费时,会计分录为:

借:应付托管费

贷:银行存款

(三)销售服务费的核算

基金销售服务费是指基金管理人根据基金合同的约定及相关法律的规定,从开放式基金财产中计提的一定比例的费用,用于支付销售机构的佣金、基金的营销费以及基金份额持有人服务费等。证券投资基金设置“销售服务费”科目核算,计提销售服务费时,会计分录为:

借:销售服务费

贷:应付销售服务费

支付销售服务费时,会计分录为:

借:应付销售服务费

　贷:银行存款

（四）交易费用的核算

交易费用是指可直接归属于取得或处置某项基金资产或承担某项基金负债的新增外部成本,包括支付给交易代理机构的规费、佣金、代征的税金及其他必要的可以正确估算的支出。回购的交易费用和货币市场基金采用摊余成本法核算的投资交易所发生的交易费用应作为取得成本,计入相关基金资产或基金负债的价值。

证券投资基金设置"交易费用"科目,核算进行股票、债券、资产支持证券、基金、权证等交易过程中发生的交易费用。具体会计分录略。

（五）利息支出的核算

证券投资基金对基金运作过程中发生的银行借款利息支出、交易性金融负债利息支出、卖出回购金融资产支出等,设置"利息支出"科目核算。本科目可按利息支出的种类进行明细核算。

在借款期内逐日计提利息支出时,按借款本金与适用的利率计提的金额记账,会计分录为:

借:利息支出

　贷:应付利息

（六）其他费用的核算

基金运作过程中发生的除上述费用支出以外的其他各项费用,如注册登记费、上市年费、信息披露费用、持有人大会费用、审计费用、律师费用等,通过"其他费用"科目核算。

1. 发生的其他费用,如不影响估值日基金份额净值小数点后第四位,发生时直接计入基金损益,会计分录为:

借:其他费用

　贷:银行存款

2. 发生的其他费用如果影响基金份额净值小数点后第四位的,应采用待摊或预提的方法,待摊或预提计入基金损益,会计分录为:

借:其他费用

　贷:待摊费用

3. 已经发生的其他费用,如影响估值日基金单位净值小数点后第四位,采用待摊方法的,发生时,会计分录为:

借:待摊费用

　贷:银行存款

摊销时,会计分录为:

借:其他费用

　贷:待摊费用

4. 采用预提方法的,预提时会计分录为:

借:其他费用

　贷:预提费用

实际支付费用时,会计分录为:

借:预提费用

　贷:银行存款

三、基金的收益与分配的核算

（一）基金净收益

基金净收益是指基金收益扣除按照有关规定应扣除的费用后的余额。本期实现的基金净收益（或基金净亏损）通过“本期利润”科目核算。期末，结转基金收益时，会计分录为：

借：利息收入
　投资收益
　其他收入
　公允价值变动损益（贷方余额）
　贷：本期利润

借：本期利润
　贷：管理人报酬
　　托管费
　　销售服务费
　　交易费用
　　利息支出
　　其他费用

本期收入和支出相抵后即结出本期实现的净损益。期末，应将本期实现的净利润进行结转，会计分录为：

借：本期利润
　贷：利润分配（未分配利润）

如为净损失，作相反的会计分录。

（二）收益分配

基金净收益扣除应纳的税额即为基金可分配的收益。由于我国目前对基金免征所得税，而股票交易的印花税在股票交易的同时已经缴纳，所以目前基金可分配的收益就是基金净收益。我国《证券投资基金运作管理办法》规定，基金收益分配应当采用现金方式；封闭式基金的收益分配，每年不得少于一次，年度收益分配比例不得低于基金年度已实现收益的90%。开放式基金的基金合同应当约定每年基金收益分配的最多次数和基金收益分配的最低比例，开放式基金的基金份额持有人可以事先选择将所获分配的现金收益，按照基金合同有关基金份额申购的约定转为基金份额；基金份额持有人事先未作出选择的，基金管理人应当支付现金。

1. 除权日，根据基金利润分配方案记账，会计分录为：

借：利润分配——应付利润
　贷：应付利润

2. 将“利润分配——应付利润”明细科目的余额转入“未分配利润”明细科目，会计分录为：

借：利润分配——应付利润
　贷：利润分配——未分配利润

结转后，除“未分配利润”明细科目外，本科目的其他明细科目应无余额。“利润分配”科目期末余额，反映累计未分配利润（或未弥补亏损）。

附录 1. 证券投资基金专用会计科目表

顺序号	编　号	会计科目名称	顺序号	编号	会计科目名称
	一、资产类			二、负债类	
1	1002	银行存款	15	2001	短期借款
2	1021	结算备付金	16	2101	交易性金融负债
3	1031	存出保证金	17	2202	卖出回购金融资产款
4	1102	股票投资	18	2203	应付赎回款
5	1103	债券投资	19	2204	应付赎回费
6	1104	资产支持证券投资	20	2206	应付管理人报酬
7	1105	基金投资	21	2207	应付托管费
8	1106	权证投资	22	2208	应付销售服务费
9	1202	买入返售金融资产	23	2209	应付交易费用
10	1203	应收股利	24	2221	应交税费
11	1204	应收利息	25	2231	应付利息
12	1207	应收申购款	26	2232	应付利润
13	1221	其他应收款	27	2241	其他应付款
14	1501	待摊费用	28	2501	预提费用
	三、共同类			五、损益类	
29	3003	证券清算款	38	6011	利息收入
30	3101	远期投资	39	6101	公允价值变动损益
31	3102	其他衍生工具	40	6111	投资收益
32	3201	套期工具	41	6302	其他收入
33	3202	被套期项目	42	6403	管理人报酬
		四、所有者权益类	43	6404	托管费
34	4001	实收基金	44	6406	销售服务费
35	4011	损益平准金	45	6407	交易费用
36	4103	本期利润	46	6411	利息支出
37	4104	利润分配	47	6605	其他费用
			48	6901	以前年度损益调整

附录 2. 证券投资基金增值税核算估值参考意见

一、总则

1. 为规范证券投资基金(以下简称基金)增值税的核算估值,根据《证券投资基金法》、《企业会计准则》、《证券投资基金会计核算业务指引》、《关于全面推开营业税改征增值税试点的通知》(财税〔2016〕36 号)等法律法规和税收文件,制定本参考意见。

2. 基金管理人作为估值责任第一人,应当审慎评估本参考意见并自行作出估值判断,根据法律法规及合同约定,与托管人协商一致后实施营改增政策。

3. 基金的增值税应税行为包括贷款服务和金融商品转让。

4. 基金采用简易计税方法,按照 3% 的征收率缴纳增值税。简易计税方法的应纳税额,是指按照销售额和增值税征收率计算的增值税额,不得抵扣进项税额。

5. 基金管理人可以综合评估监管合规、基金估值、资金清算等因素决定合并或分别申报缴纳增值税,并根据中国证监会有关基金报表列报和信息披露的规定,披露增值税相关信息。

6. 税收政策调整与本意见不一致的,以税收政策为准,导致基金实际缴纳税金与基金按照本参考意见进行核算估值的应交税金产生差异的,不属于估值差错,基金原则上在相关税金调整确定时进行相应的估值调整。

二、计税项目

(一) 贷款服务

基金将资金贷与他人使用而取得的具有保本性质的利息收入,按贷款服务缴纳增值税。

基金持有的各类存款取得的利息收入不征收增值税,持有国债、地方政府债、央行票据、政策性金融债券、金融债券、同业存单取得的利息收入免征增值税。

基金与金融机构发生的质押式和买断式买入返售取得的利息收入免征增值税,其中包括以中国证券登记结算有限公司为中央对手方的买入返售取得的利息收入。

(二) 金融商品转让

基金转让有价证券、非货物期货和其他金融商品所有权产生的差价收入,按金融商品转让缴纳增值税。

基金买卖股票、债券[①]的差价收入免征增值税。

基金通过黄金交易所买卖黄金合约,未发生实物交割的,其差价收入免征增值税。

金融商品还本兑付、债券回售、债转股等行为,不属于金融商品转让,不征收增

① 债券是指依法在境内外合法交易场所发行的、按约定还本付息的有价证券;包括国债、地方政府债、央行票据、政策性金融债券、金融债券、政策性银行债、企业债、公司债、中期票据、短期融资券、超短期融资券、非公开定向债务融资工具、可转债、可交换债、中小企业私募债、证券公司短期债、资产支持证券(优先级、中间级)、同业存单等。

值税。

在相关税收法规明确前，暂不对基金转让、赎回证券投资基金计提增值税。

转让金融商品出现的正负差，按盈亏相抵后的余额为销售额。若相抵后出现负差，可结转下一纳税期与下期转让金融商品销售额相抵，但年末时仍出现负差的，不得转入下一个会计年度。

（三）执行日前估值增值

基金设置备查表，按单只证券计算2017年12月31日年末市价高于实际买入价的股票、债券（不包括采用摊余成本法核算的债券）、基金、非货物期货的实施日期初待抵扣增值额①。2018年起每个估值日按先进先出计算卖出备查表内证券对应的转出待抵扣增值额，当月转出待抵扣增值额抵减当月累计应税差价收入，计算当月应交增值税。上述操作待备查表内证券全部卖出后结束。

（四）执行日后估值增值

基金管理人应当综合评估实施成本、净值准确性和波动性、对投资者的影响等因素，对应税金融商品的估值增值计提预估增值税。若评估预估增值税对基金资产净值不产生重大影响，可与托管人协商一致，不进行预估增值税。

基金持有转让差价应税金融商品的估值增值，按金融商品转让计提预估增值税。基金持有的证券投资基金视为在终止确认时采用赎回的交易方式，产生的估值增值不计提预估增值税。

三、会计科目设置

编号	会计科目	明细科目设置	核算内容
222105	应交税费——应交增值税	“应交增值税”科目下设置“贷款服务”及“金融商品转让”科目进行明细核算	核算当前纳税期内增值税应税行为产生的应纳税额。本科目期末贷方余额反映尚未缴纳的增值税。期末贷方余额最小为零
222106	应交税费——预估增值税		核算应税金融商品公允价值变动产生的预估增值税。本科目期末贷方余额反映公允价值变动可能带来的后续应交增值税
222107	应交税费——附加税	“附加税”科目下设置“城建税”和“教育费附加”科目进行明细核算	核算应缴纳的附加税。本科目期末贷方余额反映尚未缴纳的附加税
222108	应交税费——预估附加税	“预估附加税”科目下设置“预估城建税”和“预估教育费附加”科目进行明细核算	核算应税金融商品公允价值变动产生的预估附加税。本科目期末贷方余额反映公允价值变动可能带来的后续应交附加税
610199	公允价值变动损益——预估增值税抵减		核算应税金融商品公允价值变动产生的预估增值税而应冲减的损益金额

① 不包括差价收入免征增值税的证券。

续表

编号	会计科目	明细科目设置	核算内容
611199	投资收益——差价收入增值税抵减		核算应税金融商品转让收益中因计提增值税而应冲减的收益金额
680201	税金及附加	“税金及附加”科目下设置“城建税”“教育费附加”等科目进行明细核算	核算当期计提的附加税
680202	预估税金及附加	“预估税金及附加”科目下设置“城建税”“教育费附加”科目进行明细核算	核算公允价值变动产生的预估附加税。

注:建立备查簿,登记截至每日日终当年累计应税差价收入和当年累计待抵扣金融商品转让负差。

四、主要账务处理

(一)贷款服务

1. 计算原则。基金持有债券取得的应税利息收入按日计提增值税,计税基数为债券持有期间(含到期)确认的应税利息收入。应交增值税计算公式为:

当日应交增值税 = ROUND[当日利息收入科目的贷方发生额 ÷ (1 + 征收率),2] × 征收率

2. 会计凭证。

借:利息收入

　贷:应交税费——应交增值税——贷款服务

(二)金融商品转让

1. 计算原则。基金转让金融商品产生的应税差价收入在差价收入确认日日终汇总一笔计提增值税。应交增值税计算公式为:

当日应交增值税 = MAX{ROUND[当期累计应税差价收入 ÷ (1 + 征收率),2] × 征收率,0} − 当期期初至上一日“应交税费——应交增值税——金融商品转让”科目贷方累计发生额

当期累计应税差价收入 = 本纳税期间转让金融商品产生的应税差价收入 − 上一纳税期结转的应税金融商品转让负差 − 本纳税期间转出待抵扣的增值额

2. 会计凭证。

借:投资收益——差价收入增值税抵减

　贷:应交税费——应交增值税——金融商品转让

当日应交增值税若为正数,计入“应交税费——应交增值税——金融商品转让”科目贷方;若为负数,计入“应交税费——应交增值税——金融商品转让”科目的贷方红字。

(三)汇总计提附加税

1. 计算原则。基金按日汇总计算应交附加税。计算公式为:

当日应交附加税 = 当期期初至当日日终“应交税费——应交增值税”贷方累计发生额 × 附加税率 − 当期期初至上一日日终“应交税费——附加税”科目贷方累计发生额

2. 会计凭证。

借:税金及附加

　贷:应交税费——附加税

（四）金融商品估值增值

1. 计算原则。基金持有转让差价应税金融商品产生的估值增值在估值确认日日终汇总一笔计提预估增值税。

预估增值税计算公式为:

当日预估增值税 = MAX{〔当期累计应税估值增值 - 实施日剩余待抵扣增值额 + MIN(当期累计应税差价收入,0)〕÷(1 + 征收率) × 征收率,0} - 估值日上一日“应交税费——预估增值税”科目贷方余额

2. 会计凭证。

借:公允价值变动损益——预估增值税抵减

　贷:应交税费——预估增值税

当日预估增值税若为正数,计入“应交税费——预估增值税”科目贷方;若为负数,计入“应交税费——预估增值税”科目的贷方红字。

（五）汇总计提预估附加税

1. 计算原则。基金按日汇总计算应交附加税。计算公式为:

当日预估附加税 = 当期期初至当日日终“应交税费——预估增值税”贷方累计发生额 × 附加税税率 - 当期期初至上一日日终“应交税费——预估附加税”科目贷方累计发生额

2. 会计凭证。

借:预估税金及附加

　贷:应交税费——预估附加税

思考练习题

1. 证券投资基金有哪些种类? 各类基金的特点如何?
2. 证券投资基金有哪些具体的当事人? 他们各有什么职责?
3. 证券投资基金发行业务的核算要点是什么?
4. 证券投资基金投资业务的核算要点是什么?
5. 简述证券投资基金损益的构成及基本核算思路。

第十三章

金融企业所有者权益的核算

学习要点与要求

1. 掌握金融企业所有者权益的含义、构成,了解其与负债的区别;
2. 掌握金融企业实收资本的相关规定、分类及其会计处理;
3. 熟悉金融企业资本公积和盈余公积的构成及其会计处理;
4. 熟悉金融企业其他综合收益的会计处理;
5. 掌握金融企业一般风险准备金的含义、相关规定及其会计处理;
6. 熟悉金融企业利润的分配顺序及其会计处理。

第一节 所有者权益概述

一、所有者权益的概念

所有者权益也称股东权益,是指所有者在企业资产中享有的经济利益,其金额为资产减去负债后的余额。它是企业所有者对净资产的要求权,反映了企业的产权关系。

金融企业所有者权益是指金融企业所有者对金融企业资产中享有的经济利益,反映了所有者对金融企业资产的索取权,是金融企业全部资产中扣除债权人权益后由所有者享有的部分。它主要包括金融企业投资者对金融企业投入的实收资本或股本,以及形成的资本公积、其他综合收益、盈余公积,未分配利润等。所有者权益充分表明金融企业的产权关系。一般而言,实收资本和资本公积是由所有者直接投入的,如所有者的投入资本、资本溢价等;而盈余公积是从金融企业税后利润中提取的。因此,盈余公积和未分配利润又被称为留存收益。同时,从事贷款业务的金融企业,必须计提一般风险准备。因此,一般风险准备也是金融企业所有者权益的组成部分。

二、所有者权益与负债的区别

所有者权益和负债同属权益。权益是指对企业资产的求偿权,它包括投资人的求偿权和债权人的求偿权两种,两者区别主要表现在以下几个方面。

(一)性质不同

负债是金融企业在生产经营或其他事项中发生的债务,是债权人对资产的索取权,是债权人的权益;而所有者权益是金融企业投资者对资产扣除负债后的剩余权益的享有权,即投资者对投入资本及运用投入资本产生的盈余(或亏损)享有的权利。

(二)承担的责任不同

负债是金融企业对债权人承担的经济责任,而所有者权益是金融企业对投资者承担的经济责任。

(三)偿还期限不同

负债必须按规定的时间和利率支付利息,到期偿还本金;而所有者权益是无偿还期限的,在金融企业经营期间无须偿还,只有在金融企业破产清算时,其财产在偿还了破产费用、债权人的债务以后,如果有剩余才能还给投资者。

(四)享受的权利不同

负债只享有收回债务本金和按事前约定的利率收回利息的权利,债权人与金融企业只有债权、债务关系,不能参与金融企业的经营管理和决策。金融企业的投资人则具有法定的管理金融企业和委托他人管理的权利,也具有参与收益分配的权利。

(五)风险和收益的大小不同

负债具有明确的偿还期限、约定的收益率,债权人到期即得到本息,所承担的风险较小,所获得的收益也较低。而投资者拥有参与金融企业的经营管理和收益分配的权利,实际获得报酬的多少取决于金融企业的盈利水平和收益分配政策,所承担的风险高,可能会获得较高的收益,也可能会承担更大的损失。

(六)计量不同

负债必须在发生时按规定的方法单独予以计量,并根据相关义务所需支出的最佳估计数进行估计;而所有者权益的确认主要依赖于其他会计要素,尤其是资产和负债的确认,所有者权益金额的确定也主要取决于资产和负债的计量。

二、所有者权益的构成

所有者权益按其主要的来源区分,包括投资者投入的实收资本(股本)、资本公积、盈余公积、一般风险准备和未分配利润五个部分。盈余公积、未分配利润和一般风险准备统称为留存收益。

(一)实收资本

金融企业的实收资本是指投资者按照企业章程,或合同、协议的规定,实际投入金融企业的资本,这部分是所有者初始投资的财产。具体包括:国家投资、其他单位投资、社会个人投资和外商投资等。在股份制金融企业,实收资本表现为公司实际发行的股票面值,所以称为股本;在非股份制金融企业,投资者投入的资本称为实收资本。

(二)资本公积

资本公积是所有者共有的、非正式经营活动增加的所有者权益。资本公积包括资本(或股本)溢价和其他资本公积。资本(或股本)溢价是指所有者投入金融企业的资本超过注册资本或者股本部分的金额;其他资本公积是指除资本(或股本溢价)项目以外形成的资本公积,包括以权益结算的股份支付形成的资本公积、权益法下享有被投资单位除损益以外的所有者权益变动的份额,以及关联方交易时价格显失公允的差额。

（三）其他综合收益

其他综合收益是指金融企业根据会计准则规定未在当期损益中确认的各项利得和损失。其他综合收益的发生不影响金融企业的当期利润,但会引起所有者权益的增减变化。例如,可供出售金融资产公允价值的变动,是由资本市场上证券价格波动造成的,但在不发生交易的情况下,其损益仅为账面浮盈或浮亏;若此时将其计入当期损益,会造成当期损益不实。因此,准则要求将这类利得和损失所引起的所有者权益变动,计入其他综合收益。"其他综合收益"在资产负债表上属于所有者权益项目,但在利润表上也应予以列示。

（四）盈余公积

盈余公积是指金融企业按照规定比例从净利润中提取的、有特定用途的积累资金,包括法定盈余公积和任意盈余公积。金融企业提取的盈余公积经批准可以用于弥补亏损、转增资本和分配股利。

（五）一般风险准备

一般风险准备是指金融企业按一定比例从净利润中提取的、用于弥补尚未识别的可能性损失的准备。由于金融企业经营风险高于普通企业,为防范风险,合理进行会计核算,国家规定金融企业必须针对其经营业务的特点及高风险性,按规定计提风险准备。风险准备同盈余公积和未分配利润一样都是从净利润中提取的,是企业所得净收益的积累。金融企业按规定计提的一般风险准备,用于弥补亏损,不得用于分红、转增资本。

（六）未分配利润

未分配利润是指金融企业当年实现的利润在缴纳所得税和按规定进行利润分配之后形成的,留待以后年度分派的待分配利润,是净利润中尚未确定用途、归所有者所有的资金。

以上划分可以清晰地反映出金融企业所有者权益的结构。投资者投入金融企业的初始资金,是金融企业经营的原动力,是金融企业发展生存的基础。资本公积是在原始投资基础上连带产生的。它与原始投资共同形成金融企业经营的运作资金。盈余公积和未分配利润,是金融企业在经营过程中的资本增值,也称为滋生资本式累积资本,在所有者权益中,投入资本的大小,反映了金融企业所有者对金融企业权力的大小。而资本增值的多少,则从根本上反映出金融企业经营期间经营状况的好坏和营运能力。资本增值与投入资本相比的比率,反映金融企业在经营期间的经济效益高低和经营水平的高低,表明金融企业是否具有竞争的能力。一般风险准备实质上是对金融企业当期可供分配利润的限制,同时也增强了金融企业抵抗金融风险的能力。

第二节　实收资本的核算

一、实收资本的分类

（一）按投资主体的不同划分

金融企业投资者投入的资本按所有者性质的不同可以分为国家投资、法人投资、个人投资和外商投资。

1. 国有金融企业资本金组成。国有金融企业是指国家投资或国家控股的金融企业。国有投资金融企业的资本金构成是由有权代表国家投资的政府部门或机构以国有资产投入金融企业所形成的资本金。国家控股的金融企业是指国家股在总股份中占多数的金融企业。

2. 股份制金融企业股本组成。股份制金融企业是以股份公司形式组建的金融企业。在股份制金融企业中,投入资本就是股权。按照股份制企业的做法,把股权分为国家股、法人股、个人股和外资股。

(1)国家股。国家股由国务院授权的部门或机构持有的股份,或者由国务院决定、由地方政府授权的部门或机构持有,并委派股权代表。

(2)法人股。法人股指企业法人以其依法可支配的资产投入的股份,或具有法人资格的事业单位、社会团体以国家允许用于经营的资产投入的股份。

(3)个人股。个人股指社会个人或金融企业内部职工以个人合法资产投入的股份。

(4)外资股。外资股指外国和我国香港、澳门、台湾地区投资者购买人民币特种股票而投入的股份。

(二)按投入资产的形式不同划分

实收资本按照投入资产形式的不同,可以分为货币投资、实物投资、无形资产投资和发行股票等。

投资者以货币形式投入资本时,应按实际到达银行账户的金额和时间入账。实际收到或者存入开户银行的金额超过其在该金融企业注册资本中所占份额的部分,计入资本公积;投资者也可以实物资产的方式出资,当以房屋、机器和建筑物等实物投资时,应以实际收到实物的时间作为资产的入账时间,并按投资各方确认的价值入账。投资前各方应当经过相互协商,并按规定对出资实物进行评估作价,依法办理产权转让手续。投资者还可以采用无形资产的方式出资,如以专利权、土地使用权、非专利技术出资等。根据规定,我国公司投资人以无形资产投资时,应按合同、协议约定的金额和时间入账,企业接受的无形资产必须评估作价,并且作价金额不得超过公司注册资本的20%(高新企业另有规定除外)。

二、实收资本的相关规定

(一)股份制金融企业的股本核算

股份制金融企业的股本,应按以下规定核算。

1. 股份制金融企业的股本应当在核定的股本总额及核定的股份总额的范围内发行股票或由股东出资取得。金融企业发行的股票,应按其面值作为股本,超过面值发行取得的收入,作为股本溢价,计入资本公积。

2. 境外上市金融企业以及在境内发行外资股的上市金融企业,按确定的人民币股票面值和核定的股份总额的乘积计算的金额,作为股本入账,按收到股款当日的汇率折合的人民币金额与按人民币计算的股票面值总额的差额,作为资本公积处理。

(二)非股份制金融企业的实收资本核算

非股份制金融企业的实收资本应按以下规定核算。

1. 投资者以现金投入的资本,应当以实际收到或者存入金融企业开户银行的金额作为实收资本入账。实际收到或者存入企业开户银行的金额超过其在该金融企业注册资本中所占份额的部分,计入资本公积。

2. 投资者以非现金资产投入的资本,应按投资各方确认的价值作为实收资本入账。首次发行股票而接受投资者投入的无形资产,应按该项无形资产在投资方的账面价值入账。

3. 投资者投入的外币,合同没有约定汇率的,按收到出资额当日的汇率折合;合同约定汇率的,按合同约定的汇率折合,因汇率不同产生的折合差额,作为资本公积处理。

(三)金融企业资本(股本)的其他规定

金融企业资本(股本)除下列情况外,不得随意变动。

1. 符合增资条件,并经有关部门批准增资的,在实际取得股东的出资时,登记入账。

2. 金融企业按法定程序报经批准减少注册资本的,在实际发还投资时登记入账;采用收购本企业股票方式减资的,在实际购入本企业股票时,登记入账。

3. 金融企业应当将因减资而注销股份、发还股款,以及因减资需更新股票的变动情况,在股本账户的明细账及有关备查簿中详细记录。

4. 股东按规定转让出资的,金融企业应当于有关转让手续办理完毕时,将出让方所转让的出资额,在资本(股本)账户的有关明细账户及各备查登记簿中转为受让方。

(四)对实收资本数额的要求

为了保证商业银行的稳健运行,防范金融风险,人民银行规定了设立商业银行的最低资本要求。设有分支机构的全国性银行的最低实收资本金为20亿元人民币;不设立分支机构的全国性银行的最低实收资本金为10亿元人民币;区域性银行的最低实收资本金为8亿元人民币;合作银行的最低实收资本金为5亿元人民币。

在经济特区设立外资银行总行或中外合资银行,其注册资本不得少于8 000万元人民币等值外汇,其中实收资本不得低于注册资本的50%;在经济特区设立的外资银行分行必须持有其总行拨给的不低于4 000万元人民币的等值外币。

我国目前实行的是注册资本制度,要求金融企业的实收资本与注册资本保持一致,当金融企业的实收资本比原来的资本增减超过20%时,应持资金使用证明或验资证明向原登记机关申请变更登记,严禁擅自改变注册资本或抽逃资金。

三、实收资本的核算

金融企业的实收资本是指投资者按照企业章程,或合同、协议的约定,实际投入金融企业的资本。核算时,金融企业应设置"实收资本"或"股本"科目,账户的贷方登记金融企业实际收到投资者投入的资本、按法定程序结转的资本公积、盈余公积转增资本的增加数;该科目的借方一般不作记录,只在规定的范围内减资、注销股本或企业破产清理时借记减少数;余额反映在贷方,表示金融企业实收资本(或股本)数额。该科目按投资者情况进行明细核算。

(一)接受现金资产投资的核算

1. 非股份制金融企业。投资者以现金投入的资本,应当以实际收到或者存入企业开户银行的金额作为实收资本入账。实际收到或者存入企业开户银行的金额超过其在该企业注册资本中所占份额的部分,计入资本公积。会计分录为:

借:存放中央银行款项(或××存款)

　贷:实收资本——国家投资

——其他单位投资

——个人投资

2. 股份制金融企业。股份制金融企业应当设置"股本"科目。股份制金融企业和非股份制金融企业相比,其特点是资本被划分为等额股份,并通过发行股票的方式来筹集资本。股份制金融企业应当在核定的股本总额及核定的股份总额的范围内发行股票。会计分录为:

借:存放中央银行款项(或××存款)

贷:股本

资本公积——股本溢价

(二)接受非现金资产投资的核算

1. 接收投入实物资产。金融企业收到投资人以实物形态的投资时,需按照评估确认的价值或合同、协议约定的价值和在注册资本中享有的份额记账。当收到投资人投入的房屋、汽车、机器设备等固定资产时,会计分录为:

借:固定资产

贷:实收资本(或股本)

2. 以无形资产投入的核算。接受投资者投入的无形资产,应按该项无形资产评估值和在注册资本中享有的份额入账,超出的部分计入资本公积。会计分录为:

借:无形资产

贷:实收资本(或股本)

(三)接受外币投资的核算

以外币投资时,除记录外币账簿外,资产账户还应按当日国家外汇牌价折合成人民币记账。根据合同协议规定,在外币折合成人民币记账时,若产生了汇率折算差额,计入资本公积。

投资者投入的外币,合同没有约定汇率的,金融企业应按收到出资额当日汇率折合的人民币金额入账。会计分录为:

借:存放中央银行款项(或××存款)

贷:实收资本(或股本)

合同约定汇率的,按合同约定的汇率折合,因汇率不同产生的折算差额,作为资本公积进行账务处理。会计分录为:

借:存放中央银行款项(或××存款)　(收到外币当日汇率折合的人民币金额)

资本公积

贷:实收资本　(合词约定汇率折合的人民币金额)

或

借:存放中央银行款项(或××存款)　(收到外币当日汇率折合的人民币金额)

贷:实收资本　(合词约定汇率折合的人民币金额)

资本公积

(四)实收资本(股本)的增减变动的核算

1. 实收资本(股本)的增加。一般企业增加资本有三个途径:接受投资者追加投资、资本公积和盈余公积转增资本。

(1)资本公积转增资本。非股份制金融企业的资本公积转增资本,会计分录为:

借:资本公积——资本溢价

贷:实收资本

股份制金融企业的资本公积转增资本,会计分录为:

借:资本公积——股本溢价

贷:股本

(2)盈余公积转增资本,会计分录为:

借:盈余公积

贷:实收资本(股本)

(3)股份金融企业发放股票股利。股东大会批准的利润分配方案中应当分配的股票股利,在办理增资手续后,应按其折股方式进行处理。

如按股票面值折股的,股票股利的数额与折股的股票面值总额是一致的,不涉及股票溢价问题。会计分录为:

借:利润分配——转作股本的股利

贷:股本

如按照股票的现行市场价格折股,股东大会正式批准的分配股票股利的数额与折股的股票面值总额将发生差额,该差额作为资本公积处理。会计分录为:

借:利润分配——转作股本的股利

贷:股本

资本公积——资本溢价

(4)可转换公司债券持有人行使转换权利。企业发行的可转换公司债券,属于同时具有负债和权益双重成分的非衍生金融工具,应将其拆分为负债和权益工具。一般以该项金融工具的账面价值扣除负债的公允价值后,作为权益成分的初始确认金额;如果负债的公允价值难以确认的,可以不进行分拆,均作为负债进行核算。

持有人行使转换权利,将其持有的债券转换为股票,按可转换公司债券的余额,借记“应付债券——可转换公司债券(面值、利息调整)”科目;按其权益成分的金额,借记“资本公积——其他资本公积”科目;按股票面值和转换的股数计算的股票面值总额,贷记“股本”科目;按实际用现金支付的不可转换为股票的部分,贷记“存放中央银行款项”等科目;按其差额,贷记“资本公积——股本溢价”科目。会计分录为:

借:应付债券——可转换公司债券(面值)

应付债券——可转换公司债券(利息调整)

资本公积——其他资本公积

贷:股本

资本公积——股本溢价

2. 实收资本(股本)减少的核算。

(1)非股份制金融企业。非股份制金融企业按法定程序报经批准减少注册资本的,在实际发生时,登记入账。会计分录为:

借:实收资本

贷:存放中央银行款项

(2)股份制金融企业。当股份制金融企业采用收购本企业股票方式减资时,按股票面值和注销股数计算的股票面值总额冲减股本,按注销库存股的账面余额与所冲减股本的差额冲减股本溢价,股本溢价不足冲减的,再冲减盈余公积直至未分配利润。如果回购股票支付的价款低于面值总额的,所注销库存股的账面余额与所冲减股本的差

额作为增加股本的溢价处理。当股份有限制金融企业回购本企业股票时,购回股票支付的价款大于面值总额,其会计分录为:

借:库存股

　贷:存放中央银行款项

同时,注销本企业股票时,其会计分录为:

借:股本

　资本公积——股本溢价

　盈余公积

　未分配利润

　贷:库存股

当股份有限制金融企业回购本企业股票时,购回股票支付的价款低于面值总额,其会计分录为:

借:库存股

　贷:存放中央银行款项

同时,注销本企业股票时,其会计分录为:

借:股本

　贷:库存股

　　资本公积——股本溢价

第三节　资本公积和盈余公积的核算

一、资本公积的核算

反映金融企业公积金增减变动情况,应设置“资本公积”科目,该科目属于金融企业所有者权益类科目。“资本公积”科目用于核算金融企业取得的资本公积情况,贷方登记资本公积的增加数,借方登记资本公积减少数。余额反映在贷方,表示资本公积的结余。该科目应按资本公积的形成类别设置明细账。

(一)资本(股本)溢价

资本(或股本)溢价是指金融企业投资者投入的资金超过其在注册资本(或股本)中所占份额的部分。根据有关规定,按投资者所缴付的全部资金,借记有关资产科目,按其认缴的资本金贷记“实收资本”科目,股份有限公司在溢价发行股票的情况下,发行股票取得的收入,相当于股票面值的部分记入“股本”科目,超过股票面值的溢价部分,在扣除发行手续费、佣金等发行费用后,记入“资本公积——股本溢价”科目。

1. 非股份制金融企业收到投资者投入的资金。会计分录为:

借:存放中央银行款项　　　　(实际收到金额)

　贷:实收资本　　　　(在注册资本中所占份额)

　　资本公积——资本溢价　　　　(溢价部分)

2. 股份制金融企业溢价发行股票。会计分录为:

借:存放中央银行款项　　　　(实际收到的金额)

　贷:股本　　　　(股票面值和核定的股份总额的乘积计算的金额)

资本公积——股本溢价　　　　　　　　　　　　　　　　　　　　（溢价部分）

3. 境外上市的金融企业以及在境内发行外资股金融企业收到股款。会计分录为：

借：存放中央银行款项等　　　　　（收到股款当日的汇率折合人民币的金额）

贷：股本　　（确定的人民币股票面值和核定的股份总额的乘积计算的金额）

资本公积——股本溢价　　　　　　　　　　　　　　　　　　　　（溢价部分）

（二）其他资本公积

1. 以权益结算的股份支付。

（1）在等待期每个资产负债表日，应按确定的金额，作会计分录：

借：业务及管理费等

贷：资本公积——其他资本公积

（2）在行权日，应按实际行权的权益工具数量计算确定的金额，作会计分录：

借：银行存款（或存放中央银行款项）　　　　　　　　（按行权价收取的金额）

资本公积——其他资本公积　　　　　　　　　　（等待期累计确定的金额）

贷：股本　　　　　　　　　　　　　　　　　　　　　　　（增加股份的面值）

资本公积——股本溢价　　　　　　　　　　　　　　　　　　　　　（差额）

2. 采用权益法核算的长期股权投资。

（1）被投资单位除净损益、其他综合收益和利润分配以外的所有者权益的其他变动，投资方按持股比例计算应享有的份额，计入其他资本公积。所有者权益增加时，会计分录为：

借：长期股权投资——其他权益变动

贷：资本公积——其他资本公积

所有者权益减少时，会计分录相反。

（2）处置采用权益法核算的长期股权投资时，会计分录为：

借：资本公积——其他资本公积

贷：投资收益

发生损失时，会计分录相反。

3. 资本公积用于转增资本。金融企业按规定的程序增资时，应按资本公积转增资本的数额，作会计分录：

借：资本公积

贷：实收资本

二、盈余公积

（一）盈余公积的概念和分类

金融企业的盈余公积是指金融企业按照规定从净利润中提取的各种积累资金。金融企业的盈余公积分为法定盈余公积和任意盈余公积。两者的区别就在于其各自计提的依据不同。前者以国家的法律或行政规章为依据提取；后者则由企业自行决定提取。在计算提取法定盈余公积的基数时，不应该包括企业年初未分配利润。

法定盈余公积是指金融企业按照规定的比例从净利润中提取的盈余公积。法定盈余公积按照税后利润的10%提取，累计提取达到注册资本的50%时，可不再提取。

任意盈余公积是金融企业经股东大会或类似机构批准按规定比例从净利润中提取的盈余公积。

(二)盈余公积的管理

金融企业提取盈余公积主要可以用于以下几个方面。

1. 弥补亏损。金融企业发生亏损时,应自行弥补。弥补亏损的渠道主要有三条。

(1)用以后年度税前利润弥补。按照现行制度规定,企业发生亏损时,可以用以后5年内实现的税前利润弥补,即税前利润弥补亏损的期间为5年。

(2)用以后年度税后利润弥补。企业发生的亏损经过5年期间未弥补足额的,尚未弥补的亏损应用所得税后的利润弥补。

(3)以盈余公积弥补亏损。企业以提取的盈余公积弥补亏损时,应当由公司董事会提议,并经股东大会批准。

2. 转增资本。经股东大会决议批准,可以将盈余公积转增资本。在转增资本前要办理增资手续,在实际将盈余公积转增资本时,要按照转增前实收资本的结构比例,相应地增加各投资者对企业的资本投资份额。盈余公积转增资本后,留存的盈余公积的数额不得少于注册资本的25%。

3. 分配股利。经股东会特别决议也可动用盈余公积分配股利,但是,企业如果有未弥补亏损,必须先用盈余公积补亏,补亏后盈余公积的数额仍符合分配股利条件的,方可进行分配。

(三)盈余公积的会计核算

设置"盈余公积"科目,用以核算从净利润中提取的盈余公积。该账户属于所有者权益类科目,贷方登记盈余公积的提取数额,借方登记盈余公积的支用和减少的数额,期末贷方余额表示提取的盈余公积结余数额。本科目设置"法定盈余公积""任意盈余公积"等明细科目。

1. 提取盈余公积的核算。金融企业按照规定的比例,从净利润中提取盈余公积时,会计分录为:

借:利润分配——提取法定盈余公积
　　　　　　——提取任意盈余公积
　贷:盈余公积——法定盈余公积
　　盈余公积——任意盈余公积

外资金融企业提取储备基金、企业发展基金时,会计分录为:

借:利润分配——提取储备基金
　　　　　　——提取企业发展基金
　贷:盈余公积——储备基金
　　　　　　——企业发展基金

2. 盈余公积分配股票股利或转增资本的核算。用盈余公积分配股票股利或转增资本时,应当于实际分配股票股利或转增资本时,作会计分录:

借:盈余公积
　贷:实收资本或股本

3. 盈余公积弥补亏损的核算。金融企业经股东大会或类似机构决议,用盈余公积弥补亏损时,会计分录为:

借:盈余公积
　贷:利润分配——盈余公积补亏

4. 盈余公积派送新股的核算。股份制金融企业经股东大会决议,用盈余公积派送

新股时,会计分录为:

借:盈余公积　　　　　　　　　　　　　　(按派送新股计算的金额)

　贷:股本　　　　　　　　　　　　(按股票面值和派送新股总数计算的金额)

　　资本公积——股本溢价　　　　　　　　　　　　　　　　(二者差额)

5. 盈余公积分配现金股利或利润的核算。金融企业经股东大会或类似机构决议,用盈余公积分配现金股利或利润时,会计分录为:

借:盈余公积

　贷:应付股利

6. 盈余公积分配股票股利或转增资本的核算。外资金融企业经批准将储备基金用于转增资本,会计分录为:

借:盈余公积——储备基金

　贷:实收资本

外资金融企业用企业发展基金转增资本时,会计分录为:

借:盈余公积——企业发展基金

　贷:实收资本

第四节　其他综合收益的核算

一、其他综合收益的种类

其他综合收益是指企业根据会计准则规定未在当期损益中确认的各项利得和损失。其包括以下两种。

1. 以后会计期间不能重分类归入损益的其他综合收益项目。以后会计期间不能重分类归入损益的其他综合收益项目主要包括重新计量设定受益计划净负债或净资产导致的变动,以及按照权益法核算因被投资单位重新计量设定受益计划净负债或净资产变动导致的权益变动,投资企业按持股比例计算确认的该部分其他综合收益项目。

2. 以后会计期间满足规定条件时将重分类归入损益的其他综合收益项目。

二、其他综合收益的核算

(一)可供出售金融资产公允价值的变动

可供出售金融资产公允价值变动形成的利得或损失(不包括减值损失和外币货币性金融资产形成的汇兑差额),在确认利得时,会计分录为:

借:可供出售金融资产——公允价值变动

　贷:其他综合收益

确认损失,作相反的会计分录。

(二)可供出售外币非货币性项目的汇兑差额

确认汇兑损失时,会计分录为:

借:其他综合收益

　贷:可供出售金融资产

确认汇兑收益,作相反会计分录。

（三）金融资产的重分类

1. 将可供出售金融资产重分类为采用成本或摊余成本计量的金融资产。重分类日，以该项金融资产的公允价值或账面价值作为成本或摊余成本，该项金融资产没有固定到期日的，与该金融资产相关、原直接计入所有者权益的利得或损失，仍应记入“其他综合收益”科目，在该金融资产被处置时转入当期损益。

2. 将持有至到期投资重分类为可供出售金融资产，并以公允价值进行后续计量时，会计分录为：

借：可供出售金融资产　　　　　　　　　　（金融资产的公允价值）

　持有至到期投资减值准备

　贷：持有至到期投资

　贷（或借）：其他综合收益　　　　　　　　　　　（差额）

此时产生的“其他综合收益”，在该可供出售金融资产发生减值或终止确认时转入当期损益。

3. 按规定应当以公允价值计量，但以前公允价值不能可靠计量的可供出售金融资产，在其公允价值能够可靠计量时改按公允价值计量，将相关账面价值与公允价值之间的差额记入“其他综合收益”科目，在该可供出售金融资产发生减值或终止确认时转入当期损益。

（四）采用权益法核算的长期股权投资

1. 被投资单位其他综合收益变动，投资方按持股比例计算应享有的份额确认其他综合收益，会计分录为：

借：长期股权投资——其他综合收益

　贷：其他综合收益

被投资单位其他综合收益减少，作相反的会计分录。

2. 处置采用权益法核算的长期股权投资时，将其他综合收益计入当期损益，会计分录为：

借：其他综合收益

　贷：投资收益

其他综合收益为借方余额时，作相反的会计分录。

（五）存货或自用房地产转换为投资性房地产

1. 企业将作为存货的房地产转为采用公允价值模式计量的投资性房地产，其公允价值大于账面价值，会计分录为：

借：投资性房地产——成本　　　　　　　　（转换日的公允价值）

　贷：开发产品等

　　其他综合收益　　　　　　　　　　　　　　　（差额）

企业将自用房地产转为采用公允价值模式计量的投资性房地产，其公允价值大于账面价值时，会计分录为：

借：投资性房地产——成本（转换日的公允价值）

　累计折旧

　固定资产减值准备

　贷：固定资产

　　其他综合收益（差额）

2. 处置该项投资性房地产时,因转换计入其他综合收益的金额,应转入当期其他业务成本。会计分录为:

借:其他综合收益

　贷:其他业务成本

(六)现金流量套期工具

对于现金流量套期工具产生的利得或损失中属于有效套期的部分,可直接确认为其他综合收益。

(七)外币财务报表折算差额

按照外币折算的要求,企业在处置境外经营的当期,将已列入合并财务报表所有者权益的外币报表折算差额中与该境外经营相关部分,自其他综合收益项目转入处置期的当期损益。如果是部分处置境外经营,应当按处置的比例计算处置部分的外币报表折算差额,转入处置期的当期损益。

第五节　一般风险准备的核算

一、一般风险准备的概念

一般风险准备是指金融企业按一定比例从净利润中提取的、用于弥补尚未识别的可能性损失的准备,不得用于分红、转增资本。

从事存贷款业务的金融企业,为了达到稳健经营,避免由于贷款损失准备不足对金融企业资本过度侵蚀而设立了一般风险准备金,作为利润分配处理。一般风险准备是所有者权益的组成部分。

金融企业所提取的准备金可分为两类:一类是针对特定贷款质量存在的问题,根据不良贷款内在损失程度计提的贷款损失准备,包括专项准备和特种准备。由于其与已基本形成的特定资产损失相关,所以作为一项费用计入当期损益,以抵减应纳税所得。另一类是针对总体贷款存在的潜在风险计提的一般风险准备。和贷款损失准备不同,一般风险准备与特定资产的损失无关,它是为了避免贷款损失准备不足,对金融企业资本过度侵蚀而设立的准备金,具有资本的性质,可作为附属资本参加资本充足率的计算。因而一般风险准备除特殊情况外,不免征所得税,而作为一项利润分配,从净利润中提取。

二、一般风险准备的相关规定

(一)计提范围

金融企业提取的一般风险准备具体包括贷款(含抵押、质押、担保等贷款)、银行卡透支、贴现、信用垫款(含银行承兑汇票垫款、信用证垫款、担保垫款等)、进出口押汇、股权投资和债权投资(不含采用成本与市价孰低法或公允价值法确定期末价值的证券投资和购买的国债本息部分的投资)、拆借(拆出)、存放同业款项、应收利息(不含贷款、拆放同业应收利息)、应收股利、应收租赁款、其他应收款等资产。

对由金融企业转贷并承担对外还款责任的国外贷款,包括国际金融组织贷款、外国买方信贷、外国政府贷款、日本国际协力银行不附条件贷款和外国政府混合贷款等资产,也应当计提贷款损失准备。

金融企业不承担风险的委托贷款等资产,不计提贷款损失准备。

(二)计提比例

金融企业应当于每年年度终了根据承担风险和损失的资产余额的一定比例提取一般风险准备。一般风险准备的计提比例由金融企业综合考虑其所面临的风险状况等因素确定,原则上一般风险准备余额不低于风险资产期末余额的1%。

一般风险准备由金融企业总行(总公司)统一计提和管理,即一般风险准备金由金融企业总行集中提取,分行不用计提。

三、一般风险准备的核算

金融企业为了准确核算一般风险准备金设置"一般风险准备"科目。金融企业按规定从净利润中提取一般风险准备时,借记"利润分配——提取一般风险准备",贷记"一般风险准备";金融企业用一般风险准备金弥补亏损时,借记"一般风险准备",贷记"利润分配——提取一般风险准备"。"一般风险准备"科目的期末贷方余额,反映金融企业提取的一般风险准备结余。

在提取一般风险准备时,其会计分录为:

借:利润分配——提取一般风险准备

　贷:一般风险准备

按规定使用一般风险准备弥补亏损时,其会计分录为:

借:一般风险准备

　贷:利润分配——一般风险准备补亏

第六节　利润分配的核算

一、利润分配的含义

利润分配是将金融企业所实现的税后利润,按照有关法规和投资协议所确认的比例,由金融企业的股东大会或类似权力机构决定的当期利润分配方案。在董事会或者类似权力机构向股东大会或类似权力机构提出利润分配方案后,由股东大会或类似权力机构批准通过后实施。在股东大会或类似权力机构召开会议前,应将董事会或类似权力机构提请表决的分配方案列入报告年度的利润分配表,如果最终通过的方案与提请表决的分配方案不一致,其差额应调整报告年度会计报表有关项目的年初数。

二、利润分配的顺序和原则

金融企业本年实现净利润(减弥补亏损,下同),应当按照提取法定盈余公积、提取一般(风险)准备金、向投资者分配利润的顺序进行分配。

(1)法定盈余公积按照本年实现净利润的10%提取,法定盈余公积累计达到注册资本的50%时,可不再提取。

(2)金融企业应当于每年年终根据承担风险和损失的资产余额的一定比例提取一

般风险准备金,用于弥补尚未识别的可能性损失;从事其他业务的,应当按照国家有关规定从本年实现净利润中提取风险准备金,用于补偿风险损失。

(3)以前年度未分配的利润,并入本年实现净利润向投资者分配。按照下列顺序向投资者分配利润分配:①支付优先股股利;②提取任意盈余公积;③支付普通股股利;④转作资本(股本)。

资本充足率、偿付能力充足率、净资本负债率未达到有关法律、行政法规规定标准的,不得向投资者分配利润。

任意盈余公积按照公司章程或者股东(大)会决议提取和使用。

经股东(大)会决议,金融企业可以用法定盈余公积和任意盈余公积弥补亏损或者转增资本。法定盈余公积转为资本时,所留存的该项公积金不得少于转增前金融企业注册资本的25%。

三、未分配利润

金融企业的未分配利润是企业留待以后年度进行分配的结存利润,也是金融企业所有者权益的组成部分。相对于所有者权益的其他部分来讲,金融企业对于未分配利润的使用和分配有较大的自主权。未分配利润有两层含义,一是留待以后年度处理的利润;二是未指定特定用途的利润。从数量上来讲,未分配利润是期初未分配利润,加上本期实现的净利润,减去提取的各种盈余公积和分出利润后的余额。

在按规定作了各种分配后,将"利润分配"科目其他各账户的余额转入"未分配利润"账户。结转后,"未分配利润"账户的贷方余额是未分配利润,留待以后年度进行利润分配;如出现借方余额,则表示为未弥补亏损。

在会计处理上,未分配利润是通过"利润分配"科目进行核算的,"利润分配"科目应当分别"提取法定盈余公积""提取任意盈余公积""应付现金股利或利润""转作股本的股利""盈余公积补亏""未分配利润"等进行核算。

四、利润分配的核算

年度终了,金融企业将各财务收入、财务支出科目的余额通过"本年利润"科目结转出当年的净利润,再将"本年利润"科目余额转入"利润分配——未分配利润"。会计分录为:

借:本年利润

　贷:利润分配——未分配利润

如为亏损,作相反会计分录。

(一)提取盈余公积

金融企业从税后利润中提取盈余公积时的会计分录为:

借:利润分配——提取法定盈余公积

　　　　　——提取任意盈余公积

　贷:盈余公积——法定盈余公积

　　盈余公积——任意盈余公积

(二)提取一般风险准备

金融企业提取的一般风险准备金应作为利润分配处理,同时一般风险准备金记入所有者权益。

在提取一般风险准备时,其会计分录为:
借:利润分配——提取一般风险准备
　贷:一般风险准备

（三）向投资者分配的利润

经股东大会或类似机构决议,分配给股东或投资者现金股利或利润时,会计分录为:
借:利润分配——应付股利或应付利润
　贷:应付股利或应付利润
经股东大会或类似机构决议,分配给股东股票股利时,会计分录为:
借:利润分配——转作股本的股利
　贷:股本
最后,将当期"利润分配"科目下的"提取法定盈余公积""提取任意盈余公积"的明细科目余额转入"未分配利润"明细科目,会计处理为:
借:利润分配——未分配利润
　贷:利润分配——提取法定盈余公积
　　　　　　——提取任意盈余公积
　　　　　　——提取一般风险准备金
　　　　　　——应付利润(或应付股利)
结转后,除"未分配利润"明细科目外,利润分配科目的其他明细科目应无余额。"未分配利润"明细科目贷方余额为历年来积累的未分配利润,留待以后年度进行利润分配;借方余额为历年未弥补的亏损。

思考练习题

1. 金融企业的所有者权益包含哪些内容？所有者权益与负债有什么区别？
2. 金融企业的实收资本有哪些种类？我国有关法规对商业银行的实收资本有哪些要求？
3. 金融企业的盈余公积包括哪些内容？有什么用途？
4. 什么是金融企业的一般风险准备？如何进行账务处理？
5. 什么是未分配利润？如何进行未分配利润的账务处理？
6. 利润分配的顺序是什么？
7. 某非股份制金融企业收到海外M公司投入资本1 000 000美元,N公司投入资本2 950 000美元,国内H公司投入资本7 000 000元,合同约定的汇率为8.21,款项已收到,存入银行当日汇率为8.24。又收到Q公司投入的机器设备一台,原价300 000元,已提折旧50 000元,双方确认的价值为280 000元。并收到K公司投入的楼房一栋,双方确认的价值为1 000 000元。

要求:写出该金融企业收到投入资本的会计分录。

第十四章

收入、费用和利润的核算

学习要点与要求

1. 掌握金融企业收入的概念、种类、确认标准和会计核算；
2. 掌握金融企业费用的概念、种类、确认标准和会计核算；
3. 掌握金融企业利润的会计核算。

第一节　收入的核算

一、收入的定义和特征

依据《企业会计准则第 14 号——收入》的表述，收入是指企业在日常活动中形成的，会导致所有者权益增加的、与所有者投入资本无关的经济利益的总流入。

收入所具备的基本特征包括以下几个方面。

1. 收入是在企业日常活动中形成的，而不是偶发交易形成的。

2. 收入最终能够引起所有者权益的增加。经济利益流入企业并被确认为收入，既可能表现为金融企业资产的增加，也可能表现为负债的减少，或者两者兼而有之，但无论如何最终都会使企业所有者权益增加。

3. 收入不包括所有者向企业投入资本导致的经济利益流入，也不包括为第三方或客户代收的款项。

4. 收入必须能够以货币计量。

金融企业财务收入包括两大类：第一类是营业收入，包括利息收入、手续费及佣金收入、租赁收入、其他营业收入、汇兑损益、公允价值变动损益、投资收益等；第二类是营业外收入，即与金融企业业务经营无直接关系的各项收入，如罚款收入、处置非流动资产利得等。其中，营业收入是构成金融企业收益的主要来源。

二、收入的确认

(一)收入确认的条件

收入的确认是会计核算的起点。按照修订后的《企业会计准则》,企业应当在履行了合同中的履约义务,即客户取得相关商品(或服务)控制权时确认收入。收入的确认需要五个步骤:①识别与客户订立的合同。②识别合同中单独的履行义务。③确定交易价格。④将交易价格分摊至单独的履约义务。⑤履行每一项履约义务时确认收入。

(二)金融企业各类收入的确认

金融企业收入确认的具体方式可归纳为如下两点。

1. 利息收入。金融企业发放的贷款,应按期计提利息并确认为收入。发放贷款到期(含展期)90 天后尚未收回的,其应计利息停止计入当期利息收入,纳入表外核算;已计提的贷款应收利息,在贷款到期 90 天后仍未收回的,冲减原已计入损益的利息收入,转作表外核算。

利息收入的金额应按让渡资金使用权的时间和适用利率计算确定。

2. 手续费及佣金收入。手续费及佣金收入应当在向客户提供相关服务时确认。

三、主要会计科目及核算内容

为全面反映和监督金融企业营业收入的实现,核算收入的增减变动情况,金融企业应根据其业务经营范围设置"利息收入""手续费及佣金收入""租赁收入""其他业务收入""汇兑损益""公允价值变动损益""投资收益""资产处置损益""其他收益"等科目。这类收入性质的科目,贷方记录发生的各项收入,会计期末通过这些科目的借方转入"本年利润"科目的贷方,因此,会计期末结转后,此类科目没有余额。

由于上述大部分科目的核算内容已陆续在之前的章节中做过介绍,本章不再列表说明。

四、销项增值税的核算

按照我国增值税的相关法规,金融企业的金融服务划分为贷款服务、直接收费的金融服务、金融商品转让服务和保险服务四大类。这些收入均需纳入增值税的征收范围。除部分减免和零税率项目外,金融企业一般纳税人提供的所有金融服务均按 6% 的增值税税率征收;对于小规模纳税人,则按 3% 的税率进行简易征收。金融企业一般纳税人在确认上述收入时计提的销项增值税,在"应交税费——应交增值税(销项税额)"科目的贷方核算。

五、营业收入的核算

(一)利息收入的核算

利息收入是金融企业发放各类贷款(包括银团贷款、贸易融资、贴现和转贴现融出资金、协议透支、信用卡透支和垫款等)、与其他金融机构(包括中央银行、同业等)之间发生资金往来业务、买入返售金融资产等取得的利息收入的增减变动情况。利息收入在金融企业的整个营业收入中占有很大的比重,是金融企业财务损益的重要内容之一。

利息收入以贷款利息收入为主,并按国家规定的利率计算。

会计核算使用的总账科目为"利息收入",该科目可设置下列明细科目:存放同业利息收入、存放中央银行利息收入、发放贷款及垫款利息收入、买入返售金融资产利息收入、其他利息收入等。其具体的相关账务处理如下。

1. 确认并计提当期利息时,会计分录为:

借:应收利息(或买入返售金融资产)(按合同利率计算)

借或贷:贷款——利息调整

贷:利息收入(按实际利率计算)

应交税费——应交增值税(销项税额)

2. 实际收到利息时,会计分录为:

借:银行存款(或吸收存款)——××借款人户(或其他有关科目)

贷:应收利息

3. 逾期仍未收到利息时,应按规定在表外科目反映如下:

收:未收贷款利息

4. 期末结转利润时,会计分录为:

借:利息收入

贷:本年利润

(二)手续费及佣金收入的核算

手续费及佣金是金融企业财务收入的主要来源。金融企业的手续费及佣金收入包括办理结算业务、咨询业务、担保业务、代保管等代理业务及办理受托贷款及投资等业务收取的手续费和代理买卖证券、代理承销证券、代理兑付证券、代理保管证券、代理保险业务等代理业务以及其他相关服务实现的手续费及佣金收入。

会计核算使用的总账科目为"手续费及佣金收入",该科目可设置下列明细科目:结算手续费收入、佣金收入、业务代办手续费收入、基金托管收入、咨询服务收入、担保收入、受托贷款手续费收入、代保管收入等。

商业银行办理业务,发生手续费收入时的会计分录为:

借:吸收存款(或银行存款,或库存现金、代理承销证券款等科目)——××户

贷:手续费及佣金收入

应交税费——应交增值税(销项税额)

(三)租赁收入的核算

租赁公司设置"主营业务收入——融资收入(或租金收入)"科目,专门核算租赁公司根据租赁准则确认的租赁收入的增减变动情况(非专业租赁公司的租赁收入使用"其他业务收入"核算)。

1. 确认租赁收入时,会计分录为:

借:未实现融资收益(或应收经营租赁款)

贷:主营业务收入(或其他业务收入)——融资收入(或租金收入)

应交税费——应交增值税(销项税额)

2. 期末结转利润时,会计分录为:

借:主营业务收入(或其他业务收入)——融资收入(或租金收入)

贷:本年利润

(四)其他业务收入的核算

其他业务收入是指金融企业除主营业务以外的其他经营活动取得的收入,包括出租固定资产、出租无形资产等实现的收入。

会计核算使用的总账科目为"其他业务收入",该科目可设置"出租固定资产收入"

和“出租无形资产收入”明细科目。

1. 发生其他业务收入时,会计分录为:

借:应收项目(或货币资金类科目)

  贷:其他业务收入——××收入户

    应交税费——应交增值税(销项税额)

2. 期末结转利润时,会计分录为:

借:其他业务收入——××收入户

  贷:本年利润

(五)汇兑损益的核算

汇兑损益是金融企业发生的外币交易因汇率变动而产生的损益。采用统账制的金融企业,期末应将各外币货币性项目的外币期末余额按期末汇率折算为记账本位币,其与原账面记账本位币的差额,即为当期汇兑损益;采用分账制的金融企业,期末应将所有以外币表示的“货币兑换”科目余额按期末汇率折算为记账本位币金额,其与“货币兑换——记账本位币”科目余额之间的差额即为当期汇兑损益。会计核算使用的总账科目为“汇兑损益”。

(六)公允价值变动损益的核算

金融企业的公允价值变动损益,是指金融企业以公允价值计量且其变动计入当期损益的金融资产或金融负债,以及采用公允价值模式计量的投资性房地产、衍生工具、套期保值业务等公允价值变动形成的应计入当期损益的利得或损失。按照修订后的《企业会计准则》,金融资产由“四分类”变为“三分类”:①以摊余成本计量的金融资产(持有至到期投资和应收账款);②以公允价值计量且其变动计入当期损益的金融资产(交易性金融资产);③以公允价值计量且其变动计入其他综合收益的金融资产(可供出售金融资产)。银行等金融企业的金融资产减值会计上应采用“预期损失法”计提减值准备。

会计核算使用的总账科目为“公允价值变动损益”,该科目可按交易性金融资产、交易性金融负债、投资性房地产等进行明细核算。

(七)投资收益的核算

投资收益是指金融企业根据相关准则确认的投资收益或投资损失。金融企业的投资收益包括以下几方面。

1. 处置以公允价值计量且其变动计入当期损益的金融资产和金融负债、可供出售金融资产实现的损益。

2. 金融企业的持有至到期投资和买入返售金融资产在持有期间取得的投资收益和处置损益。

3. 证券公司自营证券所取得的买卖价差收入等。

会计核算使用的总账科目为“投资收益”(准则规定,债券利息收入也可在“利息收入”科目核算),该科目可按照投资项目进行明细核算。

(八)资产处置损益

资产处置损益是指企业出售划分为“持有待售的非流动资产”(金融资产、长期股权投资和投资性房地产除外)时确认的处置利得(或损失),以及处置未划分为持有待售的固定资产、在建工程、生产性生物资产及无形资产而产生的处置利得(或损失),还包括债务重组中因处置非流动资产产生的利得(或损失)以及非货币性资产交换产生的利得(或损失)。

会计核算使用的总账科目为“资产处置损益”;在利润表的列示项目为“资产处置收益”,若为损失,以“-”号表示。

(九)其他收益

其他收益反映计入其他收益的政府补助等。

六、营业外收入的核算

营业外收入是指金融企业发生的营业利润以外的收益。主要包括:债务重组利得、盘盈利得、罚没利得、捐赠利得等。这些收入的形成,并不是金融企业经营某项业务而产生的,因此,归为营业外收入。

会计核算使用的总账科目为“营业外收入”,该科目按照营业外收入项目进行明细核算。

(1)发生各项营业外收入时,会计分录为:

借:银行存款(或库存现金,或待处理财产损溢、固定资产清理等科目)

　贷:营业外收入——××收入

(2)期末结转利润时,会计分录为:

借:营业外收入——××收入

　贷:本年利润

第二节　费用的核算

一、费用的概念、特征及其内容

(一)费用的概念和特征

《企业会计准则——基本准则》将费用表述为:费用是指企业在日常活动中发生的、会导致所有者权益减少的、与向所有者分配利润无关的经济利益的总流出。

费用作为会计要素和会计报表要素的构成内容之一,是与收入相对应而存在的。费用具有以下几个方面的特征。

1. 费用从企业的日常活动中产生,而不是从偶发的交易或事项中产生。

2. 费用既可能表现为企业资产的减少,也可能表现为负债的增加,或者两者兼而有之。

3. 费用不包括为第三方或客户垫付的款项。

4. 费用是因经营活动而引起的银行所有者权益的减少。

(二)金融企业成本费用的组成

金融企业的营业成本是指在业务经营过程中发生的与业务经营有关的支出,包括利息支出、手续费及佣金支出、其他业务成本等。

金融企业财务支出与费用收入相对应,可分成为三大类:第一类是营业支出,即银行在经营业务过程中所发生的各项支出,包括利息支出、手续费及佣金支出、其他业务成本等;第二类是税金及附加;第三类是营业外支出,即与银行业务经营无直接关系的各项支出。

二、费用的确认

金融企业在经营过程中发生的各种费用,应按权责发生制会计基础对收入、费用进行配比,按实际发生数确认计量。

根据收入与费用的相关程度,确认的费用可以分为以下三类。

1. 直接费用。直接费用指直接为取得营业收入而发生的费用,即与当期的营业收入有直接联系(或称因果关系)的费用。

2. 期间费用。期间费用指那些仅仅有助于当期营业收入的实现,或者数额不大,不便于在各期分配的费用,或者不能提供明确的未来经济利益,即便对其分摊也没有意义的费用。

3. 跨期费用。跨期费用指受益期限在一个会计期间以上的费用,即其经济效益有望在若干个会计期间发生,并且只能大致和间接地确定其与收益的联系,该项费用就应当按照配比原则,按规定方法在受益期间计入各期费用,并从各期收入中得到补偿,如固定资产折旧和无形资产摊销等。

三、主要会计科目及核算内容

为了反映和监督金融企业营业成本费用的发生情况,应设置"利息支出""手续费及佣金支出""业务及管理费""其他业务成本"等损益类科目。此类科目借方反映成本费用的实际发生数,会计期末,借方余额全部转入"本年利润"科目的借方,结转后此类科目应无余额。

由于上述大部分科目的核算内容已陆续在之前的章节中做过介绍,本章不再列表说明。

四、进项增值税的核算

按照我国增值税的相关法规,发生贷款服务与直接收费的金融服务时,对境内外支付的相关佣金及手续费,在取得增值税扣税凭证并通过认证后,可将增值税扣税凭证注明的增值税税款列入可抵扣的进项税额,核算时计入"应交税费——应交增值税(进项税额)"科目的借方。

五、费用的核算

(一)营业支出的核算

1. 利息支出的核算。利息支出是金融企业吸收各种存款、与其他金融机构之间发生资金往来业务、卖出回购金融资产等产生的利息支出,以及按期分摊的未确认融资费用。

会计核算使用的总账科目为"利息支出",该科目可设置下列明细科目:同业拆借利息支出、向中央银行借款利息支出、吸收存款利息支出、卖出回购金融资产利息支出、发行债券利息支出、其他利息支出等。

(1)发生利息支出时,会计分录为:

借:利息支出——××利息支出户

贷:应付利息——应付××利息户

(2)实际支付已预提的应付利息时,会计分录为:

借:应付利息

贷:银行存款(或吸收存款)——××户(或其他有关科目)

(3)期末结转利润时,会计分录为:

借:本年利润

贷:利息支出——××利息支出户

2.手续费及佣金支出的核算。手续费及佣金支出是金融企业发生的各项以现金支付或转账支付的手续费及佣金。

会计核算设置的总账科目为“手续费及佣金支出”,该科目可设置手续费支出、佣金支出、证券经纪业务支出、其他支出等明细科目。

(1)发生手续费及佣金支出时,会计分录为:

借:手续费及佣金支出——××手续费支出户

应交税费——应交增值税(进项税额)

贷:存放中央银行款项(或银行存款,或吸收存款——代办单位存款户)

(2)期末结转利润时,会计分录为:

借:本年利润

贷:手续费及佣金支出——××手续费支出户

3.业务及管理费的核算。金融企业的业务及管理费是指金融企业在业务经营及管理工作过程中发生的各项费用,包括固定资产折旧、业务宣传费、业务招待费、电子设备运转费、安全防卫费、企业财产保险费、邮电费、劳动保护费、外事费、印刷费、公杂费、低值易耗品摊销、职工工资、差旅费、水电费、租赁费(不包括融资租赁费)、修理费、职工福利费、职工教育经费、工会经费、会议费、诉讼费、公证费、咨询费、无形资产摊销、长期待摊费用摊销、待业保险费、劳动保险费、取暖费、审计费、技术转让费、研究开发费、绿化费、董事会费、上交管理费、广告费、银行结算费等。

会计核算使用的总账科目为“业务及管理费”,该科目可按费用种类设置业务宣传费、业务招待费、业务管理费等明细科目。

(1)发生直接支付或计提费用时,会计分录为:

借:业务及管理费——××费用户

贷:银行存款(或库存现金,或其他应付款)

(2)发生转账摊销的费用时,会计分录为:

借:业务及管理费——××费用户

贷:应付职工薪酬

累计折旧

累计摊销等

(3)期末结转利润时,会计分录为:

借:本年利润

贷:业务及管理费

4.其他业务成本。其他业务成本是指金融企业除主营业务活动以外的其他经营活动所发生的支出,包括出租固定资产的累计折旧、出租无形资产的累计摊销等。

会计核算使用的总账科目为“其他业务成本”,该科目可按业务类别设置明细科目。

(1)发生其他业务成本时,会计分录为:

借:其他业务成本——××户

贷:累计折旧(或累计摊销等科目)

(2)期末结转利润时,会计分录为:

借:本年利润

贷:其他业务成本——××户

(二)税金及附加的核算

税金及附加是指金融企业经营活动发生的除增值税和所得税以外的相关税费。金融企业必须根据国家税法的规定,按适用税率或费率缴纳各种税收或附加费。

会计核算使用的总账科目为"税金及附加",该科目可按税费类别,设置房产税、土地使用税、车船使用税、城市维护建设税、教育费附加等明细科目。

1. 期末计提应纳各项税金及附加时,会计分录为:

借:税金及附加

贷:应交税费

2. 实际缴纳各项税金及附加时,会计分录为:

借:应交税费

贷:存放中央银行款项(或银行存款)

3. 期末结转利润时,会计分录为:

借:本年利润

贷:税金及附加

(三)营业外支出的核算

营业外支出是指金融企业发生的营业利润以外的支出,金融企业的营业外支出包括债务重组损失、公益性捐赠支出、非流动资产毁损报废损失、罚款支出、捐赠支出、非常损失等。

会计核算使用的总账科目为"营业外支出",该科目可按支出和损失种类进行明细核算。

1. 发生各项营业外支出时,会计分录为:

借:营业外支出——××户

贷:银行存款(或库存现金,或待处理财产损溢、固定资产清理等科目)

2. 期末结转利润时,会计分录为:

借:本年利润

贷:营业外支出——××户

(四)资产减值损失的核算

资产减值损失是金融企业按规定提取的各项准备金,包括贷款损失准备、坏账准备、长期股权投资减值准备、固定资产减值准备、在建工程减值准备、无形资产减值准备、抵债资产减值准备等。

核算使用的总账科目为"资产减值损失",该科目可按减值资产的类别设置明细科目核算。

1. 提取资产损失准备时,会计分录为:

借:资产减值损失

贷:贷款损失准备(或其他有关科目)

2. 期末结转利润时,会计分录为:

借:本年利润

贷:资产减值损失

第三节 所得税及利润的核算

一、金融企业利润及其组成

利润是指金融企业在一定会计期间的经营成果,包括收入减去费用后的净额、直接计入当期损益的利得和损失等。它是金融企业经营成果的综合反映,是衡量金融企业在一定会计期间的经营业绩和获利能力的重要综合指标。

根据《企业会计准则》,利润由营业利润、利润总额和净利润组成。

(一)营业利润

营业利润是金融企业主要的利润来源,它是金融企业日常经营活动所产生的利润。金融企业的营业利润用公式表示为:

营业利润 = 营业收入 - 营业成本 - 业务及管理费 - 税金及附加 - 资产减值损失 + 公允价值变动净收益 + 投资净收益 + 汇兑净收益 + 资产处置净收益 + 其他收益

(二)利润总额

利润总额是指营业利润加上营业外收入,减去营业外支出后的金额。用计算公式可以表示为:

利润总额 = 营业利润 + 营业外收入 - 营业外支出

营业外收入和营业外支出,属于直接计入当期损益的利得和损失,是金融企业发生的与经营业务活动无直接关系的各项收入和各项支出,是日常经营活动以外偶然发生的,而且各项收入和支出之间彼此独立,没有相互对应关系。营业外收支是金融企业利润的组成部分,对金融企业的利润总额和净利润都有一定影响。

(三)净利润

净利润是指扣除资产损失后的利润总额减去所得税后的余额。用计算公式表示为:

净利润 = 利润总额 - 所得税费用

(四)综合收益

综合收益包括其他综合收益和综合收益总额。其中,其他综合收益反映企业根据《企业会计准则》规定未在损益中确认的各项利得和损失扣除所得税影响后的净额;综合收益总额是企业净利润与其他综合收益的合计金额。

综合收益总额 = 净利润 + 其他综合收益

二、所得税的核算

(一)资产负债表债务法计算步骤

根据我国《企业会计准则第 18 号——所得税》的规定,企业应采用资产负债表债务法核算企业所得税。

资产负债表债务法是从资产负债表出发,通过比较资产负债表列示的资产、负债的账面价值与按税法确定的计税基础之间的差异,确定此差异为应纳税暂时性差异或可抵扣暂时性差异,再据以确认递延所得税资产或递延所得税负债的方法。具体计算步骤如下。

1. 计算应纳税所得额和应交所得税。

应纳税所得额 = 税前会计利润 + 纳税调整增加项 - 纳税调整减少项

应交所得税 = 应纳税所得额 × 所得税税率

2. 按税法确定计算资产负债表中各资产和负债项目的计税基础。

3. 将资产、负债的账面价值与各自的计税基础相比较,计算确定应纳税暂时性差异或可抵扣暂时性差异。

4. 计算当期递延所得税资产和递延所得税负债,确定当期的递延所得税金额。

递延所得税 =(期末递延所得税负债 - 期初递延所得税负债)-
（期末递延所得税资产 - 期初递延所得税资产）

5. 计算确定所得税费用金额。

所得税费用 = 应交所得税 ± 递延所得税

（二）所得税费用的核算

1. 账户设置。金融企业对所得税费用进行会计处理时,应设置如下账户。

(1)“应交税费——应交所得税”账户,核算金融企业应交所得税的增减变化。

(2)“所得税费用”账户,核算金融企业计入当期损益的所得税费用。

(3)“递延所得税资产”账户,核算金融企业递延所得税资产的发生及转回。

(4)“递延所得税负债”账户,核算金融企业递延所得税负债的发生及转回。

2. 所得税费用的账务处理。金融企业在计算出当期应交所得税金额、确认递延所得税资产、确认递延所得税负债、确认递延所得税资产的变动和确认递延所得税负债的变动之后,即应进行相应的账务处理。

(1)会计期末,企业按照税法计算确定当期应交所得税金额,并计算递延所得税,会计分录为:

借:所得税费用

借或贷:递延所得税资产

借或贷:递延所得税负债

　贷:应交税费——应交所得税

(2)期末本科目余额结转利润时,会计分录为:

借:本年利润

　贷:所得税费用

三、金融企业利润的核算

金融企业一般应按月计算利润,也可根据需要按季或者按年计算利润。与此同时,金融企业还应计算每一会计期间的所得税费用,并按照国家的有关规定,计算缴纳所得税。

金融企业结转“本年利润”科目期末(月末、季末、年末)余额的方法有两种——账结法、表结法。按照规定,金融企业应按季计算盈亏,年终结转损益。

（一）账结法

账结法是指通过设置“本年利润”科目,核算金融企业当年实现的利润或亏损总额,本期利润将直接在“本年利润”科目中结转并反映出来。

金融企业应于每月月末(季末)将各损益类科目的余额转入“本年利润”科目,结转后,各损益类账户余额为零。然后结算出“本年利润”科目借、贷方发生额的差额,如果是贷方差额,即为本期的利润额,以及本年累计利润总额;如果为借方差额,则为本期的亏损额,以及本年累计亏损总额。

金融企业结转损益类各科目时,会计分录为:

借:利息收入

　　手续费及佣金收入

　　租赁收入

　　其他业务收入

　　汇兑收益

　　公允价值变动损益

　　投资收益

　　资产处置损益

　　其他收益

　　营业外收入等

　贷:本年利润

借:本年利润

　贷:利息支出

　　手续费及佣金支出

　　其他业务成本

　　业务及管理费

　　税金及附加

　　营业外支出

　　资产减值损失

　　所得税费用等

年终通过“本年利润”结出的利润(或亏损)总额应全数转入“利润分配”科目下设立的“未分配利润”账户。

账结法的优点是各月均可通过“本年利润”科目提供其当期利润额,记账业务程序完整。但从实用角度讲,采用“账结法”增加了编制结转损益分录的工作量。

(二)表结法

表结法是指金融企业在月末、季末计算利润(或亏损)时,不通过“本年利润”账户,而是通过编制利润表直接计算出来,反映本期现实的利润或亏损。表结法用于月末和季末对利润的反映。

如果采用表结法,每月结账时,损益类各科目的余额,不需要结转到“本年利润”科目,只是在年度终了进行年度决算时,才用账结法结出损益类各科目的全年累计余额及其构成情况。所以,每月结账时,只要结出各损益类科目的累计余额,就可以直接根据这些余额,逐项填入利润表,通过利润表计算出从年初到本月末止的本年累计利润,然后,减去上月末本表中的本年累计利润数,所得数额就是本月份的利润或亏损总额。

金融企业在采用表结法的情况下,每月、每季编制资产负债表时,如果平时不进行利润分配,表内“未分配利润”项目应填制利润表中的利润总额与“未分配利润”科目余额的合计数;如果平时进行利润分配,应根据利润表中的“利润总额”与“利润分配”的差额来填制资产负债表中的“未分配利润”项目。

表结法平时直接在利润表结转，省去了转账环节并可以从科目余额得出本年累计的指标，同时并不影响利润表的编制及有关损益指标的利用。

（三）年终结转

综上所述，采用表结法计算利润，“本年利润”科目平时不用，年终使用；采用账结法计算利润，每月使用“本年利润”科目。无论采用哪种方法，年度终了时，都必须将“本年利润”科目结平，转入“利润分配——未分配利润”科目。

年末转账，如为盈利，会计分录为：

借：本年利润

　贷：利润分配——未分配利润

如为亏损，则会计分录为：

借：利润分配——未分配利润

　贷：本年利润

结转后，“本年利润”科目应无余额。

【例 14－1】A 银行 20×8 年实现税后利润 10 000 000 元，本年提取一般风险准备 1 000 000元，提取任意盈余公积 400 000 元，公司今年宣布分配给普通股股东现金股利 200 000 元。公司编制会计分录为：

借：本年利润	10 000 000	
贷：利润分配——未分配利润		10 000 000
借：利润分配——提取一般风险准备	1 000 000	
——提取任意盈余公积	400 000	
——应付普通股股利	200 000	
贷：一般风险准备		1 000 000
盈余公积——任意盈余公积		400 000
应付股利		200 000
借：利润分配——未分配利润	1 600 000	
贷：利润分配——提取一般风险准备		1 000 000
——提取任意盈余公积		400 000
——应付普通股股利		200 000

思考练习题

1. 金融企业的营业收入主要包括哪些项目？如何确认？

2. 金融企业的利润应遵循何种顺序进行分配？

3. 甲金融企业 20×6 年年终时，各损益账户的具体情况为：利息收入贷方余额 5 000万元，金融企业往来收入贷方余额 1 000 万元，代理发行国债收入贷方余额 300 万元，汇兑收益 600 万元，利息支出借方余额 2 000 万元，金融企业往来支出借方余额 900 万元，营业费用借方余额 350 万元，营业外支出借方余额 80 万元。该金融企业按照 10% 提取法定盈余公积，当年不分配利润。

要求：请写出该金融企业年终利润结转和利润分配的会计分录。

第十五章

金融企业财务报告与分析

学习要点与要求

1. 了解金融企业财务报告的组成和种类；
2. 掌握商业银行资产负债表主要项目的列报方式；
3. 掌握商业银行利润表主要项目的列报方式；
4. 了解商业银行经营活动现金流量的基本内容；
5. 了解财务报表附注的作用和内容；
6. 掌握商业银行财务报告分析所使用的主要财务比率。

第一节　企业财务报告概述

一、财务报告的组成

财务会计报告（又称财务报告）是指企业对外提供的反映企业某一特定日期的财务状况和某一会计期间的经营成果、现金流量等会计信息的文件。财务报告的目标是向财务报告使用者提供与企业财务状况、经营成果和现金流量有关的会计信息，反映企业管理层受托责任履行情况，有助于财务报告使用者作出经济决策。财务报告的使用者包括投资者、债权人、政府及有关部门及社会公众。

财务报告包括财务会计报表及附注和其他应当在财务报告中披露的相关信息和资料。

财务报表是对企业财务状况、经营成果和现金流量的结构性表述。财务报表至少应当包括下列组成部分：①资产负债表；②利润表；③现金流量表；④所有者权益（或股东权益）变动表；⑤附注。

财务报表的信息是会计确认、计量和报告的直接结果，其编制受到会计准则或会计制度的严格制约，金融企业应当按照《企业会计准则》的有关规定编制并对外提供真实、完整的财务报告。

二、财务报告的种类

财务报表是财务报告的核心，是将财务信息传递给企业外界报表使用者的主要手段。但财务报告比财务报表提供的信息范围要大得多，财务会计报告除了财务报表，还包括很多在财务报表中无法直接列示的信息，如财务指标分析信息、财务预测信息、经济环境对企业经营成果和财务状况的影响、企业管理者对企业业绩的说明及评价等。财务会计报告可以根据需要，按照不同的标准进行分类。

1. 按经济内容不同，可以把财务会计报告分为会计报表、会计报表附注。

2. 按编报时间不同，可以分为中期报告和年度报告。

3. 按所反映资金运动形态不同，可以分为静态会计报表和动态报表。

4. 按报送对象不同，可以分为对外财务报告和对内财务报告。

5. 按编报范围不同，可以分为个别财务会计报告和合并财务会计报告。

三、财务报告编制的基本要求

为了真实、正确地反映银行的财务状况和经营活动成果，保证财务报告所提供的信息能够满足使用者的需要，必须按照一定的程序、方法和统一的要求进行编制。企业在编制财务报告过程中，应该做到以下几点。

（一）以持续经营为基础

企业应当以持续经营为基础，根据实际发生的交易和事项，按照《企业会计准则》的规定进行确认和计量，在此基础上编制财务报表。

（二）一致性

财务报表项目的列报应当在各个会计期间保持一致，不得随意变更，但下列情况除外。

1. 会计准则要求改变财务报表项目的列报。

2. 企业经营业务的性质发生重大变化后，变更财务报表项目的列报能够提供更可靠、更相关的会计信息。

3. 重要性。财务报表的某项目的省略或者错报会影响使用者据此作出经济决策，那么，该项目便具有重要性。

在财务报表列报的项目中，性质或功能不同的项目，应当在财务报表中单独列报；性质或功能类似的项目，其所属类别具有重要性的，应当按其类别单独列报。

重要性应当根据企业所处环境，从项目的性质和金额大小两方面予以判断。

（三）完整性

1. 在财务报表中的资产项目和负债项目的金额、收入项目和费用项目的金额不得相互抵消，但满足抵消条件的除外。

2. 当期财务报表的列报，至少应当提供所有列报项目上一可比会计期间的比较数据；报表项目的列报发生变更的，需要在附注中说明。

3. 财务报表中必须披露的内容包括：编报企业的名称、财务报表日期或涵盖的会计期间、人民币金额单位、编报的范围等。

4. 企业至少应当按年编制财务报表。年度财务报表涵盖时间短于 1 年的，在披露时应说明原因。

第二节　商业银行财务报告

一、资产负债表

（一）报表内容与格式

资产负债表是反映企业在某一特定时期财务状况的报表。它反映企业在某一特定日期所拥有或控制的经济资源、所承担的现时义务和所有者对净资产的要求权。在我国，商业银行的资产负债表采用账户式结构，即报表的基本结构分为左右两方，左方列示资产各个项目，反映全部资产的分布及存在形态；右方列示负债和所有者权益各个项目，反映全部负债和所有者权益的内容及构成情况。资产负债表左右双方平衡，即资产总计等于负债和所有者权益总计。

商业银行的各项资产或负债按照流动性列示能够提供可靠且更相关信息的，可以按照其流动性顺序列示。

商业银行资产负债表的格式见表 15－1。

表 15－1　　　　　　　　**资产负债表**

编制单位：　　　　　　　　年　月　日　　　　　　　　单位：

资产	期末余额	年初余额	负债及所有者权益	期末余额	年初余额
资产：			负债：		
现金及存放中央银行款项			向中央银行借款		
存放同业及其他金融机构款项			同业及其他金融机构存放款项		
贵金属			拆入资金		
拆出资金			以公允价值计量且其变动计入当期损益的金融负债		
以公允价值计量且其变动计入当期损益的金融资产			衍生金融负债		
衍生金融资产			卖出回购款项		
买入返售款项			客户存款		
应收利息			应付职工薪酬		
客户贷款和垫款			应交税费		
持有待售资产			应付利息		
可供出售金融资产			预计负债		
持有至到期投资			持有待售负债		
长期股权投资			应付债券		
应收款项类投资			递延所得税负债		
投资性房地产			其他负债		

续表

资产	期末余额	年初余额	负债及所有者权益	期末余额	年初余额
固定资产			负债合计		
在建工程			所有者权益(或股东权益):		
无形资产			实收资本(或股本)		
递延所得税资产			资本公积		
其他资产			减:库存股		
			其他综合收益		
			盈余公积		
			一般风险准备		
			未分配利润		
			所有者权益(或股东权益)合计		
资产总计			负债及所有者权益 (或股东权益)总计		

(二)报表编制

1. 栏目设置及“年初余额”的填列方法。资产负债表的编制是以日常会计核算记录的数据为基础进行归类、整理和汇总,加工成报表项目的过程。资产负债表各项目都列有“期末余额”和“年初余额”两个栏目,是一种比较资产负债表。

表中“年初余额”栏内各项目数字,应根据上年末资产负债表“期末余额”栏内所列数字填列。如果本年度资产负债表规定的各个项目的名称和内容同上年度不一致,应对上年年末资产负债表各项目的名称和数字按照本年度的规定进行调整,按调整后的数字填入本表“年初余额”栏内。

2. 各项目“期末余额”的填列方法。

(1)“现金及存放中央银行款项”项目,反映商业银行业务库存现金和存放中央银行的准备金存款。本项目根据“库存现金”和“存放中央银行款项”两个总账科目的期末余额合计数填列。

(2)“存放同业及其他金融机构款项”项目,反映商业银行与同业进行资金往来而发生的存放于同业的款项。本项目应根据“存放同业款项”科目的期末余额填列。

(3)“贵金属”项目,反映商业银行在国家允许范围内买入的黄金等贵重金属数量。本项目应根据“贵金属”科目的期末余额填列。

(4)“拆出资金”项目,反映商业银行与其他金融企业之间的资金拆借业务。本项目根据“拆出资金”科目的期末余额填列。

(5)“以公允价值计量且其变动计入当期损益的金融资产”项目,反映商业银行为交易目的持有的债券投资、股票投资、基金投资、权证投资等交易性金融资产的公允价值。本项目根据“交易性金融资产”科目的期末余额填列。

(6)“衍生金融资产”项目,反映商业银行持有的衍生金融资产价值。根据“衍生工具”科目的期末借方余额、“套期工具”期末借方余额、“被套期项目”期末借方余额的合计数填列。

(7)“买入返售款项”项目，反映商业银行按返售协议约定先买入再按固定价格返售给卖出方的票据、证券、贷款等金融资产所融出的资金。本项目根据“买入返售金融资产”科目期末余额填列。

(8)“应收利息”项目，反映商业银行发放贷款、持有至到期投资、可供出售金融资产、存放中央银行款项、拆出资金、买入返售金融资产等应收取的利息。本项目应根据“应收利息”科目的期末余额填列。

(9)“客户贷款和垫款”项目，反映商业银行按规定发放的各种客户贷款，包括质押贷款、抵押贷款、保证贷款、信用贷款等。还包括按规定发放的银团贷款、贸易融资、协议透支、信用卡透支、转贷款以及垫款等，本项目根据“贷款”“贴现资产”等科目借方余额合计，减“贷款损失准备”科目的期末余额后的金额填列。

(10)“持有待售资产”项目，反映的是同时满足下列条件的非流动资产(包括固定资产)：①企业已经就处置该非流动资产做出决议；②企业已经与受让方签订了不可撤销的转让协议；③该项转让将在一年内完成。本项目根据相关非流动资产明细科目的期末余额分析填列。

(11)“可供出售金融资产”项目，反映商业银行持有的可供出售金融资产的价值，包括划分为可供出售的股票投资、债券投资等金融资产。本项目应根据“可供出售金融资产”科目的期末余额填列。

(12)“持有至到期投资”项目，反映商业银行持有至到期投资的摊余价值。本项目应根据“持有至到期投资”所属明细科目的期末余额抵减“持有至到期投资减值准备”科目余额后分析填列。

(13)“长期股权投资”项目，反映商业银行持有的采用成本法和权益法核算的长期股权投资。本项目应根据“长期股权投资”科目的期末余额抵减“长期股权投资减值准备”科目余额后的净值填列。

(14)“应收款项类投资”项目，反映商业银行境内外的债券投资和货币基金投资。本项目根据相关投资账户及减值准备账户的期末余额计算填列。

(15)“投资性房地产”项目，反映商业银行投资性房地产的价值，包括采用成本模式计量的投资性房地产和采用公允价值模式计量的投资性房地产。本项目应根据“投资性房地产”科目的期末余额抵减“投资性房地产减值准备”科目余额后的净值填列。

(16)“固定资产”项目，反映商业银行持有固定资产的净值。本项目应根据“固定资产”科目的期末余额减去“累计折旧”“固定资产减值准备”备抵科目余额后的净值填列。

(17)“无形资产”项目，反映商业银行持有的无形资产，包括专利权、非专利技术、商标权、著作权、土地使用权等。本项目应根据“无形资产”科目的期末余额减去“累计摊销”“无形资产减值准备”备抵科目余额后的净值填列。

(18)“递延所得税资产”项目，反映商业银行根据所得税准则确认的可抵扣暂时性差异产生的所得税资产。本项目应根据“递延所得税资产”科目的期末余额填列。

(19)“其他资产”项目，反映商业银行除上述以外的各项资产，如长期待摊费用、存出保证金、应收股利、抵债资产等。本项目应根据所发生的其他资产科目的期末余额合计数分析填列。

(20)“向中央银行借款”项目，反映商业银行从中央银行借入的款项。本科目根据“向中央银行借款”科目的期末余额填列。

（21）“同业及其他金融机构存放款项”项目，反映商业银行与同业进行资金往来而发生的同业存放于本银行的款项以及吸收的境内、境外金融机构的存款。期末本项目应根据“同业存放款项”科目所属明细科目的期末余额填列。

（22）“拆入资金”项目，反映商业银行从境内、境外金融机构拆入的款项。本项目应根据“拆入资金”科目的期末余额填列。

（23）“以公允价值计量且其变动计入当期损益的金融负债”项目，反映商业银行承担的交易性金融负债的公允价值。本项目应根据“交易性金融负债”科目的期末余额填列。

（24）“衍生金融负债”项目，根据“衍生工具”科目的期末贷方余额、“套期工具”科目的期末贷方余额、“被套期项目”科目的期末贷方余额等合计数填列。

（25）“客户存款”项目，反映商业银行吸收的除同业存放款项以外的其他各种存款，包括单位（企业、事业单位、机关、社会团体等）存款、个人存款、信用卡存款、特种存款、转贷款资金和财政性存款等。本项目应根据“吸收存款”科目所属的“本金”“利息调整”等明细科目期末余额计算填列。

（26）“卖出回购款项”项目，反映商业银行按回购协议卖出票据、证券、贷款等金融资产所融入的资金。本项目应根据“卖出回购金融资产款”科目的期末余额填列。

（27）“应付职工薪酬”项目，反映商业银行根据有关规定应付给职工的各种薪酬。本项目应根据“应付职工薪酬”科目期末余额填列。

（28）“应交税费”项目，反映商业银行按照税法规定计算应缴纳的各种税费。本项目应根据“应交税费”科目的期末余额填列。

（29）“应付利息”项目，反映商业银行按照合同约定应支付的利息，包括吸收存款、分期付息到期还本的长期借款、企业债券等应支付的利息。本项目应根据“应付利息”科目的期末余额填列。

（30）“预计负债”项目，反映商业银行根据或有事项等相关准则确认的各项预计负债，包括对外提供担保、未决诉讼、产品质量保证、重组义务、亏损性合同以及固定资产和矿区权益弃置义务等产生的预计负债。本项目应根据“预计负债”科目的期末余额填列。

（31）“持有待售负债”项目，反映持有待售资产按转让协议约定随处置组一并转让，并已转入持有待售明细科目的负债。本项目应根据相关负债明细科目的期末余额分析填列。

（32）“应付债券”项目，反映商业银行为筹集（长期）资金而发行的债券本金和利息。本项目应根据“应付债券”的明细科目期末余额分析填列。

（33）“递延所得税负债”项目，反映商业银行根据所得税准则确认的应纳税暂时性差异产生的所得税负债。本项目应根据“递延所得税负债”科目的期末余额填列。

（34）“其他负债”项目，反映商业银行除上述以外的各项负债。如“长期应付款”“存入保证金”“应付股利”“其他应付款”等。本项目应根据所发生的其他负债科目期末余额合计数分析填列。

（35）“实收资本”或“股本”项目，反映商业银行实际收到的资本总额。本项目根据“实收资本”科目期末余额填列。

（36）“资本公积”项目，反映商业银行收到投资者出资超出其在注册资本或股本中所占的份额的部分以及直接计入所有者权益的利得和损失等。本项目根据“资本公积”科目期末余额减去“库存股”期末借方余额后的净值填列。

(37)“其他综合收益”项目,反映商业银行直接计入所有者权益的利得和损失。本项目根据“其他综合收益”科目的期末余额填列。

(38)“盈余公积”项目,反映商业银行的资本公积和盈余公积的期末余额。本项目根据“盈余公积”科目的期末余额填列。

(39)“一般风险准备”项目,反映商业银行按规定从净利润中提取的一般风险准备。本项目应根据“一般风险准备”科目的期末余额填列。

(40)“未分配利润”项目,反映商业银行盈利中尚未分配的部分。本项目根据“本年利润”和“利润分配”科目的余额计算填列。未弥补的亏损应在本项目内用“-”号表示。

二、利润表

(一)报表内容与格式

利润表是反映企业在一定的会计期间经营成果的会计报表。通过编制的利润表,可以如实反映商业银行实现的收入、发生的费用,以及应当计入当期利润的利得和损失的金额及其构成等情况,可以帮助财务报表的使用者全面了解企业的经营成果,并用以考核利润计划的完成情况,对企业未来的经营情况及获利能力进行科学预测。

利润表的结构分为单步式和多步式两种,商业银行利润表采用多步式结构。利润表的主要内容包括营业收入、营业支出、营业利润、税前利润、净利润、其他综合收益税后净额、本期综合收益总额、每股收益等项目,各项目之间通过分步式的加减关系,最后计算出净利润。将营业利润放在首位,突出营业收入的重要性,因此便于报表使用者进行相关的分析。商业银行利润表的格式(已简化)见表15-2。

表15-2　　利润表

编制单位:　　年　月　　单位:

项目	本期金额	上期金额
一、营业收入		
利息净收入		
利息收入		
利息支出		
手续费及佣金净收入		
手续费及佣金收入		
手续费及佣金支出		
投资收益(损失以“-”号填列)		
其中:对联营企业和合营企业的投资收益		
公允价值变动收益(损失以“-”号填列)		
汇兑及汇率产品净收益(损失以“-”号填列)		
其他业务收入		
资产处置收益(损失以“-”号填列)		

续表

项目	本期金额	上期金额
其他收益		
营业收入合计		
二、营业支出		
税金及附加		
业务及管理费		
资产减值损失		
其他业务成本		
营业支出合计		
三、营业利润(亏损以“-”号填列)		
加:营业外收入		
减:营业外支出		
四、税前利润(亏损以“-”号填列)		
减:所得税费用		
五、净利润(亏损以“-”号填列)		
(一)持续经营净利润(净亏损以“-”号填列)		
(二)终止经营净利润(净亏损以“-”号填列)		
六、本期其他综合收益		
七、本期综合收益总额		
八、每股收益		
(一)基本每股收益		
(二)稀释每股收益		

(二)报表编制

1. 栏目设置。编制利润表时,应根据审查无误的会计账簿中的有关资料进行编制。本表各项目均需填列“本期金额”和“上期金额”两栏。其中:“上期金额”栏内各项数字,应根据上年度利润表的“本期金额”栏内所列数字填列,如果上年度利润表中的项目名称和内容与本年度利润表不相一致,应对上年度利润表项目的名称和数字按本年度的规定进行调整。“本期金额”栏内各期数字,除“基本每股收益”和“稀释每股收益”项目外,应当按照各损益类科目的发生额分析填列。

2. 利润表内各项目内容和填列方法。

(1)“利息收入”项目,反映商业银行根据收入准则确认的利息收入。本项目应根据“利息收入”所属明细科目期末发生额合计数填列。

(2)“利息支出”项目,反映商业银行发生的利息支出。本项目根据“利息支出”所属明细科目期末发生额合计数填列。

(3)“手续费及佣金收入”项目,反映商业银行确认的手续费及佣金收入。本项目根据“手续费及佣金收入”科目所属明细科目期末发生额合计数填列。

(4)“手续费及佣金支出”项目,反映商业银行发生的与其经营活动相关的各项手续费、佣金等支出。本项目根据“手续费及佣金支出”科目所属明细科目期末发生额合计数填列。

(5)“投资收益”项目,反映商业银行确认的投资收益和投资损失。本项目应根据“投资收益”科目的发生额分析填列。

(6)“公允价值变动收益”项目,反映商业银行进行交易性金融资产、交易性金融负债,以及采用公允价值模式计量的投资性房地产、衍生工具、套期保值业务中公允价值变动形成的应计入当期损益的利得或损失。本项目应根据“公允价值变动收益”所属明细科目期末发生额合计数分析填列。

(7)“汇兑及汇率产品净收益”项目,反映商业银行发生外币交易因汇率变动而产生的汇兑收益。本项目应根据“汇兑收益”科目期末发生额填列。

(8)“其他业务收入”项目,反映商业银行确认的除主营业务以外的其他经营活动实现的收入,包括开办如咨询服务等业务收取的其他营业收入等。本项目根据“其他营业收入”所属明细科目期末发生额合计数填列。

(9)“资产处置收益”项目,反映企业出售划分为持有待售的非流动资产(金融工具、长期股权投资和投资性房地产除外)或处置组时确认的处置利得或损失,以及处置未划分为持有待售的固定资产、在建工程、生产性生物资产及无形资产而产生的处置利得或损失。债务重组中因处置非流动性资产产生的利得或损失和非货币性资产交换产生的利得或损失也包括在本项目内。该项目应根据在损益类科目新设置的“资产处置损益”科目的发生额分析填列,如为处置损失,以“-”号填列。

(10)“其他收益”项目,反映计入其他收益的政府补助等。该项目应根据在损益类科目新设置的“其他收益”科目的发生额分析填列。

(11)“营业收入合计”项目,反映商业银行经营业务取得的各种收入的总额。本项目根据上述(1)~(10)项的金额汇总计算填列。

(12)“税金及附加”项目,反映商业银行按规定缴纳应由经营收入负担的各种税金及附加费。本项目应根据“税金及附加”科目期末发生额填列。

(13)“业务及管理费”项目,反映商业银行在业务经营和管理过程中所发生的各项费用。本项目应根据“业务及管理费”科目期末发生额分析填列。

(14)“资产减值损失”项目,反映商业银行根据资产减值等准则计提各项资产减值准备所形成的损失。本项目应根据“资产减值损失”科目期末发生额填列。

(15)“其他业务成本”项目,反映商业银行除主营业务活动以外的其他经营活动所发生的支出、采用成本模式计量的投资房地产的累计折旧或累计摊销等。本项目根据“其他营业成本”科目期末发生额填列。

(16)“营业支出合计”项目,反映商业银行各项营业支出的总额。本项目根据“税金及附加”“业务及管理费用”“资产减值准备”“其他业务成本”等项目汇总计算填列。

(17)“营业利润”项目,反映商业银行当期的经营利润,发生经营亏损也在本项目反映,发生的亏损用“-”号表示。该项目按营业收入减营业支出后的差额填列。

(18)“营业外收入”项目,反映商业银行发生的与其经营活动无直接关系的各项净收入。本项目根据“营业外收入”所属明细科目期末发生额合计数填列。

(19)“营业外支出”项目,反映商业银行发生的与其经营活动无直接关系的各项净支出。本项目根据“营业外支出”所属明细科目期末发生额合计数填列。

(20)“税前利润”项目,反映商业银行当期实现的全部税前利润(或亏损)总额,如为亏损,则以“-”号表示。按营业利润加上营业外收入,减去营业外支出后的差额填列。

(21)“所得税费用”项目,反映商业银行根据所得税准则确认的应从当期利润总额中扣除的所得税费用。本项目根据“所得税费用”科目期末发生额填列。

(22)“净利润”项目,以商业银行的利润总额减去所得税费用后的金额填列。

(23)“本期其他综合收益”项目,反映商业银行当期发生的直接计入所有者权益的利得与损失的税后净额。本项目根据“其他综合收益”科目的期末余额填列。

(24)“本期综合收益总额”项目,反映商业银行当期发生的全部综合收益。本项目根据“净利润”与“本期其他综合收益”的金额计算填列。

(25)“每股收益”项目,反映普通股或潜在普通股已公开交易的商业银行,以及正处于公开发行普通股或潜在普通股过程中的商业银行,还应当在利润表中列示的每股收益信息。其中“基本每股收益”“稀释每股收益”按规定公式计算填列。

三、现金流量表

(一)报表内容

现金流量表是反映企业在一定会计期间的现金和现金等价物流入、流出情况的报表,报表有主表和附注两个部分。主表是按不同业务活动对企业现金流量影响的不同,分别列示各类业务活动的现金流入量、现金流出量和现金净流量。通过现金收入和现金支出的主要类别反映来自经营活动的现金流量。附注是对主表信息的补充说明和验证,便于报表编制者对现金流量表编制过程的验算以及报表使用者对现金流量表信息的分析和理解。

商业银行的现金流量主要由经营活动产生的现金流量、投资活动产生的现金流量以及筹资活动产生的现金流量组成。

1. 经营活动产生的现金流量。经营活动是指商业银行除投资活动和筹资活动以外的所有交易或事项,包括对外发放的贷款和收回的贷款、吸收的存款和支付的存款本金、同业存款及存放同业款项、向其他金融企业拆借的资金、利息收入和利息支出、收回的已于前期核销的贷款等。

经营活动产生的现金流量是商业银行通过运用所拥有的资产自身创造的现金流量,主要是与企业净利润有关的现金流量。通过现金流量表中反映的经营活动产生的现金流入和流出,说明企业经营活动对现金流入和流出净额的影响程度。

2. 投资活动产生的现金流量。投资活动是指商业银行长期资本以及不包括在现金等价物范围内的投资的购建和处置,包括取得或收回权益性证券的投资、购买或收回债券投资,购建和处置固定资产、无形资产和其他长期资产等。

投资活动产生的现金流量中不包括作为现金等价物的投资,作为现金等价物的投资属于现金自身的增减变化,如购买还有一个月到期的债券等,都属于现金内部各项目转换,不会影响现金流量净额的变动。通过现金流量表中反映的投资活动产生的现金流量,可以分析企业通过投资获取现金流量对企业现金流量净额的影响程度。

3. 筹资活动产生的现金流量。筹资活动是指导致商业银行资本及债务规模和构成发生变化的活动,包括吸收权益性资本、发行债券、借入资金、支付股利、偿还债务等。

通过现金流量表中筹资活动产生的现金流量，可以分析商业银行的筹资能力，以及筹资产生的现金流量对企业现金流量净额的影响程度。

(二)报表编制方法及格式

1. 现金流量表的编制方法。

(1)直接法。通过现金收入和现金支出的主要类别直接反映企业经营活动中的现金流量。一般以利润表中的营业收入为起算点，调整与经营活动有关项目的增减变动，然后计算出经营活动产生的现金流量。有关现金流量的信息可以通过下列途径之一取得：①企业的会计记录；②根据有关项目对利润表中的营业收入、营业成本及其他项目进行调整。

(2)间接法。以本期净利润为起算点，调整不涉及现金的收入、费用、营业外收支等有关项目的增减变动，计算出经营活动产生的现金流量。

(3)其他方法。企业可以采用工作底稿或T型账户法，也可以根据有关科目记录分析填列。

我国《企业会计准则》要求采用直接法编报现金流量表的主表，便于分析企业经营活动现金流量的来源和用途，预测现金流量的未来前景；采用间接法编报现金流量表的附表，便于对净利润与经营活动现金净流量进行比较，了解净利润与经营活动现金流量差异的原因，从现金流量的角度分析净利润的质量。因此，我国企业应当同时采用直接法和间接法两种方法编报现金流量表。

2. 商业银行现金流量表的格式。我国企业现金流量表采用报告式结构，分类反映经营活动产生的现金流量、投资活动产生的现金流量和筹资活动产生的现金流量，最后汇总反映企业某一期间现金及现金等价物的净增加额。商业银行现金流量表的格式见表15－3。

表15－3 **现金流量表**

编制单位： 年 月 日 单位：

项目	本期金额	上期金额
一、经营活动产生的现金流量		
客户存款和同业存放款项净增加额		
向中央银行借款净增加额		
向其他金融机构拆入资金净增加额		
收取利息、手续费及佣金的现金		
收到的其他与经营活动有关的现金		
经营活动现金流入小计		
客户贷款及垫款净增加额		
存放中央银行和同业款项净增加额		
支付手续费及佣金的现金		
支付给职工以及为职工支付的现金		
支付各种税费		
支付的其他与经营活动有关的现金		
经营活动现金流出小计		

续表

项目	本期金额	上期金额
经营活动产生的现金流量净额		
二、投资活动产生的现金流量		
收回投资所收到的现金		
取得投资收益收到的现金		
收到的其他与投资活动有关的现金		
投资活动现金流入小计		
投资支付的现金		
购建固定资产、无形资产和其他长期资产所支付的现金		
支付的其他与投资活动有关的现金		
投资活动现金流出小计		
投资活动产生的现金流量净额		
三、筹资活动产生的现金流量		
吸收投资收到的现金		
发行债券所收到的现金		
收到的其他与筹资活动有关的现金		
筹资活动现金流入小计		
偿还债务所支付的现金		
分配股利、利润或偿付利息支付的现金		
支付的其他与筹资活动有关的现金		
筹资活动现金流出小计		
筹资活动产生的现金流量净额		
四、汇率变动对现金流量的影响额		
五、现金及现金等价物净增加额		
加:期初现金及现金等价物余额		
六、期末现金及现金等价物余额		

注:现金流量表补充资料披露格式略。

四、所有者权益变动表

(一)报表内容与格式

所有者权益变动表是指反映构成所有者权益各组成部分当期增减变动情况的报表。当期损益、直接计入所有者权益的利得和损失,以及所有者的资本交易有关活动导致的所有者权益的变动,应当分别列示。在所有者权益变动表中,企业至少应当单独列示反映下列信息项目。

1. 净利润。

2. 其他综合收益。

3. 会计政策变更和差错更正的累积影响金额。

4. 所有者投入资本和向所有者分配利润等。

5. 提取的盈余公积。

6. 实收资本或股本、资本公积、盈余公积、未分配利润的期初和期末余额及其调节情况。

所有者权益变动表的格式见表15－4。

表15－4　　　　　　　　　　　　　　　**所有者权益变动表**

编制单位：　　　　　　　　　　　　　　　年度　　　　　　　　　　　　　　　单位：

项目	本年金额								上年金额							
	实收资本（或股本）	资本公积	减：库存股	其他综合收益	盈余公积	一般风险准备	未分配利润	所有者权益合计	实收资本（或股本）	资本公积	减：库存股	其他综合收益	盈余公积	一般风险准备	未分配利润	所有者权益合计
一、上年年末余额																
加：会计政策变更																
前期差错更正																
二、本年年初余额																
三、本年增减变动金额（减少以“－”号填列）																
（一）净利润																
（二）其他综合收益																
综合收益总额																
（三）所有者投入和减少资本																
（四）利润分配																
1. 提取盈余公积																
2. 提取一般风险准备																
3. 对所有者（或股东）的分配																
4. 其他																
（五）所有者权益内部结转																
1. 资本公积转增资本（或股本）																
2. 盈余公积转增资本（或股本）																

续表

项目	本年金额								上年金额							
	实收资本（或股本）	资本公积	减：库存股	其他综合收益	盈余公积	一般风险准备	未分配利润	所有者权益合计	实收资本（或股本）	资本公积	减：库存股	其他综合收益	盈余公积	一般风险准备	未分配利润	所有者权益合计
3. 盈余公积弥补亏损																
4. 一般风险准备弥补亏损																
5. 其他																
四、本年年末余额																

（二）报表各项目的填列方法

1.“上年年末余额”项目，反映商业银行上年资产负债表中的实收资本（或股本）、资本公积、库存股、盈余公积、未分配利润的年末余额。

2.“会计政策变更”“前期差错更正”项目，分别反映商业银行采用追溯调整法处理的会计政策变更的累积影响金额和采用追溯重述法处理的会计差错更正的累积影响金额。

3.“本年增减变动额”项目。

（1）“净利润”项目，反映商业银行当年实现的净利润（或净亏损）金额。

（2）“其他综合收益”项目，反映商业银行当年直接计入所有者权益的利得和损失金额。

（3）“所有者投入和减少资本”项目，反映商业银行当年所有者投入的资本和减少的资本。

（4）“利润分配”项目，反映商业银行当年的利润分配金额。

“提取盈余公积”项目，反映商业银行按照规定提取的盈余公积。

“一般风险准备”项目，反映商业银行按规定提取的一般风险准备。

“对所有者（或股东）的分配”项目，反映对所有者（或股东）分配的利润（或股利）金额。

（5）“所有者权益内部结转”项目，反映商业银行构成所有者权益的组成部分之间的增减变动情况。

“资本公积转增资本（或股本）”项目，反映商业银行以资本公积转增资本或股本的金额。

“盈余公积转增资本（或股本）”项目，反映商业银行以盈余公积转增资本或股本的金额。

“盈余公积弥补亏损”项目，反映商业银行以盈余公积弥补亏损的金额。

五、商业银行财务报表附注

财务报表附注是财务报表不可或缺的组成部分，是对在资产负债表、利润表、现金流量表和所有者权益变动表等报表中列示项目的文字描述或明细资料，以及对未能在这些报表中列示项目的说明等。商业银行应当按照规定披露附注信息，主要包括下列内容。

1. 商业银行的基本情况。

2. 财务报表的编制基础。

3. 遵循企业的会计准则的声明。

4. 重要的会计政策和会计估计。

5. 会计政策和会计估计变更以及差错更正的说明。

6. 报表重要项目说明。报表重要项目说明共包括对27项内容的披露,具体如下.

(1)现金及存放中央银行款项。

(2)拆出资金。

(3)交易性金融资产(不含衍生金融资产)。

(4)衍生工具。

(5)买入返售金融资产。

(6)发放贷款和垫款(包括贷款和垫款按个人和企业、按行业、按地区、按担保方式的分布情况,逾期贷款及贷款损失准备的详细披露)。

(7)可供出售金融资产。

(8)持有至到期投资。

(9)其他资产。

(10)分别借入中央银行款项、国家外汇存款等披露期末账面余额和年初账面余额。

(11)分别同业存放、其他金融机构存放款项披露期末账面余额和年初账面余额。

(12)分别同业拆入、非银行金融机构拆入披露期末账面余额和年初账面余额。

(13)交易性金融负债(不含衍生金融负债)。

(14)卖出回购金融资产。

(15)吸收存款。

(16)应付债券。

(17)其他负债。

(18)一般风险准备的期末、年初余额及计提比例。

(19)利息净收入。

(20)手续费及佣金收入。

(21)投资收益。

(22)公允价值变动收益。

(23)业务及管理费。

(24)分部报告。

(25)担保物。

(26)金融资产转移。

(27)其他项目比照一般企业披露。

7. 或有事项的披露。

8. 资产负债表日后事项比照一般企业进行披露。

9. 关联方关系及其交易比照一般企业进行披露。

10. 风险管理。

按照《企业会计准则第37号——金融工具列报》的相关规定进行披露。

这些附表和附注有助于报表的使用者更加全面地了解和把握银行的财务状况并做

出相关决策。

第三节　其他金融企业的财务报告

其他非银行金融企业的财务报表，由于业务经营内容的不同，与商业银行财务报表的区别主要体现在资产负债表、利润表和现金流量表的内容方面。本节将以证券公司和证券投资基金为例加以说明。

一、证券公司财务报表及其编制

（一）资产负债表

1. 报表格式。证券公司资产负债表如表 15－5 所示。

表 15－5　　　　　　　　　　　　**资产负债表**

编制单位：　　　　　　　　　　　　年　月　日　　　　　　　　　　　　单位：

资产	期末余额	年初余额	负债和所有者权益（或股东权益）	期末余额	年初余额
资产：			负债：		
货币资金			短期借款		
其中：客户资金存款			其中：质押借款		
结算备付金			拆入资金		
其中：客户备付金			以公允价值计量且其变动计入当期损益的金融负债		
拆出资金			衍生金融负债		
以公允价值计量且其变动计入当期损益的金融资产			卖出回购金融资产款		
衍生金融资产			代理买卖证券款		
买入返售金融资产			代理承销证券款		
应收利息			应付职工薪酬		
存出保证金			应交税费		
可供出售金融资产			应付利息		
持有至到期投资			预计负债		
长期股权投资			长期借款		
投资性房地产			应付债券		
固定资产			递延所得税负债		
无形资产			其他负债		
其中：交易席位费			负债合计		
递延所得税资产			所有者权益（或股东权益）：		
其他资产			实收资本（或股本）		

续表

资产	期末余额	年初余额	负债和所有者权益（或股东权益）	期末余额	年初余额
			资本公积		
			减:库存股		
			盈余公积		
			一般风险准备		
			未分配利润		
			所有者权益（或股东权益）合计		
资产总计			负债和所有者权益（或股东权益）总计		

注:根据《企业会计准则》要求,资产负债表应按流动资产和流动负债分别列示“持有待售资产”和“持有待售负债”项目,列示内容参照商业银行资产负债表。

2. 报表各项目的填列方法。此表“期末余额”一栏中,除下列项目以外的其他项目,可比照商业银行资产负债表的列报方式填列。

(1)“货币资金”项目,反映证券公司期末持有的现金、银行存款和其他货币资金总额,应根据“库存现金”“银行存款”“其他货币资金”科目的期末余额合计填列。证券经纪业务取得的客户资金存款应在本项目下单独反映。

(2)“结算备付金”项目,反映证券公司期末持有的为证券交易的资金清算与交收而存入指定清算机构的金额,应根据“结算备付金”科目的期末余额填列。证券经纪业务取得的客户备付金应在本项目下单独反映。

(3)“存出保证金”项目,反映证券公司因办理业务需要存出或缴纳的各种保证金款项期末余额,应根据“存出保证金”科目的期末余额填列。

(4)“其他资产”项目,反映证券公司应收账款、应收股利、其他应收款、长期待摊费用等资产的账面余额,应根据有关科目的期末余额填列。已计提减值准备的,还应扣减相应的减值准备。

长期应收款账面余额扣减累计减值准备和未实现融资收益后的净额、抵债资产账面余额扣减累计跌价准备后的净额、“代理兑付证券”科目减去“代理兑付证券款”科目后的借方余额,也在本项目反映。

(5)“代理买卖证券”和“代理承销证券款”项目,反映证券公司接受客户代理买卖证券资金、承销证券后应付未付给委托单位的款项,应根据“代理买卖证券”和“代理承销证券款”科目的期末贷方余额填列。

(6)“其他负债”项目,反映证券公司应付股利、其他应付款、递延收益等负债的账面余额,应根据有关科目的期末余额填列。

长期应付款账面余额减去未确认融资费用后的净额、“代理兑付证券”科目减去“代理兑付证券款”科目后的贷方余额,也在本项目反映。

(二)利润表

1. 报表格式。证券公司的利润表如表 15 - 6 所示。

表15－6　　利润表

编制单位：　　____年____月　　单位：

项目	本期金额	上期金额
一、营业收入		
手续费及佣金净收入		
其中：代理买卖证券业务净收入		
证券承销业务净收入		
受托客户资产管理业务净收入		
利息净收入		
投资收益（损失以“－”号填列）		
其中：对联营企业和合营企业的投资收益		
公允价值变动收益（损失以“－”号填列）		
汇兑收益（损失以“－”号填列）		
其他业务收入		
资产处置收益		
其他收益		
二、营业支出		
税金及附加		
业务及管理费		
资产减值损失		
其他业务成本		
三、营业利润（亏损以“－”号填列）		
加：营业外收入		
减：营业外支出		
四、利润总额（亏损总额以“－”号填列）		
减：所得税费用		
五、净利润（净亏损以“－”号填列）		
六、本期其他综合收益		
七、本期综合收益总额		
八、每股收益：		
（一）基本每股收益		
（二）稀释每股收益		

2. 报表各项目的填列方法。除下列项目以外的其他项目，可比照商业银行利润表的列报方式填列。

（1）“营业收入”项目，反映“手续费及佣金净收入”“利息净收入”“投资收益”“公允价值变动收益”“汇兑收益”“其他业务收入”等项目的金额合计。

（2）“手续费及佣金收入”项目，反映证券公司确认的代理承销、兑付和买卖证券等业务实现的手续费及佣金收入减去发生的各项手续费、佣金支出后的净额。

"代理买卖证券业务净收入""证券承销业务净收入""受托客户资产管理业务净收入"等应在本项目下单独反映。

(三)所有者权益(股东权益)变动表

证券公司所有者权益(股东权益)变动表的内容和格式可参照商业银行相关报告的内容和格式填列。

(四)现金流量表

1.报表格式。证券公司现金流量表如表15-7所示。

表15-7 **现金流量表**

编制单位: ____年____月 单位:

项目	本期金额	上期金额
一、经营活动产生的现金流量		
处置交易性金融资产净增加额		
收取利息、手续费及佣金的现金		
拆入资金净增加额		
回购业务资金净增加额		
收到其他与经营活动有关的现金		
经营活动现金流入小计		
支付利息、手续费及佣金的现金		
支付给职工以及为职工支付的现金		
支付的各项税费		
支付其他与经营活动有关的现金		
经营活动现金流出小计		
经营活动产生的现金流量净额		
二、投资活动产生的现金流量		
收回投资收到的现金		
取得投资收益收到的现金		
收到其他与投资活动有关的现金		
投资活动现金流入小计		
投资支付的现金		
购建固定资产、无形资产和其他长期资产支付的现金		
支付其他与投资活动有关的现金		
投资活动现金流出小计		
投资活动产生的现金流量净额		
三、筹资活动产生的现金流量		
吸收投资收到的现金		
发行债券收到的现金		
收到其他与筹资活动有关的现金		
筹资活动现金流入小计		

续表

项目	本期金额	上期金额
偿还债务支付的现金		
分配股利、利润或偿付利息支付的现金		
支付其他与筹资活动有关的现金		
筹资活动现金流出小计		
筹资活动产生的现金流量净额		
四、汇率变动对现金及现金等价物的影响		
五、现金及现金等价物净增加额		
加:期初现金及现金等价物余额		
六、期末现金及现金等价物余额		

2. 报表各项目的填列方法。除下列项目以外，证券公司现金流量表的其他项目可比照商业银行现金流量表的列报方式填列。

(1)“处置交易性金融资产净增加额”项目，反映证券公司本期处置以公允价值计量且其变动计入当期损益的金融资产所取得的现金，减去相关处置费用后的净额。

(2)“处置可供出售金融资产净增加额”项目，反映证券公司本期处置可供出售金融资产所取得的现金，减去相关处置费用后的净额。

(3)“拆入资金净增加额”项目，反映证券公司本期从境内外金融机构拆入款项所取得的现金，减去拆借给境内外金融机构款项支付的现金后的净额。

(4)“回购业务资金净增加额”项目，反映证券公司本期按回购协议卖出票据、证券、贷款等金融资产所融入的现金，减去按返售协议约定先买入、再按固定价格返售给卖出方的票据、证券、贷款等金融资产所融出现金后的净额。

(五)财务报表附注

证券公司应当按照规定披露附注信息，主要包括下列内容。

1. 证券公司的基本情况。

2. 财务报表的编制基础。

3. 遵循《企业会计准则》的声明。

4. 重要会计政策和会计估计。

5. 会计政策和会计估计变更以及差错更正的说明。

以上 1 至 5 项，应当比照一般企业进行披露。

6. 报表重要项目的说明。报表重要项目的说明包括以下 16 项内容。

(1)货币资金。

(2)买入返售金融资产。

(3)存出保证金。

(4)代理承销证券的方式(全额包销、余额包销、代销)、承销证券的种类等情况。

(5)代理兑付债券的方式、种类，记名证券或无记名证券情况。

(6)交易席位费。

(7)其他资产。

(8)卖出回购金融资产款。

(9)代理买卖证券款。
(10)代理承销证券款。
(11)代理兑付证券款。
(12)其他负债。
(13)受托客户资产管理。
(14)手续费及佣金净收入。
(15)受托客户资产管理手续费及佣金收入。
(16)分部报告。
7. 或有事项,比照商业银行进行披露。
8. 资产负债表日后事项,比照商业银行进行披露。
9. 关联方关系及其交易,比照商业银行进行披露。
10. 风险管理。
(1)风险管理政策和组织架构。
(2)信用风险。
(3)流动风险。
(4)市场风险。

二、证券投资基金财务报表及其编制

(一)资产负债表

1. 报表格式。证券投资基金的资产负债表如表15－8所示。

表15－8　资产负债表

编制单位:　年　月　日　单位:

资产	期末余额	年初余额	负债和所有者权益	期末余额	年初余额
资产:			负债:		
银行存款			短期借款		
结算备付金			以公允价值计量且其变动计入当期损益的金融负债		
存出保证金			衍生金融负债		
以公允价值计量且其变动计入当期损益的金融资产			卖出回购金融资产款		
其中:股票投资			应付证券清算款		
债券投资			应付赎回款		
资产支持证券投资			应付管理人报酬		
衍生金融资产			应付托管费		
买入返售金融资产			应付销售服务费		
应收证券清算款			应付交易费用		
应收利息			应交税费		
应收股利			应付利息		

资产	期末余额	年初余额	负债和所有者权益	期末余额	年初余额
应收申购款			应付利润		
其他资产			其他负债		
			负债合计		
			所有者权益:		
			实收基金		
			未分配利润		
			所有者权益合计		
资产总计			负债和所有者权益总计		

附注:基金份额净值　　元,基金份额总额　　份。

2. 报表各项目的填列方法。本表“期末余额”各项目的内容及填列方法如下。

(1)“银行存款”项目,反映期末存在商业银行的各种款项。本项目应根据“银行存款”科目的期末余额填列。

(2)“结算备付金”项目,反映期末存在证券登记结算机构的款项。本项目应根据“结算备付金”科目的期末余额填列。

(3)“存出保证金”项目,反映交存的存出保证金期末数。本项目应根据“存出保证金”科目期末余额填列。

(4)“以公允价值计量且其变动计入当期损益的金融资产”项目,反映期末基金持有的以公允价值计量且变动计入当期损益的金融资产的公允价值。本项目应根据“股票投资”“债券投资”“资产支持证券投资”“基金投资”等科目期末余额合计计算填列。其中“股票投资”“债券投资”“资产支持证券投资”项目,应分别根据“股票投资”“债券投资”“资产支持证券投资”科目的期末余额计算填列。

(5)“衍生金融资产”项目反映期末基金持有的权证投资、远期投资、其他衍生工具、套期工具和被套期项目等属于衍生金融资产的公允价值。本项目应根据上述科目所属明细科目的期末借方金额合计计算填列。

(6)“买入返售金融资产”项目,反映已经买入但尚未到期的返售证券所融出的资金。本项目应根据“买入返售金融资产”科目期末余额填列。

(7)“应收证券清算款”项目,反映期末尚未收回的证券清算款。本项目应根据“证券清算款”科目所属明细科目期末借方余额填列。

(8)“应收利息”项目,反映期末尚未收回的债券投资、资产支持证券投资、买入返售金融资产、银行存款、结算备付金、存出保证金利息等各项利息。本项目应根据“应收利息”科目期末余额填列。

(9)“应收申购款”项目,反映期末应收取的有效申购款和转换转入款。本项目应根据“应收申购款”科目期末余额填列。

(10)“其他资产”项目,反映期末除上述资产以外的其他资产,包括其他应收款和待摊费用等项目的总额。本项目应根据有关科目的期末余额合计填列。如其他资产数额较大的,应在会计报表附注中披露其内容和金额。

(11)“短期借款”项目,反映期末尚未归还的短期借入资金的本金。本项目应根据

“短期借款”科目期末余额填列。

(12)“以公允价值计量且其变动计入当期损益的金融负债”项目,反映期末尚未到期的交易性金融负债,应根据“交易性金融负债”科目的期末余额填列。

(13)“衍生金融负债”项目,反映远期投资、其他衍生工具、套期项目、被套期项目等属于衍生金融的负债,应根据上述科目所属明细科目的期末贷方余额填列。

(14)“卖出回购金融资产款”项目,反映已经卖出但尚未到期回购的证券款。本项目应根据“卖出回购金融资产款”科目的期末余额填列。

(15)“应付证券清算款”项目,反映期末应付未付的证券款。本项目应根据“证券清算款”科目所属明细科目期末贷方余额填列。

(16)“应付赎回款”项目,反映期末尚未支付的基金赎回款和转换转出款。本项目应根据“应付赎回款”科目期末余额填列。

(17)“应付管理人报酬”项目,反映期末尚未支付给基金管理人的报酬。本项目应根据“应付管理人报酬”科目期末余额填列。

(18)“应付托管费”项目,反映期末尚未付给基金托管人的托管费。本项目应根据“应付托管费”科目期末余额填列。

(19)“应付销售服务费”项目,反映期末尚未支付的销售服务费。本项目应根据“应付销售服务费”科目期末余额填列。

(20)“应付交易费用”项目,反映期末尚未支付的佣金等交易费用。本项目应根据“应付交易费用”科目期末余额填列。

(21)“应付利息”项目,反映期末尚未支付的各项利息。本项目应根据“应付利息”科目期末余额填列。

(22)“应付利润”项目,反映期末尚未支付给基金份额持有人的利润,本项目应根据“应付利润”科目的期末余额填列。

(23)“其他负债”项目,反映除上述负债以外的其他负债,包括应付赎回费、其他应付款、预提费用等项目的总额。本项目应根据有关科目期末余额填列。其他负债数额较大的,应在会计报表附注中披露其内容和金额。

(24)“实收基金”项目,反映期末对外发行基金份额所募集的总金额在扣除平准金分摊部分后的余额。本项目应根据“实收基金”科目期末余额填列。

(25)“未分配利润”项目,反映期末尚未分配的基金净利润,年末余额反映历年积累的未分配利润(或未弥补亏损)。本项目应根据“本期利润”和“利润分配”科目的期末余额分析计算填列。未弥补的亏损在本项目内用“ - ”号填列。

(二)利润表

1. 报表格式。证券投资基金的利润表如表 15 - 9 所示。

表 15 - 9 利润表

编制单位: 年 月 单位:

项目	本期金额	上期金额
一、收入		
(一)利息收入		
其中:存款利息收入		

续表

项目	本期金额	上期金额
债券利息收入		
资产支持证券利息收入		
买入返售金融资产收入		
(二)投资收益(损失以"-"填列)		
其中:股票投资收益		
债券投资收益		
资产支持证券投资收益		
衍生工具收益		
股利收益		
(三)公允价值变动收益(损失以"-"号填列)		
(四)其他收入(损失以"-"号填列)		
二、费用		
(一)管理人报酬		
(二)托管费		
(三)销售服务费		
(四)交易费用		
(五)利息支出		
其中:卖出回购金融资产支出		
(六)其他费用		
三、利润总额		

2. 报表各项目的填列方法。利润表反映一定期间内基金实现的利润情况。其"本期金额"栏各项目的内容及其填列方法如下。

(1)"利息收入"项目,反映本期基金实现的利息收入。本项目应根据"利息收入"科目期末结转"本期利润"科目的数额合计计算填列。

(2)"投资收益"项目,反映本期基金实现的证券投资收益、衍生工具收益和股利收益等。本项目应根据"投资收益"科目期末结转"本期利润"科目的数额合计计算填列。

(3)"公允价值变动收益"项目,反映本期产生的公允价值变动损益。本项目应根据"公允价值变动损益"科目借贷方发生额分析计算填列。如为公允价值变动损失,应以"-"号填列。

(4)"其他收入"项目,反映除上述收入以外的其他各项收入。本项目应根据"其他收入"科目期末结转"本期利润"科目的数额填列。如为其他损失,应以"-"号填列。

(5)"管理人报酬""托管费""销售服务费"项目,分别反映按照基金合同和招募说明书的规定计提的基金管理人报酬、托管费、销售服务费。本项目应分别根据"管理人报酬""托管费""销售服务费"科目期末结转"本期利润"科目的数额填列。

(6)"交易费用"项目,反映在非货币市场基金运作过程中发生的各项交易费用。

本项目应根据“交易费用”科目期末结转“本期利润”科目的数额填列。

(7)“利息支出”项目,反映基金运作过程中发生的各项利息支出。本项目应根据“利息支出”科目期末结转“本期利润”科目的数额填列。其中,“卖出回购金融资产支出”项目,应根据“利息支出”明细科目“卖出回购金融资产支出”期末结转“本期利润”科目的数额填列。

(8)“其他费用”项目,反映在基金运作过程中发生的除上述费用支出之外的其他各项费用。本项目应根据“其他费用”科目期末结转“本期利润”科目的数额填列。

(9)“利润总额”项目,反映本期基金利润总额,如为亏损总额应以“-”号填列。

(三)所有者权益(基金净值)变动表

1. 报表格式。证券投资基金的所有者权益(基金净值)变动表如表15-10所示。

表15-10　所有者权益(基金净值)变动表

编制单位:　年　月　单位:

项目	本期金额				上期金额			
	实收基金	未分配利润	所有者权益	合计	实收基金	未分配利润	所有者权益	合计
一、期初所有者权益(基金净值)								
二、本期经营活动产生的基金净值变动数(本期净利润)								
三、本期基金份额交易产生的基金净值变动数(减少以“-”号填列)								
其中:1. 基金申购款								
2. 基金赎回款								
四、本期向基金份额持有人分配利润产生的基金净值变动数								
五、期末所有者权益(基金净值)								

2. 报表各项目的填列方法。所有者权益变动表反映一定时期基金所有者权益增减变动的情况。

表中各项目应当根据期初所有者权益(基金净值)构成、本期基金经营活动产生的基金净值变动(基金净利润)、本期基金份额交易产生的基金净值变动、本期向基金份额持有人分配利润产生的基金净值变动、期末所有者权益(基金净值)构成等情况列示。

表中“未分配利润”栏目反映当期基金的利润分配情况,包括期初基金未分配利润、当期利润总额、当期损益平准金、当期已分配利润以及期末未分配利润等信息。

第四节 财务报告分析

一、财务报告分析的作用

财务报告分析是指以财务报表和其他资料为依据和起点，采用专门方法，为了解过去、评价现在、预测未来，系统分析和评价企业的过去和现在的经营成果、财务状况及其变动，帮助相关部门进行决策。财务分析的基本功能就是将大量的报表数据转换成特定的对决策有用的信息，从而减少决策的不确定性。值得注意的是，财务会计报告分析只能发现问题而不能提供最终的解决方案。

一般来说，财务报告分析的总目标是评价、研究企业的财务能力，包括对企业经济能力的评估和对企业盈利能力的评估，也就是说，需要评价过去的经营业绩，衡量现在的财务状况，预测未来的发展趋势。因此，财务会计报告分析主要有以下作用：

第一，评价和研究企业的财务状况和经营成果，揭示财务活动和经营管理活动中存在的矛盾和问题，为企业高层管理者提供改善经营管理的方法和线索。

第二，预测企业未来的报酬和风险，为投资人、债权人和经营者的决策提供帮助。

第三，考核企业预算完成情况，评价经营管理人员的业绩，为完善合理的激励机制提供帮助。

二、财务报告分析的主要方法

财务会计报告分析方法是完成财务分析的方式和手段，主要包括以下几种。

（一）比率分析法

比率分析法是以指标间存在的关联关系为基础，通过计算比率来考察、计量和评价金融企业的财务状况、经营成果和现金流量的分析方法，是最常用的分析方法。采用比率分析法时，要把分析对比的数值通过计算变成相对数，计算出各种比率指标后再进行比较分析。由于采用相对数作为比较基础，剔除了绝对数的影响，比率分析法适用于比较不同规模的金融企业的财务状况和经营业绩，因此在财务分析中得到了广泛运用。

采用比率分析法应注意保证对比指标要相关，对比指标相关才能评价有关的经营、财务活动是否合理，计算不相关的指标的比率没有意义。同时，要保证对比指标的计算口径一致。和比较分析法一样，计算比率的对比指标在计算时间、计算标准上应当口径一致。

（二）比较分析法

比较分析法是计算同一经济指标的数量差异来分析变动程度。常用形式有实际与计划、本期实际与上期实际、本期实际与国内外先进水平相比较。

应用比较法时，比较的指标在内容、时间、计算方法和计价标准上应当口径一致，必要时应将有关指标按照同一口径折算后再进行比较。

（三）趋势分析法

趋势分析法是将两期或者连续数期财务报告中的相同指标或者比率进行对比，以确定其增减差异和变动趋势的分析方法。这种方法可以揭示金融企业财务状况和经营业绩的动态变动趋势，有助于管理者查找引起变动的原因、变动的性质和预测商业银行未来的经营、财务状况。

同其他分析方法一样，使用趋势分析法时，各个时期的指标的计算口径应当一致。同时，要注意剔除偶然性因素对经营和财务活动产生的特殊影响，必要时应当对价格变动因素加以调整。

（四）因素分析法

因素分析法是通过分析影响财务指标的各项因素，并计算各项因素对指标影响程度，用以说明本期实际与计划或基期相比，财务指标发生变动或差异的主要原因的一种分析方法。进行因素分析法最常用的有连环替代法和差额计算法。连环替代法是通过顺次逐个地替代影响因素，计算各因素变动对指标变动影响程度的一种因素分析方法；差额分析法是连环替代法在实际应用中的一种简化方法，其特点是先计算每个因素的差额，然后按照连环替代的顺序，依次计算各因素的影响数额。

三、商业银行财务报告分析

财务报告分析的内容非常广泛，金融企业财务报告分析的内容也因业务类型不同而异。现以银行业金融机构（商业银行）为例，介绍财务报告分析的主要内容。

（一）偿债能力分析

偿债能力分析主要是分析企业在债务到期时可用现金还本付息的能力。商业银行的偿债能力分析包括短期和长期偿债能力分析，需要计算流动性指标和安全性指标。

1. 流动性分析指标。流动性分析指标主要包括流动性比率、核心负债依存度、流动性缺口率、存贷款增量比例和备付金比率。

（1）流动性比率。计算公式为：

$$流动性比率 = \frac{流动性资产}{流动性负债} \times 100\%（监管要求 \geqslant 25\%）$$

流动性资产包括：现金、黄金、超额准备金存款、一个月内到期的同业往来款项轧差后资产方净额、一个月内到期的应收利息及其他应收款、一个月内到期的合格贷款、一个月内到期的债券投资、在国内外二级市场上可随时变现的债券投资、其他一个月内到期可变现的资产（剔除其中的不良资产）；流动性负债包括：活期存款（不含财政性存款）、一个月内到期的定期存款（不含财政性存款）、一个月内到期的同业往来款项轧差后负债方净额、一个月内到期的已发行的债券、一个月内到期的应付利息及各项应付款、一个月内到期的中央银行借款、其他一个月内到期的负债。

（2）核心负债依存度。计算公式为：

$$核心负债依存度 = \frac{核心负债}{负债总额} \times 100\%（监管要求 \geqslant 60\%）$$

核心负债包括距到期日三个月以上（含）定期存款和发行债券以及活期存款的50%；总负债是指按照《企业会计准则》编制的资产负债表中负债总计的余额。

（3）流动性缺口率。计算公式为：

$$流动性缺口率 = \frac{流动性缺口}{90天内到期表内外资产} \times 100\%（监管要求 \geqslant -10\%）$$

流动性缺口为90天内到期的表内外资产减去90天内到期的表内外负债的差额。

（4）存贷款增量比例。计算公式为：

$$存贷款增量比例 = \frac{贷款增量}{存款增量}$$

式中，贷款增量 = 报告期各项贷款余额 − 年初各项贷款余额

存款增量 = 报告期各项存款余额 − 年初各项存款余额

(5)备付金比率。计算公式为：

$$备付金比率 = \frac{超额准备金存款 + 现金}{各项存款期末余额} \times 100\%$$

超额准备金存款是指银行在中央银行准备金存款中高于法定存款准备金的部分；现金是指银行的现金或现金业务收支活动中的结余款、不含银行内部各部门周转使用的备付金。

2. 安全性分析指标。商业银行的安全性分析指标主要包括资本充足率、不良贷款率、单一客户贷款比例、拨备覆盖率、贷款拨备比例和杠杆率等。

(1)资本充足率。计算公式为：

$$资本充足率 = \frac{资本净额}{表内/表外风险加权资产余额} \times 100\%（监管要求 \geqslant 10.5\%）$$

$$总资本净额 = 一级资本净额 + 二级资本$$

$$一级资本净额 = 一级资本 - 对应资本扣减项$$

$$一级资本 = 核心一级资本 + 其他一级资本$$

核心一级资本包括:实收资本或普通股、资本公积、盈余公积、一般风险准备、未分配利润、少数股东资本可计入部分。

其他一级资本包括:其他一级资本工具及其溢价、少数股东资本可计入部分。

对应资本扣减项:商誉、其他无形资产(土地使用权除外)、由经营亏损引起的净递延税资产、贷款损失准备缺口。

二级资本包括: 二级资本工具及其溢价、超额贷款损失准备。

加权风险资产是指为反映资产的风险度,保障银行资产运营的安全性、效益性,对不同风险资产设置不同的风险系数,例如,现金的风险系数最低,证券等的风险系数较高。以各种风险资产数额乘以风险系数再加总所得之数称为加权风险资产。依据《商业银行资本充足率管理办法》,各类表内资产风险系数共分为0、20%、50%、100% 四个档次。

同类指标还包括一级资本充足率(监管要求≥8.5%)和核心一级资本充足率(监管要求≥7.5%)。

(2)不良贷款比率。计算公式为：

$$不良贷款比率 = \frac{不良贷款总额}{各项贷款} \times 100\%（监管要求 \leqslant 5\%）$$

$$不良贷款 = 次级类贷款 + 可疑类贷款 + 损失类贷款$$

(3)单一客户贷款比例。计算公式为：

$$单一客户贷款比例 = \frac{最大一家客户贷款余额}{资本净额} \times 100\%（监管要求 \leqslant 10\%）$$

类似比例还包括最大十家客户贷款比例和单一最大集团客户授信比例。

(4)拨备覆盖率。计算公式为：

$$拨备覆盖率 = \frac{贷款减值准备}{不良贷款余额} \times 100\%（监管要求 \geqslant 150\%）$$

(5)贷款拨备比例。计算公式为：

$$贷款拨备比例 = \frac{贷款减值准备}{各项贷款余额} \times 100\%（监管要求 \geqslant 2.5\%）$$

(6)杠杆率。计算公式为：

$$杠杆率 = \frac{一级资本净额}{调整后表内外资产净额} \times 100\%（监管要求 \geq 4\%）$$

（二）营运能力分析

营运能力是指企业运用各项资产赚取利润的能力。反映营运能力的分析指标可以揭示商业银行对经济资源管理和运营的效率。运营效率高的商业银行，偿债能力相对较强，获利速度较快。反映商业银行运营能力的指标包括资产利用率（总资产周转率，AU）、固定资产周转率和净资产周转率。

1. 资产利用率。计算公式为：

$$资产利用率 = \frac{营业收入}{总资产平均余额}$$

2. 固定资产周转率。计算公式为：

$$固定资产周转率 = \frac{营业收入}{固定资产平均净额}$$

3. 净资产调转率。计算公式为：

$$净资产周转率 = \frac{营业收入}{净资产平均余额}$$

（三）盈利能力（效益性）分析

盈利能力分析主要是分析企业的各项财务能力，是财务分析的重点。商业银行盈利能力的强弱直接影响到企业的偿债能力、资本结构的变化和企业现金流量。盈利能力分析的主要财务指标有收入成本比、净利差和总资产收益率。

1. 收入成本比。计算公式为：

$$收入成本比 = \frac{业务及管理费}{营业收入} \times 100\%（监管要求 \leq 45\%）$$

2. 净利差。计算公式为：

$$净利差 = 生息资产平均利率 - 付息负债平均利率$$

净利差反映了平均生息资产收益率与平均计息负债成本率之差，是衡量商业银行净利息收入水平最常用的标准。在利率市场化环境中，净利差不仅传递了银行系统效率的重要信息，而且反映了银行在资金交易过程中的价格行为，体现了商业银行自身的效率。

关联指标还有净息差。净息差是指银行净利息收入与银行全部生息资产的比值，反映银行生息资产的收益率。生息资产主要包括：买入返售资产、投资资产、贷款、贴现、贸易融资、存放同业、拆放同业、长期股权投资、投资性房地产等。净息差越高，银行盈利能力越强。

3. 总资产收益率。计算公式为：

$$总资产收益率（总资产报酬率，ROA）= \frac{税后净利润}{总资产平均余额} \times 100\%$$

该比率表示资产的回报能力，是衡量商业银行盈利状况的最重要指标。该比率越高，说明金融机构在增收节支方面的效果越好。

（四）财务报告分析方法的具体应用

鉴于财务会计报告的具体分析方法种类繁多，在此主要介绍最常用的综合分析方法之一，即杜邦财务分析体系在金融企业中的运用。

杜邦财务分析体系是一种分解财务比率的方法，用于解释指标变动的原因和变动趋势，从而为采取措施指明方向。一般情况下，杜邦分析体系都是以权益净利率为起点进行分解，金融企业也不例外。

杜邦分析体系在分析金融企业权益净利率时，主要有三个步骤。

第一步，计算金融企业的股东权益报酬率指标。计算公式如下：

股东权益报酬率（ROE）= 税后净利润 ÷ 股东权益平均余额

总资产收益率（ROA）= 税后净利润 ÷ 总资产平均余额

权益乘数（EM）= 总资产平均余额 ÷ 股东权益平均余额

因此：

$$ROE = ROA \times EM$$

由上述公式可以看出，决定权益净利率的因素有两个：总资产收益率和权益乘数。总资产收益率表示金融企业管理人员将资产转化为净利润的能力，反映金融企业的管理效率。权益乘数则与金融企业的资本结构紧密相关，反映金融企业的融资策略主要是依赖债务融资还是股权融资。

第二步，将金融企业的总资产收益率（ROA）分解为利润率（PM）和资产利用率（AU）。

由于：

净利润率（PM）= 税后净利润 ÷ 营业收入

资产利用率（AU）= 营业收入 ÷ 总资产平均余额

因此：

$$ROA = PM \times AU$$

综上，可以得出：

股东权益报酬率（ROE）= 总资产收益率（ROA）× 权益乘数（EM）

= 净利润率（PM）× 资产利用率（AU）× 权益乘数（EM）

至此，影响股东权益报酬率的因素又多了利润率和资产利用率两个，这两个比率由总资产收益率分解得到。净利润率主要反映了金融企业成本控制情况，资产利用率主要反映金融企业资产对收入的贡献情况，反映金融企业资产的创收能力。

第三步，进一步分析有哪些因素具体影响金融企业的利润水平。金融企业的净利润率是由金融企业的税后净利润与营业收入之比计算得出的。净利润的多少，一方面受金融企业营业收入的制约；另一方面，在营业收入确定的情况下，净利润受金融企业经营成本的制约，而金融企业经营成本又是内部各业务成本的汇总，例如，影响基金公司利润的成本因素主要有基金管理人报酬、基金托管费、卖出回购证券支出、利息支出、所得税等。

运用杜邦财务分析的方法将 ROE 分解后，可以使企业更有效、具体地分析经营状况及其存在的问题，从而找到更为有效、准确的解决方法。这种分析方法可以用于各种财务比率的分解。需要强调的是，杜邦财务分析体系只是一种分解已有财务比率的方法，而不是新的财务指标。另外，杜邦财务分析方法同其他财务分析方法一样，关键在于对指标的理解和运用。

思考练习题

1. 金融企业为何要编制财务报告？财务报告有哪些组成部分？

2. 金融企业对财务报告进行分析时，可采用的分析方法主要有哪些？

3. 下面给出某银行20××年度的资产负债表及利润表格式（见表15－11、表15－12）。试对某银行的财务状况进行分析评价。

表15－11　　某银行20××年年末资产负债表　　单位：百万元

项目	金额
资产	
现金及存放中央银行款项	282 849
存放同业款项	7 622
拆出资金	35 326
交易性金融资产	7 632
衍生金融资产	695
应收利息	4 391
待摊利息	30
发放贷款及垫款	1 071 315
可供出售金融资产	177 568
分为贷款和应收款类的投资	44 769
长期股权投资	1 708
固定资产	11 014
在建工程	58
无形资产	479
长期待摊费用	1 048
待处理抵债资产	1 177
递延所得税资产	5 789
其他资产	14 506
资产总计	1 829 960
负债	
向中央银行借款	20
同业及其他金融机构存放款项	122 163
拆入资金	10 131
衍生金融负债	1 065
卖出回购金融资产款	5 612
吸收存款	1 526 946
汇出汇款	8 829
应付职工薪酬	12 582
应交税费	7 478
应付利息	8 589
应付股利	77
其他应付款	17 370
递延收益	1 106